여행 면허

이동하는 인류의 자유와 통제의 역사

License to Travel: A Cultural History of the Passport
Copyright ⓒ 2022 Patrick Bixby
Published by arrangement with University of California Press
All rights reserved.

Korean Translation Copyright ⓒ 2025 Jakkajungsin Publishing Co.
Korean translation rights arranged with University of California Press
through Hobak Agency, South Korea.

이 책의 한국어판 저작권은 호박 에이전시(Hobak Agency)를 통한
저작권자와의 독점계약으로 도서출판 작가정신에 있습니다.
저작권법에 의해 한국 내에서 보호를 받는 저작물이므로
무단 전재와 복제를 금합니다.

여행 면허
License to Travel
이동하는 인류의 자유와 통제의 역사

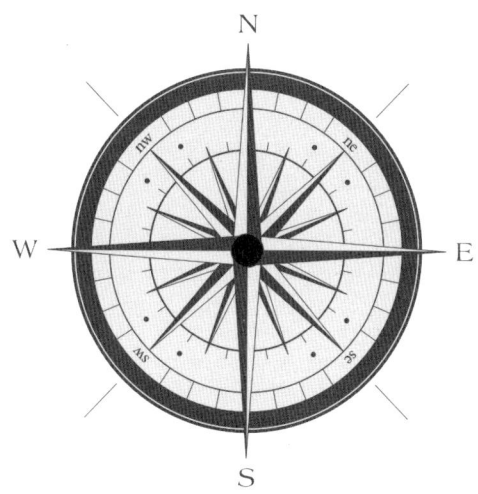

A Cultural History of the Passport

패트릭 빅스비 | 박중서 옮김

작가
정신

일러두기

- 본문의 대괄호([ ])는 옮긴이가 내용을 덧붙인 것이다.
  글쓴이가 내용을 덧붙인 것은 '원주'로 표기했다.
- 본문의 각주(*)는 옮긴이가 붙인 것이며, 아라비아 숫자로 표기된 미주는
  글쓴이가 인용한 원문 출처이다.
- 글쓴이가 참조한 웹사이트 중 현재 연결되지 않는 경우도 있지만, 원서에 따랐다.
- 본문에 언급된 작품 가운데 한국어판이 존재할 경우 한국어판 제목을 따랐다.
  다만, 인용문은 옮긴이가 직접 번역했다.

니콜에게

차례

감사의 말 13

프롤로그 "내가 가진 가장 귀중한 책자" 19
여행 면허, 여권 | 개인과 문화와 정치의 접점 | 국경을 넘어 경계를 가로지르는 사람들 | '나'의 증명 | "여권의 번거로움" | 국경 통제 의례를 향한 노골적인 도발 | 전쟁과 여권 | 여권의 위력과 인간 소외 | 여권의 악몽 | 어디에도 속하지 않은 사람 | 우리는 어떻게 여기까지 왔는가

제 1 부
현대식 여권의 등장 이전 시대

제1장 고대 국가와 고대의 시민 57
람세스 2세의 프랑스 여행 | 여권을 소지한 미라 | 수집되고 해석되는 기억으로서의 여권 | 현존하는 최초의 여권, 안전 통행증 | "아무도 그

를 억류하지 말지니라" | 『구약성경』의 여행 허가증, 할미 | 배제에서 비롯된 고대 시민권 개념 | "가치 있는 생명"과 "벌거벗은 생명" | 고대 그리스의 여권 '심볼라'와 '심볼론' | 고대 로마의 시민권과 '호모 사케르' | 고대 중국의 통행증, 전(傳) | 근대 여권의 초기 버전으로서의 전(傳)

제2장 위대한 군주와 그랜드투어 여행자 95

마르코 폴로와 황금 패자 | 황금 패자의 위력과 한계 | 폴로 가족의 황금 패자 이야기는 진짜일까 | 중세 유럽의 주권국가와 안전 통행증 | 절대 권력의 상징으로서의 여권 | 엘리자베스 1세의 "여행 허가서"와 그랜드투어 | 시(詩)라는 위대한 여권 | 진본 확인 표식과 인장이 찍힌 종이 한 장 | 파리에서 인쇄기로 만들어버린 미국 최초의 여권 | "움직이고 머무르고 떠날" 자유와 국가 안보의 충돌

제3장 근대 국가와 근대의 시민 127

신체를 읽어내는 여권 | 열성적 여행자 스탕달의 여권 이야기 | 1819년 볼로냐의 바이런 엿보기 | 지인의 신원 조작을 도운 메리 셸리 | 젠더적 경계를 뛰어넘기 위해 이용된 여권 | 남북전쟁 이전의 미국 여권과 허먼 멜빌 | 허먼 멜빌의 '주관적'인 신체 특징 묘사 | 시민권 증명서를 요구받은 허먼 멜빌 | 프레더릭 더글러스의 "자유 문서" 선원 보호증 | 자유는

돈으로 샀지만 여권은 사지 못하다 | 흑인과 백인의 닮은꼴 여권 | 69세에 시민권의 상징인 여권을 발급받은 더글러스

제 2 부
현대식 여권의 등장

제 4 장   모더니스트와 투사   171

방랑자이자 망명자이며 난민인 제임스 조이스의 여권 | 여성이 자신의 여권을 가질 수 없던 시대 | 전쟁의 발발과 취리히에 모여든 망명자들 | 가발을 쓰고 턱수염을 민 레닌의 여권 사진 | 여권 사진과 국가 권력의 이동 통제 | 지드, 릴케, 파운드 등 예술가와 지식인들 분개하다 | 엘뤼아르의 여권으로 파리에 둥지를 튼 에른스트 | 거트루드 스타인의 『자서전』과 공식적인 여권의 관계 | 헤밍웨이의 네 가지 여권 | 가족이 지워진 피츠제럴드의 여권 | 여권 서류의 기록은 소지자의 행적 추적기 | 흑인 시인 랭스턴 휴스의 여권 | '색깔의 여권'마저 도둑맞은 시인

제 3 부
현대식 여권의 시대

제5장 추방자와 무국적자 219

러시아의 농노와 여권 | 여권 없는 유대인 화가, 마르크 모이셰 샤갈 | 난민과 무국적자와 인권의 위기 | 난센여권의 등장과 스트라빈스키 | 소비에트 정부의 귀화권 박탈과 나보코프의 난센여권 | 히틀러를 가까스로 피한 나보코프 가족의 프랑스 탈출 | 츠바이크, "무국적자를 위한 여권"을 신청하다 | 영화 〈그랜드 부다페스트 호텔〉의 무국적자 | 영국 여권 때문에 적국인이 된 조이스 가족 | 에른스트, 프랑스와 게슈타포 양쪽에서 쫓기다 | 예술가와 지식인 난민 구조를 위해 나선 "미국의 쉰들러" | 에른스트의 그림이 에른스트를 구하다 | 비시 정권을 간신히 벗어난 샤갈 | "언젠가 유명해질" 아렌트, 뉴욕으로 탈출하다 | 발터 벤야민, 스페인 국경을 넘지 못하고 자살하다 | 오늘날까지 계속되는 난민 위기와 "권리를 가질 권리"

제6장 이주자와 마르크스주의자 263

아이웨이웨이, 여권 통제 의례를 신랄하게 패러디하다 | 어떤 종류의 여권을 갖고 있는가 | "여권 압수"라는 감옥 | "왜 나에게 라벨이 붙어야

한단 말인가?" | 레온 트로츠키 추방과 암살자의 이중 여권 | 냉전 시대 블랙리스트에 오른다는 것 | 이동과 표현의 자유를 위한 소송 | 빌린 여권으로 국경을 넘은 네루다 | "로브슨을 노래하게 하라" | 노벨문학상 수상 작가 헤르타 뮐러의 소설 『여권』 | 영토 없는 NSK 국가의 여권 | NSK의 가상 여권에 몰려든 여권 신청서 | 여권으로 인한 국제적 위기를 환기시키는 여권 | NSK 국가의 여권에 대한 지젝의 통찰

제7장 외지인과 원주민 304

지구에 떨어진 사나이, 데이비드 보위 | "외(계)인(alien)"의 의미 | "행성 간" 슈퍼스타의 토성 출생 여권 | 여권이 필요 없는 여행에 대한 판타지 | 여권이 있든 없든 위협적으로 인식되는 "외부인" | 남아프리카에서 지구로 떨어진 이민자, 일론 머스크 | 머스크의 이민 제한 정책 비판 | 미국 여권 대신 세계 여권을 사용한 야신 베이 | 세계 여권을 발급받은 난민 무국적자 75만 명 | "내 조국은 지구" | 줄리언 어산지와 에드워드 스노든의 여권 | 오스트레일리아 애버리진 부족연합의 여권 | 원주민 집단의 완전한 주권 행사로서의 여권 | 북아메리카 원주민 이로쿼이 연맹의 호디노소니 여권

에필로그 "좋은 여권 나쁜 여권" 347
동등한 자유를 보장하지 않는 여권 | 제2의 여권 시장과 두 가지 여권을 소유한 자 | '올바른 여권' 소지자의 '수상한' 피부와 이름 | 브렉시트와 EU 없는 영국 여권 | 영구불변한 "좋은" 여권은 없다―미국 여권의 거부 | 몰타의 시인이 만든 유토피아적 반(反)여권 | 여권의 미래, 미래의 여권

미주 377
도판출처 389
찾아보기 391

감사의 말

이 책을 처음 구상했던 세상은 지금과 달랐다. 코로나19 바이러스라는 것에 대해 들어본 사람도 없었으며, 장차 닥쳐올 팬데믹도 멀게만, 그것도 실제보다 훨씬 더 멀게만 보였다. 하지만 내가 본격적으로 글을 쓰려고 (간이 탁자와 접이식 의자만을 서둘러 마련한 자택 사무실에) 앉았을 때 우리는 새로운 현실 속에서 살고 있었으며, 세계 각지의 국민국가들은 저마다 국경을 폐쇄하고, 국제적 이동을 규제하고, 방문객과 귀국하는 자국민 모두를 의무적으로 격리했다. 마치 거의 어디에서나 이런 응급조치를 통해서 우리 시대의 전 세계 상호 연관성을 규정하는 이동성과 이주의 가속화되는 속도가 극적으로 드러난 것처럼도 보였다. 우리의 집단적인 이동의 자유는 근본적이고도 만연하는 방식으로 규제되었다.

여행을 떠나려던 사람들 가운데 다수는 몇 달째 줄곧 집에만 갇힌 채로, 머나먼 목적지에 대한 열망과 감염 및 강제 격리에 대한 두려움 사이를 오갔다. 다른 사람들은 먼 곳에서 오도 가도 못하면서, 여행 금지와 항공편 취소로 인해 가족과 친지를 만나지 못했다. 물론 이동의 자유에 대한 규제로 인해 더 심각한 결과를 맞이한 사람들도 있었으니, 자신의 생존 그 자체에 필요한 상태를 찾아내기 위해 반드시 국경을 넘어야 하는 이주민, 난민, 기타 취약한 사람들이 그러했다. 지구를 배회하는 우리 모두는 여권을 소지하지 않을 수 없는 입장이지만, 이 보편적 필수품이 누군가에게는 남들과 다른 영향을 준다. 팬데믹의 한복판에서 우리의 여행 서류는 사실상 하루 아침에 새로운 의미를 얻기 시작한 것처럼 보였는데, 예를 들어 여권 위력 지수가 뒤집혔기 때문이고, 백신 여권 제안이 대두하기 시작했기 때문이며, 여권 신청자들이 서류를 발급받기까지 긴 지연을 감내했기 때문이다.

전 세계 이동이 사실상 그치다시피 한 순간이었으니만큼, 여행 서류의 긴 역사에 대해 숙고하기에는 참으로 어울리지 않는 때였다고 할 만하다. 아울러 가만히 앉아만 있는 상태에서 이 책을 구성한 이야기들의 주인공인 여러 방랑자들에 대해서 쓰는 것도, 즉 국경을 넘고 문화를 가로지르는 그들의 경험을 다시 체험하는 것도 적잖이 기묘한 일이기는 했다. 하지만 기묘한 방식으로, 이것이야말로 여행과 이동, 이주와 퇴거에 관한 서사에 몰입할 수 있는 완벽한 기회이기도 했다. 독자 여러분도 이 책을 읽는 여행 내내 이런 느낌을 함께 느껴주기를 바랄 뿐이다. 어떤 조용하고 움직임 없는 공간에서건, 아니면 그보다는 좀 더 낫게 어느 항공기의 비좁은 일반석에 앉아 지상 높은 곳을 활강하는 중에건, 고속 열차에서 낯선 풍경을 가로질러 뒤로 달려가는 중에건, 저 어딘가에 있는 버스의 뒷좌석에서 이리저리 흔들리는 중에건 말이다.

바이러스로 인한 물리적 고립에도 불구하고, 나는 이 책을 쓰는 과정에서 전혀 혼자가 아니었다. 우선 캘리포니아 대학 출판부의 편집장 닐스 후퍼Niels Hooper에게 감사드린다. 내가 이 연구를 책으로 변모시키는 과정에서 적극적인 열의와 아낌없는 용기를 (아울러 개방적인 의사소통을) 제공해주었기 때문이다. 아울러 이 과정에서 꼭 필요한 분들이었던 보조 편집자 나자 풀리암 콜린스Naja Pulliam Collins와 훌륭한 교정 편집자 앤 캔라이트Anne Canright에게도 감사드린다. 두 분의 지속적인 인도는 이 기묘한 연구가 출간되는 데 큰 도움을 주었다.

이 과정에서 많은 분들이 나와 함께해주었다. 스티븐 베슐로스Steven Beschloss에게도 감사드린다. 애리조나 주립대학 부설 문예창작프로그램의 일환으로 학계 이외의 독자를 대상으로

한 매우 유익한 글쓰기 강의에 기꺼이 나를 받아주었기 때문이다. 나는 그곳에서 크리스토퍼 샤버그Christopher Schaberg를 만나는 큰 행운을 누렸다. 저술가 겸 편집자로서 그의 절묘한 조언은 이 책의 출간에 무척이나 중요했다. 이후의 기간 동안 나는 리오 베르사니Leo Bersani와 셈 게라시Sam Geraci와 친해지는 큰 행운도 누렸다. 두 사람은 때마침 피닉스로 이사를 와서 팬데믹의 우울이 내려앉은 그곳을 환하게 밝혀주었다. 이 책을 집필하는 과정에서 나는 전국 각지와 전 세계 각지에 있는 다음과 같은 친구들로부터도 귀중한 조언과 지원을 얻었다. 더글러스 앳킨슨Douglas Atkinson, 브리 빌Bree Beal, 앤 니 코이르빈Anne Ní Choirbín, 호세 프랜시스코 페르난데스José Francisco Fernández, 손 케네디Seán Kennedy, 제임스 맥노턴James McNaughton, 로이스 오버베크Lois Overbeck, 마크 퀴글리Mark Quigley, 장미셸 라바테Jean-Michel Rabaté, 에릭 베르타이머Eric Wertheimer, 피어갈 웰런Feargal Whelan. 아울러 우리 집에서 더 가까이 살던 크리스토퍼 핸런Christopher Hanlon, 샤런 커시Sharon Kirsch, 리처드 러먼Richard Lerman, 아니카 만Annika Mann, 매트 시먼턴Matt Simonton, 마이클 스탠클리프Michael Stancliff, 보니 웬첼Bonnie Wentzel에게도 감사드린다. 이 연구를 통해서 나는 애리조나 주립대학의 학제 간 연구 조직의 일원이라는 사실에 대해서 어느 때보다 더 많이 감사하게 되었는데, 고대사와 18세기 문학과 기타 여러 내용에 대해서 나보다 훨씬 더 많이 아는 동료들에게 의존할 수 있었기 때문이다. 특히 아서 사바티니Arthur Sabatini의 친절한 도움에 감사드린다. 집필 과정에서 자신의 생각을 아낌없이 내게 털어놓을 때마다, 잘 알려지지 않은 세부 내용과 놀랄 만한 일화를 기억해내는 그의 재능이 번번이 빛을 발했기 때문이다.

나디아 루아르Nadia Louar, 클라우디아 비예가스실바Claudia Villegas-Silva, 살림 야심Saleem Jassim에게도 감사드린다. 고맙게도 세 사람 모두 각자의 여권 이야기를 내게 공유해주었다. 미국과 유럽과 라틴아메리카와 중동에 걸친 대화를 그들과 나눈 덕분에 여권의 정서적 반향에 대해서만큼은 역사기록보관소에서 마주친 그 어떤 자료보다도 더 많이 배웠다. 물론 이 책을 쓰는 과정에서는 여러 기록보관 전문가들의 사려 깊은 도움을 얻었다. 특히 에머리 대학Emory University 부설 스튜어트 A. 로즈 도서관Stuart A. Rose Library의 레이첼 데츨러Rachel Detzler와 캐리 하인츠Carrie Hintz, 옥스퍼드 대학 뉴 칼리지New College의 제니퍼 소프Jennifer Thorp에게 감사드린다. 편집을 마무리하는 과정에서는 본문에서도 언급했던 예술가와 활동가 가운데 몇 분이 도움을 (아울러 멋진 사진을) 제공해주었다. 특히 앙투안 카사르Antoine Cassar, 캘럼 클레이턴딕슨Callum Clayton-Dixon, 수전 로브슨Susan Robeson, 헬레나 발트만Helena Waldmann에게 감사드

감사의 말

린다.

 늘 그렇듯이 멀리 또 가까이 있는 가족 모두에게 가장 크게 감사드리고 싶다. 우선 장모님 제리 리처드슨Jeri Richardson, 이모님 낸시 포스터Nancy Foerster, 여러 빅스비 가족에게 감사드린다. 내 여권 타령을 들어 주고, 변함없이 격려해주고, 내 전반적인 얼빠진 모습을 인내해주었으며, 심지어 언젠가는 이 책을 직접 읽어보겠다고 약속까지 해주었으니 말이다. 우리 아버지 패트릭Patrick, 형 브라이언Brian, 우리 아이들 (겸 한때의 사무실 동료) 클레어Claire와 오언Owen 그리고 다른 누구보다도 20년 이상 동료 여행자 노릇을 해주는 니콜Nicole에게 감사드린다.

프롤로그

"내가 가진 가장 귀중한 책자"

여행 면허, 여권

두꺼운 종이로 30페이지 정도 되는 작은 책자. 거슬거슬한 두꺼운 종이로 만든 표지에는 발행 국가의 이름, 발행 국가의 국장國章 그리고 '여권PASSPORT'이라는 단어(또는 그 단어에 상응하는 외국어)가 돋을새김으로 새겨져 있다. 발행 국가에 따라 표지 색깔은 빨강, 초록, 파랑, 검정으로 다를 수 있지만, 손쉽게 잡히는 똑같은 크기와 (지금으로부터 거의 한 세기 전에 수립된 국제 규격에 따른 결과이다) 일련번호, 소지자의 사진, 각종 개인정보가 담긴 데이터 페이지가 한 장 들어 있다는 점만큼은 똑같다. 가장자리와 모서리가 눈에 띄게 닳고, 페이지가 구겨지거나 지저분해지고, 형형색색의 입국 도장과 그 소지자가 그토록 바라마지 않던 비자로 장식되면 이 여권은 특권층의 여행자든 아니면 필사적인 이민자든 간에 전 지구적 방랑자를 위한 부적이 되고, 한 사람의 요약된 일생이 된다. 여권은 우리가 갈 수 있는 곳과 갈 수 없는 곳을 정확히 통제하는 기묘한 힘이 있다. 여권은 멀리 떨어진 곳에 있는 새로운 삶으로 가는 안전한 통행을 약속할 수도 있다. 또 여권은 위험으로부터, 규제로부터, 또는 단지 친숙한 환경의 따분함으로부터 도피하게 해줄 수도 있다. 또한 여권은 그 소지자를 길게 늘어선 줄에서 맨 앞으로 나가게 해줄 수도 있고, 관료주의가 지배하는 안쪽 방으로 끌려가 원치 않은 세부 검문을 당하게 만들 수도 있다. 우리가 고향에서는 얻을 수 없는 뭔가를 찾아 떠날 때에 온갖 종류의 경계(지리적 경계뿐만 아니라 문화적, 언어적, 경제적, 법적 경계까지도)를 건널 수 있는 허가를, 일을 마친 다음에는 무사히 돌아올 수 있는 허가를 부여하는 것이 바로 여권이다.

개인과 문화와 정치의 접점

2002년 작품 『이 선을 넘어서 Step Across This Line』에서 살만 루슈디 Salman Rushdie는 "내가 가진 가장 귀중한 책자는 여권이다."라고 (전 지구적 이민자이자 탁월한 이야기꾼의 모국어로) 진지하게 주장한다. 외관상 평범한 물건을 두고 이렇게 주장하는 것이 과장처럼 보일 수 있다는 사실은 본인도 인정했지만, 그의 입장에서는 결코 과언이 아니었다. 그렇다. 여권에는 필요불가결한 (따라서 '절대' 잃어버려서는 안 되는) 여행 서류라는 실용적 기능이 있다. 그렇다. 여권에는 우리가 특히 좋아하지 않는 (하지만 감히 무시할 수는 없는) 증명사진이 들어 있을 수도 있다. 그렇다. 여권은 결국 제 역할을 다해서 국경 통제 담당관의 심사(또는 자동 여권 심사 키오스크)를 무사히 통과하게 만들어줄 것이라는 득의만면한 느낌을 줌으로써 우리를 위로할 수도 있다. 하지만 우리가 조금 더 관심을 가지면 여권은 훨씬 더 많은 영적 투자를 받아들이기 시작하고, 더 많은 정서적 무게를 지니기 시작하며, 이 과정에서 단순히 실용적이거나 물리적인 가치를 넘어서는 뭔가를 보유한 '귀중한' 물건으로 바뀐다.

　루슈디의 이런 의견은 모든 여권이 손쉽게 또는 은밀하게 제 역할을 다하지는 못하더라는 인식에서 비롯되었다. 이 소설가는 자신의 첫 번째 여권에 대한 생생한 기억을 서술한다. 1960년대에 그가 소지했던 인도 여권에는 방문 가능한 국가의 목록이 괴로우리만치 적게 기재되어 있었다. 십대에 접어들어 영국 여권을 취득하자, 루슈디는 마치 세계가 자기 앞에 열린 느낌을 받았다. 이 작은 책자는 그를 고향에서 멀리 떨어진 케임브리지Cambridge의 교육과 런던의 문학 서클로 데려다

"내가 가진 가장 귀중한 책자"

주었다. 또한 이 작은 책자는 그의 둘로 나뉜 영국-인도 정체성의 이야기를 가장 단도직입으로 말해주었다. 바로 이것이야말로 루슈디가 전 세계 어디를 돌아다닐 때든 함께한 단 한 권의 책자였다. 바로 이것이야말로 그 소지자의 이동의 자유를 요구함으로써, 그의 인생에서 가능한 것들에 관한 온갖 종류의 약속을 선언한 책자였다.

따라서 여권은 가장 개인적인 물건이다. 그렇지만 루슈디의 사례에서 예증되듯이, 이 작은 책자는 어디까지나 국가와 제국의 더 넓은 역사와 대비되어서만 비로소 개인적인 가치를 지니게 된다. 그가 인도 여권을 소지하게 된 이유는 그가 태어난 1947년 6월에서 겨우 몇 달 뒤에 인도가 영국에서 독립함으로써 영국령 인도 여권을 더 이상 사용할 수 없게 되었기 때문이다. 거의 같은 시기에 인도 아대륙이 분할되고 파키스탄이라는 신생국가가 수립됨으로써, 루슈디와 그의 방계 가족들 사이에 갑자기 국경이 생겨났다. 머지않아 이 국경의 어느 한쪽에서 가족들이 재회하려면 여권이 필요했다. 하지만 이후 수십 년이 지나도록, 더 넓은 지정학적 질서를 감안할 때 인도라는 이 새로운 주권의 영토에서 온 여권 소지자들에게 폭넓은 접근권을 주는 것은 적절하지 않다고 여겨졌으며, 심지어 오늘날까지도 인도 시민들은 다른 여러 국민국가들이 서양 국가 대부분에 잘만 부여하는 무비자 입국 혜택을 유독 덜 부여받고 있다.

분명한 사실은 여권이 국민국가의 대두 및 국제 관계의 발전과 밀접히 연관된 물건이라는 점, 따라서 시민권 자격, 세계적 이주, 망명 신청, 국가 안보 및 기타 관련된 문제를 규제하는 데에 지속적으로 밀접하게 연관되었다는 점이다. 여권은 개인에게 공식적인 신원[정체성]을 부여하며, 특정 민족과 인구의 이동을 감시하고 통제하기 위한 국가의 노력을 진작시키는 물건이다. 이것이야말로 여권의 가차 없는 역설이다. 여권이란 본래 독립성과 이동성, 도피와 안식처를 약속하지만, 이와 동시에 국경을 넘는 개인들의 이동 통제와 국토방위를 보장한다는 미명 하에 정부 감시와 국가권력의 필수 도구로도 사용된다. 다시 말해 여권은 개인과 정치의 접점 그 자체에 자리 잡고 있다.

이러한 독특한 위치로 미루어, 여권이라는 이 작은 책자는 역사기록보관소에 소장된 다른 문서 대부분이 (또는 모두가) 결코 해줄 수 없는 이야기를 해줄 역량을 지니고 있다고 볼 수 있다. 여권은 퇴거에 관한 유형有形의 기록을 제공하며, 이때 개인의 회고록일 수도 있고 여행기일 수도 있는 이 기록은 항상 문화사와 정치사의 더 넓은 흐름 속에 들어 있다. 루슈디의 초창기 여권은 그의 신원[정체성] 형성과 (그 형성이 불가피하게 일어나는) 집단 사이의 관계를 이야기한다. 여러 해 뒤에,

"내가 가진 가장 귀중한 책자"

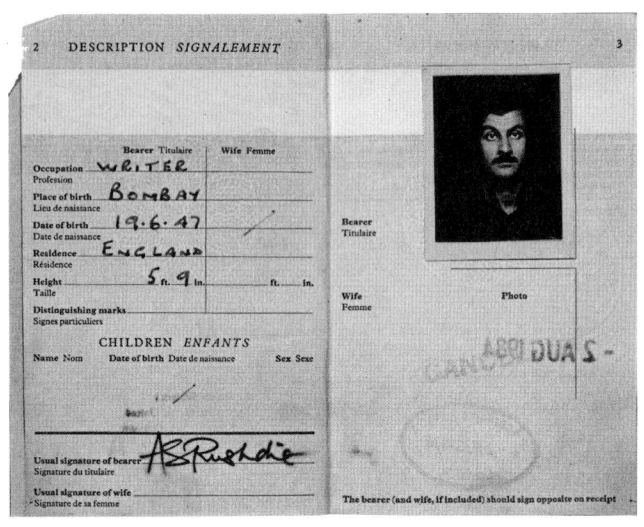

도판 1. 살만 루슈디의 1974년 여권 사진 페이지.

그의 영국 여권 역시 『악마의 시The Satanic Verses』(1988) 출간 이후 이란 최고 지도자가 루슈디의 처형을 요구한 파트와fatwa를 피해 숨어 지내던 기간을 이야기한다. 그다음에는 사형에 대한 두려움이 줄어든 이후 그의 세계적 명성, 학계에서의 직위, 고위직 친구들, 전 세계에 걸친 문화적 교류를 이야기한다. 이와 같이 여권은 우리가 반드시 한곳에 '붙어' 있어야 하며, 다른 장소에 들어가도록 '허락'될 뿐이라는 외관상의 의무 사항을 이야기한다. 여권은 예를 들어 '근대성,' '국민,' '세계화'처럼 우리 시대의 중요한 발상을 이야기하지만, 여권이 제공하는 서사는 이처럼 고상한 추상 용어들이 암시하는 것보다 훨씬 더 친밀하다. 여권은 역사의 어느 시점에서 인류가 신원[정체성]과 보호의 원천으로 국민국가에 의존하게 되었다는 사실을, 따라서 빠른 세계여행과 즉각적인 전자식 연결이 가능한 현 시대에는 이런 의존을 떨쳐버리기가 더 어려워졌다는 사실을 상기시킨다. 이제부터 살펴보겠지만, 이 귀중한 물건을 자세히 들여다보면 (즉, 이 작은 책자를 꼼꼼히 읽어보면) 점점 더 "세계화"되는 우리 시대에 이동성과 이주에 수반되는 정서와 상상을 더 잘 이해할 수 있을 것이다.

국경을 넘어 경계를 가로지르는 사람들

18세기에 근대 영토국가의 대두는 국가 간 국경을 설정하고 통제하는 데에 새로운 추진력을 제공했고, 이와 더불어 시민의 이동성을 추적하고 관리하는 새로운 수단도 제공했다. 국민국가는 오래전부터 예고된 종언을 아직까지도 맞이하지 않았지만, 그럼에도 불구하고 점점 더 유동적이고 상호 연결된 세계의 일부분이며, 그 세계에서 여권은 국경을 넘는 사람과 자본의 흐름을 원활히 촉진하는 결정적인 역할을 하고 있다. 9·11 테러 공격으로 각국 정부는 숙련된 보안 요원에 의한 승객 심사 강화, 늘어난 신원 확인 요구 및 기타 새로운 감시 기술을 도입하며 국경을 강화했다. 이후 여러 해 동안 반이민주의와 포퓰리즘 운동이 증대되었고, 새로 오는 사람들을 향한 외국인 혐오적 태도를 드러내는가 하면, 여행 금지령과 국경 장벽 같은 반동적인 조치를 요구하기도 했다. 하지만 이 가운데 그 무엇도 사람과 자본의 흐름을 저지하지는 못했다. 우리의 전 세계적 이동성의 시대를 가장 잘 예시하는 자료는 아마 UN 세계관광기구United Nations World Tourism Organization에서 내놓은 통계일 텐데, 이에 따르면 2019년의 전 세계 관광객 숫자는 15억 명으로, 2000년의 6억 8100만 명보다 무려 2배 이상 늘어났으며, 세계여행이 제2차 세계대전의 참해에서 회복되기 시작했던 1950년의 250만 명보다 무려 60배 넘게 늘어났다. 비록 미등록 개인에 관한 신뢰할 만한 통계는 집계하기가 어렵지만, 대부분의 지표는 지난 20년 동안 '편법' 이민이 극적으로 상승했다고 표시했는데, 2019년에만 해도 국경 통과가 약 2억 6000만 건이나 있었다. 인류 역사상 이렇게 많은 사람이 이 인위적인 경계를 넘을 수 있었던, 또는 넘을 수밖에 없었던 때는 단 한 번도 없었다. 국민국가의 역사상 이 경계가 이보다 더 침투성이 높았던 때는 단 한 번도 없었다. 심지어 팬데믹조차도 세계적 이동성의 속도를 오래 늦추지는 못했다.

지금 여러분이 읽고 있는 이 작디작은 책은 국경을 통과하는 사람들, 국경을 넘어 여행하는 사람들, 경계를 가로지르는 사람들 그리고 그러한 횡단이 가능하게끔 만들기 위해 이들

프롤로그

이 의존한 서류에 관한 내용이다. 이 테마에 대해 숙고한 루슈디는 국경 횡단의 원형적인 중요성을 깨닫고 페르시아 신화에서 한 가지 사례를 인용했다. 새들의 왕 시무르그Simurgh가 카프산Mount Qâf 꼭대기의 집에서 회의를 열기 위해 지상의 새들을 불러 모았지만, 그의 깃털 달린 친구들 가운데 극소수만이 그렇게 멀리까지 여행할 용기를 발휘했다.* 이곳과 저곳 사이의 경계를 건너는 새들의 여행은 어떠한 기본적 필요의 문제가 아니라, 종교적 헌신과 신성한 의무의 문제였다. 이 이야기는 루슈디가 우리의 본성 깊숙이에서 찾아낸 뭔가를 우화로 표현한 셈인데, 그 뭔가란 루슈디의 말처럼 새로운 세계를 찾아 대서양을 항해한 크리스토퍼 콜럼버스Christopher Columbus에게서 나타났고, (덜 문제적인 사례로는) 달 표면에 첫발을 내딛었던 닐 암스트롱Neil Armstrong에게서 나타났던 어떤 충동이다. 그 충동이란 이후 여러 장에 걸쳐 반복해서 목격하게 될 것이다. 즉, 실크로드의 멀리까지 여행한 마르코 폴로Marco Polo, 그랜드투어Grand Tour의 전통을 시작한 필립 시드니Philip Sidney, 사회적 기대와 젠더 규범의 속박을 넘어선 삶을 추구한 메

---

* 페르시아의 수피 시인인 파리드 우딘 아타르(Farid ud-Din Attar)의 『새들의 회의(The Conference of the Birds)』(1177)에서 새들의 왕 시무르그를 찾아 나선 30마리 새들은 일곱 계곡을 지나는 시련 끝에 도달한 산꼭대기에서 자신들 스스로가 '시무르그'(직역하면 "30마리 새들")라는 깨달음을 얻게 된다.

"내가 가진 가장 귀중한 책자"

리 다이애나 도즈Mary Diana Dods에게서도 찾아볼 수 있다. 아울러 제임스 조이스James Joyce, 거트루드 스타인Gertrude Stein, 윌라 캐더Willa Cather, 랭스턴 휴스Langston Hughes, 마르크 샤갈Marc Chagall, 폴 로브슨Paul Robeson, 해나 아렌트Hannah Arendt, 아이웨이웨이艾未未, Ai Weiwei, 일론 머스크Elon Musk, 야신 베이Yasiin Bey, 사라 아메드Sarah Ahmed를 비롯해서 지난 세기 동안 세상에 존재하기 위한 새로운 방법을 찾아 국민국가의 국경을 가로지른 다른 여러 사람에게서도 찾아볼 수 있다. 이들의 여행은 단지 지리적 국경을 넘는 문자 그대로의 이동만이 아니라, 다른 경계를 넘어서는 은유적인 이동이기도 했다. 예를 들어 고향과 타향 사이의, 친숙한 것과 낯선 것 사이의, 소속과 배제 사이의, 같음과 다름 사이의, 자신과 타자 사이의 경계를 넘어섰던 것이다. 이들의 여행에서는 태생이나 시민권의 권리를 주장할 수 있는 한계를 뛰어넘어야만 했으며, 그리하여 온갖 종류의 혼란과 위험이 야기되었다.

'나'의 증명

여권이 중요성을 갖는 까닭은 국경 통과라는 근대적 의례의 핵심 버팀목이기 때문이다. 루슈디는 이렇게 썼다. "국경에서는 자유를 박탈당하고 (우리는 그게 부디 일시적이기를 바라며) 통제의 영역으로 들어선다. 제아무리 자유로운 사회라도 가장

자리는 자유롭지 못한데, 사물과 사람이 밖으로 나가고 다른 사람과 사물이 안으로 들어오는 장소로, 반드시 올바른 사물과 사람만이 드나들어야 하기 때문이다."² 이곳에서 우리는 반드시 자신의 신원을 증명해야 한다. 우리의 서류는 우리의 이름과 국적, 우리의 생년월일과 출생지를 명시하고 있다. 국경 통제 담당관은 이런 세부 사항에 덧붙여서 우리의 활동과 목적, 우리의 수단과 목적지를 묻는다. 국경 통제 담당관은 우리가 건네준 서류를 검사하고, 사진과 소지자의 얼굴을 유심히 살펴보고, 몇 가지 질문을 더 던진다. 그가 대표하는 국민국가는 철학자 자크 데리다Jacques Derrida의 말처럼 일종의 "조건부" 환대를 제공하며, 이 과정에서 우리가 누구이며 어디에서 왔는가와 관련된 심문, 긴장, 드라마를 만들어낸다. 이런 상황에서 우리는 일상적으로 행동하고, 우리 스스로를 최대한 있는 그대로 제시하는 게 현명하다. 정치적 견해, 영리한 조롱, 선동적인 아이러니 또는 관심을 끌 만한 다른 뭔가를 굳이 드라마에 덧붙일 이유가 전혀 없다.

하지만 이런 상황에서 우리는 또한 고향과 자기 자신으로부터 소외를 감지하기 쉽다. 나는 정말 날짜, 지명, 생체 정보의 모음으로 이토록 손쉽게 환원될 수 있는 걸까? 내가 내 신원에 소유권을 갖고 있기는 할까? 내가 어쩌다 이렇게 두려워할 만한 대상이 된 걸까? 혹시 '나'한테 두려워할 뭔가가 있나?

"내가 가진 가장 귀중한 책자"

지난 세기 여행문학의 주요 작품에서 (예를 들어 로버트 바이런 Robert Byron의 『옥시아나로 가는 길The Road to Oxiana』(1937)부터 폴 서루Paul Theroux의 『유라시아 횡단기행The Great Railway Bazaar』(1975), 브루스 채트윈Bruce Chatwin의 『파타고니아In Patagonia』(1977), 피코 아이어Pico Iyer의 『글로벌 소울The Global Soul』(2001), 엘리자베스 길버트Elizabeth Gilbert의 『먹고 기도하고 사랑하라Eat, Pray, Love』(2006)에 이르기까지) 국경을 건너는 모든 여행에서 여권 통제 의례가 불가피하고 종종 불안한 일화로 등장한다는 점은 의미심장한 데가 있다. 여기, 즉 한 영역과 다른 영역 사이의 이 틈새 공간에서, 여권은 우리를 해악으로부터 보호하고 우리와 함께 저편으로 동행하겠다고 약속한다.

"여권의 번거로움"

루슈디는 파트와 때문에 숨어 살던 시기에 관한 회고록 『조지프 앤턴Joseph Anton』(2012)에서 여권 의례에 문제가 생겼던 체험담을 꺼낸다. 칠레 산티아고에서 열린 도서전에 참석하기 위해 베니테스Benítez 국제공항에 도착한 직후 이 소설가와 그의 동행(아울러 훗날의 아내)인 엘리자베스 웨스트Elizabeth West는 현지 경찰에게 포위되어 여행 서류를 빼앗기고, 심문을 위해 인근의 법 집행기관 건물로 끌려갔다. 이 시기로 말하자면, 칠레 군부가 잔혹한 아우구스토 피노체트Augusto Pinochet의 통제를 여전히 받던 때였다. 루슈디가 이 일화를 회고하면서 말한 대로, 그의 억류는 군부 내의 서로 경쟁하는 파벌 사이에서 벌어진 다툼에서 비롯되었다. 즉, 사형선고가 머리 위에 달랑거리는 사람을 굳이 우리나라에 들여놓아야 하느냐, 자국 시민도 아닌 그를 이 국민국가가 굳이 보호해야 하느냐는 것이었다. 바깥에 무장 경비원이 배치된 상태로 몇 시간 동안 작은 방에 갇혀 있던 작가와 그의 동행은 여권을 돌려달라고 거듭해서 요청했지만, 스페인어를 사용하는 체포자들에게는 아무런 효과도 발휘하지 못했다. 이 심각한 상황은 잠깐이나마 희극적으로 변모했으니, 경비원이 자리를 떠나자 루슈디가 산티아고 거리를 "잠시 산책하기로" 작정했기 때문이다. 하지만 영어 통역사가 금세 개입해서는 대기실로 돌아가라고 정중하면서도 완강하게 요구했다.[3] 그러다가 영국 대사관 직원이 도착해서 이 세계적으로 유명한 작가와 그 동반자를 데리고 나와 산티아고에 있는 도서전 주최 측에 인계하고 나서야 비로소 상황이 진정되었다.

 루슈디의 "귀중한 책자"와 관련된 이 일화는 미국의 문학 연구가인 폴 퍼셀Paul Fussell이 (영국의 소설가이자 여행 작가인 노먼 더글러스Norman Douglas의 표현을 빌려서) 일컬은 "여권의 번거로움"의 최근 사례이자 상당히 극단적인 사례라 할 수 있다.[4] 퍼셀의 고찰에 따르면 "근대인에게는 무척이나 친숙하게

"내가 가진 가장 귀중한 책자"

도 불안을 야기하는 의례적 상황, 즉 국경에서 여권을 제출하는 그 순간"이야말로 제1차 세계대전 직후에 사상 최초로 표준화되고 보편화된 여권이 의무화가 된 뒤 나타난 새로운 종류의 경험을 상징했다. 고전 연구서 『해외에서: 양차 세계대전 사이 영국의 문학 여행Abroad: British Literary Traveling between the Wars』(1980)에서 퍼셀은 "여권의 번거로움"의 의미심장한 사례를 D. H. 로런스D. H. Lawrence가 "절반은 신사이고 채무자"인 모리스 매그너스Maurice Magnus와 맺은 1년간의 관계를 서술한 짧은 회고록에서 찾았다. 영국 소설가와 만나기 전인 1916년에 이 파란만장한 미국인은 조국에서 탈주해 프랑스 외인부대에 입대했지만 결국에는 자신이 속한 연대에서도 탈주했으며, 전후의 경제적 비행非行 때문에 이탈리아 당국과도 마찰을 빚게 되었다. 1920년 봄에 로런스는 매그너스와 함께 이탈리아에서 몰타까지 증기선으로 여행을 떠났는데, 이때 여권 검사를 위해 줄지어 서 있다가 이 미국인이 아연실색한 모습을 목격했다. 일찍이 야바위로 유럽 전역의 고급 호텔 객실과 기차 1등석을 얻어냈을 정도로 건들거리던 매그너스도 관료주의적 절차를 겪는 동안에는 신경이 곤두서고 말았다. 하지만 '검사'를 통과하자마자 ("그렇다, 그는 문제없이 통과했다. 다시 한 번 그는 자유로워졌다") 그의 마음도 진정되었고, 그의 태도는 다시 한 번 "꽤나 당당하고 쾌활해졌다."

퍼셀은 몰타 항구에서 있었던 여권 '의례'야말로 고향과 저 너머 더 넓은 세계를 나누는 문턱을 건너가는 신화적 여행의 "격하된" 버전이라고 서술한다. "영웅에게는 그야말로 개선의 순간이다. 근대 여행자에게는 그야말로 굴욕의 순간이며, 자신은 국가의 피조물에 불과하다는, 즉 자신의 영역에서 대체 가능한 부품 가운데 하나일 뿐이라는 점을 상기시킨다."[5] 이런 점에서 퍼셀은 통관 및 입국 담당관의 연이은 검사를 견뎌야 하는 "근대의 여행자"에게 귀국은 더욱 나쁘다고 주장한다. 이들 담당관은 잠시나마 여권을 압류하고 반체제 인사, 도주한 범죄자 및 반국가적 위법자 명단을 뒤적이면서 이름을 교차 확인하기 때문이다.

국경 통제 의례를 향한 노골적인 도발

할리우드에서 처음으로 국경 통제 의례에 관심을 돌렸을 때에는 이런 추락을 매우 눈에 띄게 만들어 새로운 여권 제도를 조롱함으로써 우리의 불안에 (비록 확실하게 진정시키지는 못하더라도) 웃음으로 대처했다. 막스 형제Marx Brothers가 주연한 세 번째 장편영화 〈몽키 비즈니스Monkey Business〉(1931)에서 이들 4형제는 대서양을 건너 미국으로 가는 여객선에 밀항한다. 긴 항해 동안 이들은 선장을 모욕하고, 승객을 괴롭히고, 배 곳곳에서 난리법석을 피우며 특유의 몸 개그를 펼치기에 충

"내가 가진 가장 귀중한 책자"

분한 시간을 얻는다. 여객선이 마침내 뉴욕에 도착하고 승객들이 여권 검사와 비자 날인을 기다리며 줄지어 서자, 형제들의 익살맞은 행동은 절정에 달한다. 여행 서류가 없는 4형제는 딴청을 피우고 뇌물을 쓰기도 하며 국가 관료제의 기능을 교란시키려고 한다. 하지만 첫 시도가 실패하자, 4형제는 필사적으로 속임수를 쓴다. 4형제는 어찌어찌 미국으로 오는 도중에 훔친 여권으로 유임 승객 가운데 한 명인 척하면서 차례대로 통과하려는데, 이 승객은 프랑스의 전설적인 연예인 모리스 슈발리에Maurice Chevalier이다.

예상대로 4형제가 차례차례 줄을 서서 통과하려 시도하지만, 여권 담당관은 여권 사진과 이들이 닮았다고 확신하지도 못하고, 슈발리에의 유명한 노래 〈당신은 내게 새로운 종류의 사랑을 가져왔어요You Brought a New Kind of Love to Me〉를 불러도 감명을 받지도 않는다. 하포Harpo가 (슈발리에의 차분한 외관이며 매끄럽고 검은 머리카락과는 영 딴판으로 희번덕거리는 눈과 덥수룩한 금발 고수머리로) 여권 검사대에 올라가서 사방으로 으스대며 지팡이를 신나게 흔들다가, 아래로 뛰어내리더니 공문서를 사방으로 정신없이 집어던지고, 담당관 한 명이 그를 제지하려고 나서면서 상황은 광적인 부조리에 도달한다. 또 다른 여권 담당관이 그에게 여권을 요구하자, 이 밀항자는 어찌어찌 자신의 펑퍼짐한 외투 깊숙이에서 두꺼운 종이와 빨래

프롤로그

판에 이어서 마침내 슈발리에의 여권을 꺼낸다. 벙어리인 하포는 슈발리에의 노래를 부를 수 없기 때문에 등에 묶어 놓은 축음기에서 나오는 소리에 맞춰 립싱크를 하는데, 태엽이 다 풀리면서 음악이 점점 느려지자 이 속임수도 완전히 물거품이 된다. 공무원들과 하포의 짧은 몸싸움이 이어지고, 마침내 하포가 공무원 한 명에게 헤드록을 걸어 모자를 벗기고, 그의 대머리에 비자 날인을 하고 도망침으로써 소동은 마무리된다.

 통관 및 입국 심사를 받기 위해 길게 줄지어 기다리며 (JFK 공항이든, 파리의 샤를 드골Charles de Gaulle 공항이든, 두바이 국제공항이든 다른 어디에서나 마찬가지로) 시차 때문에 반쯤 조는 상황에서, 우리는 이와 유사한 방식으로 그 절차를 교란시키는 상상을 아마 해보았을 것이다. 이 장면의 희극성은 여권 통제 과정의 매우 질서정연한 구조와 막스 형제의 억제되지 않은 행동, 정확히 이 둘 사이의 부조화에 있다. 즉, 이 근대적 의례를 패러디하고, 조롱하고, 철저하게 비웃음으로써 졸지에 반反의례로 바꿔버리는 것이다. 그럼에도 불구하고 4형제가 수행한 "몽키 비즈니스monkey business, 장난질" 모두는 이 영화가 제작되었을 즈음에는 전 세계를 장악한 여권 제도를 상당히 진지하게 비판한다. 국경 통제 의례를 카니발적으로 재구상한 이 장면은 우리의 신원을 밝힐 뿐만 아니라, 우리의 이동성과 이

"내가 가진 가장 귀중한 책자"

주까지도 규제하려는 국민국가의 행정적 절차에 저항을 선언한다. 그저 잠깐뿐일 수도 있지만, 막스 형제의 정신 사나운 항의는 국가라는 선박을 뒤흔들고, 이들의 희극적 수법은 관료제의 관습을 그르친 원인이 되었으니, 우리는 그 힘의 우발성과 조건성을 인식함으로써 웃게 된다.

하지만 우리는 또한 위의 일화에서 여권 의례가 단순한 번거로움 이상의 뭔가가 될 수도 있음을 감지할 수 있다. 비록 퍼셀이 우리에게 말해주지는 않았지만, 로런스가 몰타에서 목격한 장면의 후일담은 사건 전체의 분위기를 극적으로 바꾼다. 이탈리아에서 사기 혐의로 형사 기소를 당하고, 아울러 동성애로 인한 전반적인 탄압을 받은 매그너스는 훗날 송환보다는 차라리 청산靑酸을 복용하고 자살하는 편을 택했다. 그는 서로 다른 두 주권국가의 손바닥 안에 있는 필사적인 도망자였던 것이다. 하지만 여느 여권 소지자와 마찬가지로, 그는 한 국민국가의 영역에서 다른 국민국가의 영역으로 넘어갈 때에 특별한 압력에 직면했으니, 그때마다 그는 개인적·국가적 신원을 밝히라는 요구를 받는 동시에, 조사와 심문에 노출되었기 때문이다. 우리는 모두 국경에서 취약하게 마련인데, 그중에서도 일부는 훨씬 더 취약하다. 매그너스가 느낀 불안이야말로 국경 통과 의례에 직면한 많은 여행자의 감정의 축도이며, 우리가 국가 주권의 이 노골적인 주장에 맞서서 과연 어떤 개인적 주권의식[독자성]을 갖고 있든지 간에 사정은 마찬가지이다. 우리가 응해야 하는 관료적 절차는 진부하거나 지루하게 보일 수도 있지만, 여권 소지자가 안전한지 위험한지, 합법적인지 불법적인지, 문제없이 통과하는지 구류와 추방의 대상으로 간주되는지 여부에 따라서 긴장된 드라마(또는 비극이나 희극 또는 희비극)의 수준으로까지 확대될 수도 있다. 이 드라마에 수반되는 감정은 (불안, 초조, 절망, 안도, 심지어 감사까지도) 여권에 밀착되어 있다.

전쟁과 여권

비록 몰타 일화에 담긴 죽느냐 사느냐의 의미는 언급하지 않았지만 퍼셀은 "여권을 제도로서 육성했던 전시의 분위기가 이후 영원히 남아 있게 되었다"고 결론을 내리는데, 이는 단지 우리 정부가 "인간이라는 피조물을 인원 단위로 인식"할 뿐만 아니라, 우리가 스스로의 통제를 훨씬 뛰어넘는 역사적 변천에 노출되어 있다는 것 역시 암시한다.[6] 제1차 세계대전에서 국민국가들의 무시무시한 충돌이 불러일으킨 이 취약성과 우발성은 바로 그 충돌에서 영감을 얻은 위대한 소설 작품 가운데 하나인 어니스트 헤밍웨이Ernest Hemingway의 『무기여 잘 있거라A Farewell to Arms』(1929)에서 여실히 드러난다. 이 소설의 줄거리는 젊은 미국인 주인공 프레더릭Frederic이 임신한 영국인 애인 캐서린Catherine과 함께 파괴와 유혈의 이탈리아 전선을 벗어나 도피할 수 있는지 여부가 중심이 된다. 중립국 스위스로 도주할 준비를 하는 동안, 두 사람은 다음과 같은 대화를 나눈다. "당신, 여권은 가지고 있죠?"[7] 전쟁 중에 여권은 관련 국민국가들이 자국 시민을 확인하는 동시에 스파이와 파괴 공작원과 기타 잠재적 위협을 차단할 수 있는 핵심 수단이 되었다. 프레더릭의 상징적인 대사처럼, 두 연인에게는 이 서류가 "매우 선량한 사람과 매우 온화한 사람과 매우 용감한 사람을 공평하게"[8] 살해할 채비가 너무 잘 되어 있었던 저 충돌하는 무시무시한 세계를 뒤로하고 떠날 기회(또한 잠재적인 장애)를 상징하게 되었다.

이 모든 내용을 달리 표현하자면, "무기여 잘 있거라"라고 말할 수 있는 가능성은 이들의 여권에 달려 있다. 프레더릭과 캐서린은 전쟁에서 도피하려고 마조레호수Lago Maggiore에서 노 젓는 배를 타고 반대편의 스위스 물가에 도착하고, 무장한 군인들에게 발각되어 세관으로 끌려간다. 그곳에서 두 연인은 여권을 제출하라는 요구를 받고, 어쩌면 우리에게 훨씬 친숙할 수도 있는 일련의 질문도 받는다. "'국적은 어떻게 됩니까?' (……) '여기에 왜 왔습니까?' (……) '이탈리아에서 무엇을 했습니까?' (……) '왜 그곳을 떠났습니까?'"[9] 중립국은 환영하는 태도와 거리가 멀다. 알다시피 국민국가의 환대는 심지어 평화시에도 항상 조건부이며, 신원을 보증하라는 요구에 응하여 의도를 입증한 손님만 받아들인다. 헤밍웨이의 소설에서도 담당관들은 두 사람의 입국을 허락하는 대신 여권을 반납하고, 임시 비자를 취득하고, 스위스 내에서 어딜 가든지 경찰에게 보고하라는 조건을 내건다. 비록 프레더릭과 캐서린은 국경을 건너 전쟁으로부터 멀어지는 데 성공하지만, 이들이 받은 요구 사항에는 여전히 불길한 뭔가가 있다. 이들의 여권 없는 상태, 즉 그 서류가 제공하는 보호를 박탈당한 상태야말로, 강력한 국민국가들이 서로를 죽고 죽이는 충돌의 상황에서 이들이 피할 수 없는 운명의 전조가 되는 셈이다.

여권의 위력과 인간 소외

『무기여 잘 있거라』는 개인의 욕망과 국가권력의 교차점에서 여권이 얼마나 중요해졌는지 명료하게 보여준다. 그로부터 몇 년 뒤, 그레이엄 그린Graham Greene의 장편소설 『비밀 요원The Confidential Agent』(1939)은 여권이 심지어 제2차 세계대전 직전의 첩보라는 은밀한 영역에서조차도 자신을 명시하는 (즉, 공식 용어로 개인의 신원을 서술하는) 데에 중심이 되었다는 통찰로부터 시작한다. 영국해협을 건너는 3등석 여행 후에 하선하는 과정에서, ('D'라고만 지칭되는) 주인공은 여권 속 사진과 일치하지 않는다는 이유로 도버Dover의 경찰에게 억류된다. 스페

"내가 가진 가장 귀중한 책자"

인 내전으로 인해 여러 해 동안 투옥되기도 하고, 공습에서 구사일생으로 살아나고, 아내의 피살까지 겪은 이후이다 보니, D의 외모는 심지어 본인의 눈에도 거의 알아볼 수 없을 만큼 변해 있었다. "그는 그 물건을 내려다보았다. 자신의 여권을 들여다볼 생각은 전혀 한 적이 없었다. 음, 지난 몇 년 동안은 말이다. 그는 낯선 얼굴을 바라보았다. 자기보다 훨씬 더 젊고, 훨씬 더 행복해보이는 남자의 얼굴을 말이다."[10] 조사를 위해 불려 들어간 방에서 그는 담당관의 도발에 그곳에서 유일하게 반사면이 있는 물체("특급열차에 '알렉산드라Alexandra'라고 명명하는 국왕 에드워드 7세Edward VII의 사진"을 보호하는 유리 액자)에다가 직접 얼굴을 비춰 보고, 담당관의 의심이 불합리하지 않다고 고백할 수밖에 없다.[11] 익명으로만 지칭되는 개인보다 그를 대변하는 여권 속 사진이 더 합법적이 된 것이다. 뿐만 아니라 영국의 문학 연구가인 리오 멜러Leo Mellor의 지적처럼, D는 또한 액자의 유리 뒤에 있는 사진 속 두 가지 대영제국의 상징(제국의 왕족과 제국의 기술)과 스스로를 어쩔 수 없이 비교하고 자신이 부족하다는 사실을 깨닫는다. 이렇게 여러 가지 이미지와 직면하자, 갑자기 그는 자신의 신원이 더 이상 자신의 통제 하에 있지 않음을, 이제는 전적으로 자신의 서류에 의존하고 있음을 깨닫는다. "그가 손에 들고 있는 물건이 '그를' 사물로 만든다."[12]

―――――――――――――――― 프롤로그

조사에 응하라는 요구, 닮지도 않은 사진과 표준화된 기재 사항과 비교하겠다는 요구, 출신과 목적에 관해서 심문을 받으라는 요구까지 이 모두는 우리가 이름 없는 담당관들과 오만한 정부의 손바닥 안에 있다고 느끼게 만든다. 루슈디 역시 파트와를 피해서 숨어 지내던 시절에 『비밀 요원』을 읽으며, 그렇게 단순한 장치로 서술을 시작함으로써 달성한 경제성에 감탄했다고 쓴 적이 있다. "한 남자가 자신의 여권 사진과 닮지 않았다. 그린의 입장에서 불확실하고 심지어 불길한 세계를 불러내는 데에는 이것만으로 충분했다."[13] 〈몽키 비즈니스〉에 등장하는 여권 장면 역시 소지자의 신원을 보증하는 과정에서 특유의 소란스럽고 전복된 방식으로 여권이 발휘하는 위력에 관객이 주목하게끔 만든다. 국경을 넘어 안전한 통행을 보장받기 위해서 여행자는 반드시 여권이 진본임을 입증해야 할 뿐만 아니라, 그 서류와 자신이 일치함까지도 입증해야 하는 것이다. 막스 형제도 변장과 가면극의 도움까지 받아가면서 광적으로 노력했지만, 이 기능까지는 전복시키지 못했다. 실제로 이들의 요란스러운 행위는 여권 통제 의례로 인해 느껴지는 불안과 소외에 대한 격앙된 반응으로 간주할 수도 있다. 하다못해 우리가 서류를 건네고, 여권 통제 담당관을 향해 조심스럽게 미소를 짓고, 최선의 결과를 기대하는 그 짧은 순간에도 이 의례는 "불확실하고 심지어 불길한 세계를 불러

"내가 가진 가장 귀중한 책자"

내는" 역량을 지금도 여전히 갖고 있다.

여권의 악몽

국경 통과와 여권 통제가 할리우드 영화의 주요 소재이자, 긴박한 상황의 원천이 되기도 했다는 사실에 놀랄 필요가 없다. 이러한 사실은 미국 시민들이 해외 불량 정권의 공포를 인지하고 탈출하는 내용을 다루는 영화에서 가장 잘 드러난다. 이 소재가 가장 노골적으로 묘사된 작품은 1978년의 영화 〈미드나이트 익스프레스Midnight Express〉로, 1970년에 이스탄불 공항에서 해시시 몇 킬로그램을 밀반출하려던 (브래드 데이비스Brad Davis가 연기한) 미국 대학생 빌리 헤이스Billy Hayes의 '실화'를 다룬다. 이 무모한 청년은 여권 심사대에 도착하자 두려움을 숨기지 못하고 비 오듯 땀을 흘리는데, 이때의 유일한 사운드트랙은 빠르게 가속되는 그의 심장박동뿐이다. 엄격한 세관원은 담배를 천천히 한 번 빨아들이더니, 여권을 검사하고, 헤이스를 곁눈질로 살펴본다. 청년은 검색을 통과하지만, 몇 분 뒤에 비행기에 탑승하려다가 억류된다. 이 영화의 나머지 내용은 여권 의례의 위험을 강조하는 효과를 낳는데, 왜냐하면 헤이스가 (대부분 허구인) 터키 감옥의 신체적 고통과 박탈이라는 생지옥에 떨어지기 때문이다.

달리 말하자면, 번거로움이 졸지에 악몽으로 옮겨간 셈이다.

프롤로그

2012년 벤 애플렉Ben Affleck의 영화 〈아르고Argo〉에서도 이와 유사한 시나리오가 펼쳐지는데, 1979년에 이란 혁명이 절정에 다다른 직후에 테헤란Tehran 주재 미국 대사관 직원 6명을 구조한 극비 작전인 일명 '캐나다 계획Canadian Caper'을 바탕으로 한 이야기다. 하지만 이번에는 불안한 여권 장면이 영화의 맨 마지막에 등장하며, 이때 대사관 직원들은 (가짜 캐나다 여권으로) 〈스타워즈Star Wars〉와 비슷한 SF 영화의 촬영지를 물색하러 이란에 온 캐나다 영화 제작자로 행세하여 검색을 통과하려고 한다. 공항 검색대에 다가가는 동안 긴장된 음악이 삽입되고, 연이어 미국인들의 걱정스러운 시선이 클로즈업된다. 일행은 여권 통제 담당관에게 붙들려서 심문을 위해 안쪽 방으로 끌려가지만, 《버라이어티Variety》 잡지와 가공의 영화 스토리보드 일부를 이용해서 자신들의 신원을 확증하고 비행기에 탑승한다. 고전적인 할리우드 방식으로, 지상 주행 중인 비행기가 미국인들을 안전한 곳으로 데려가기도 전에, 담당관들이 자신들의 실수를 깨닫고 뒤쫓으면서 〈아르고〉는 극적 절정에 도달한다. 이들이 가까스로 탈출하는 장면은 끝났다는 느낌과 함께 안도감을 주지만, 여권 의례에 얼마나 많은 위험이 깃들 수 있는지를 다시 한 번 상기시키기도 한다.

"내가 가진 가장 귀중한 책자"

어디에도 속하지 않은 사람

이들 영화 두 편에서 국경은 이동성과 이주의 장소라기보다는 오히려 스트레스와 감시(아울러 해외에 있는 미국인과 관련된 외국인 혐오적 불안)의 장소로 드러난다. 그곳에서는 향상된 치안 유지 기법에 신체가 노출되며, 귀중한 여행 서류만이 여행자를 보호해준다. 설령 문화적 민감성이나 역사적 정확성 면에서 할리우드를 신뢰할 수 없다 치더라도, 〈미드나이트 익스프레스〉와 〈아르고〉는 실제로 여권에 밀착되어 있는 희망과 공포를 활용하기는 했다.* 비록 여권 문제 때문에 여행자가 항상 어두운 감방에 갇혀서 어떠한 유서 깊고 창의적인 고문을 기다리게 되지는 않을지라도, 탈출의 가능성이 없어 보이는 일종의 근대적 연옥에 여행자를 붙들어두겠다고 위협이 나오는 것만큼은 사실이다. 이런 점에서 국경으로서의 공항은 일종의 중간 지역이 되며, 여기에서 여행자는 자신이 속한 국민국가의 법적 보호에서 외국 정부의 법적 보호로 (또한 일정 기간 뒤에는 다시 반대 방향으로) 인계되는데, 어디까지나 처리가 잘 되었을 때에만 그렇다. 스티븐 스필버그Steven Spielberg의 2004년 영화 〈터미널The Terminal〉은 그런 처리를 실패한 경

---

* 두 영화 모두 내용상 과장 및 왜곡 논란이 있었다. 〈미드나이트 익스프레스〉는 터키 감옥을 실제와 달리 폭력과 무법이 판치는 곳으로 묘사했고, 〈아르고〉는 결말의 활주로 추격 장면을 비롯해 실제 사건과는 딴판으로 묘사한 부분이 많았다.

우에 무슨 일이 일어날 수 있는지 보여준다. 즉, 여권 소지자에게는 새로운 종류의 악몽이 되는 것이다. 이 영화는 1988년에 여권을 도난당한 뒤로 18년 넘게 샤를 드골 공항의 1번 터미널에서 살아온 이란 난민 메흐란 카리미 나세리Mehran Karimi Nasseri의 실화에 부분적으로 기초하고 있다. 무려 톰 행크스 Tom Hanks가 연기한 〈터미널〉의 주인공 빅토르 나보르스키 Viktor Navorski는 가공의 동유럽 국가인 크라코지아Кракожия에서 왔지만, 본국 정부가 무너지면서 여권이 무효화되어 JFK 공항에서 오도 가도 못하게 된다. 그리하여 그는 국경에서 환대를 요청하는 포괄적 의미의 "외국인"이다.

"미국을 대표하는 아버지상"인 행크스에게 굳이 빅토르 나보르스키 역할을 맡기고 가공의 조국까지 제공하여 〈터미널〉의 정치적 논평을 무디게 만들었다 치더라도, 이 영화는 현재의 세계 질서에서 불청객의 운명을 (비록 감상적으로 정제하기는 했지만) 개괄적으로 전달하려 한다. 영화는 수하물 찾는 곳에서 탐지견을 동반한 순찰대가 지나가고, 제복 차림의 요원들이 여권 통제소의 줄 서는 곳의 차단봉을 다시 정돈한 뒤 보안 검색대 뒤의 자리에 앉는 모습으로 시작된다. 9·11 테러 이후 공항의 국가 안보를 보여주는 이런 장면은 방금 비행기에서 내린 여행자들이 어지럽게 밀려들어 수하물 찾는 곳을 가득 메우고 여권 검사 줄에 늘어서면서 순식간에 혼란스러워

"내가 가진 가장 귀중한 책자"

진다. 나보르스키가 여권 통제 담당관 앞에 섰을 때, 환대의 한계가 빠르게 드러난다. 간결한 "환영합니다"라는 인사 직후에 그는 표준 심문을 받는다. "방문 목적은요? 사업입니까, 아니면 관광입니까?" 하지만 나보르스키가 (이 등장인물을 위해 고안된 엉터리 불가리아어로) 뭐라고 웅얼거리면서 이 외국인, 즉 이 손님이 지금 심문받는 언어를 이해하지 못한다는 사실이 분명해진다. 설상가상으로 직원이 그의 여권을 컴퓨터 네트워크로 스캔하자, 'IBIS 표시'가 뜨면서 상황은 더 악화된다. 즉, 미국의 법 집행과 관련된 여러 기관에서 범죄 이력, 테러리스트와의 연계, 기타 안보 우려가 있는 정보를 제공하는 관계부처합동국경검사시스템Interagency Border Inspection System, IBIS에서 이 서류에 대해 경고를 보낸 것이다. 재빨리 나타난 세관국경보호국Customs and Border Protection, CBP 직원들이 나보르스키를 소문이 자자한 안쪽 방으로 호송하고, 영어를 알아듣지 못하는 이 크라코지아인은 그곳에서 추가 심문을 받게 된다. "정확히 무엇 때문에 미국에 오신 겁니까, 나보르스키 씨? 뉴욕에 누구 아는 사람이라도 있습니까?"[14]

빅토르 나보르스키는 영리한 전직 CIA 암살 요원인 제이슨 본Jason Bourne과는 거리가 멀다. 〈본 슈프리머시〉The Bourne Supremacy〉(2004)에서 이 주인공은 나폴리Naples 국제공항의 안쪽 방으로 잠입하기 위해 의도적으로 위조 여권을 제출해 IBIS 표시가 뜨게 만든다. 일단 안쪽 방에 들어서자 질문에 침묵으로 저항한 다음, 미국 공사관 요원을 쓰러트리고 상대방의 휴대전화에 있는 심SIM 카드를 복제하여 CIA의 통신을 엿들을 수 있게 된다. 일반적인 국경 통제 시나리오의 이러한 전복은 (그야말로 〈몽키 비즈니스〉를 액션 영화 버전으로 업데이트했다고 볼 수 있는데) 여권 제도에 역습을 가함으로써 국가권력의 통제에 저항하는 외로운 개인의 환상을 표현한 셈이다. 하지만 그건 어디까지나 환상, 특히 미국인다운 환상에 불과하다. 비록 이런 종류의 막가파식 개인주의는 마치 "테러와의 전쟁"의 뚜렷한 책임을 나타내는 것처럼 보이지만 말이다.

퍼셀이 "여권의 번거로움"의 일부라고 지적한 여권 등록은 국가 안보 데이터베이스 네트워크로 진화했는데, 이는 가까운 미래의 어느 시점에 이르면 모든 여권을 등록함으로써 세계 각지를 이동할 때 완전히 선명하게 추적할 수 있는 단일한 상호연계 디지털 기록보관소를 만든다는 목표를 달성할 수도 있다. 여권은 더 이상 중요한 정보가 모두 해당 페이지에 분명하게 기입된 독자적인 물체가 아니다. 대신 여권은 마이크로칩과 안테나를 통해 데이터베이스에 연결되면서 점점 더 네트워크화되고 있다. 아울러 이런 연결에는 개인의 사생활, 정보 보안, 신원 도용에 대한 우려도 모두 뒤따른다. 그런 한편으로 여행자의 신체를 구분하는 기술 역시 점점 더 정교해졌

"내가 가진 가장 귀중한 책자"

는데, 처음에는 주관적인 묘사와 표준화되지 않은 사진에 불과했지만 이제는 전자 지문 확인, 망막 스캔, 안면 인식과 기타 생체 정보 데이터 수집으로까지 발전했다. 개별 여행자를 감시하는 데 사용되는 국가권력의 도구가 상당히 증대됨으로써 국경에서 새롭게 규정된 이런 절차의 디스토피아적 함의 때문에 불안이 훨씬 더 커졌다. 이탈리아 철학자 조르조 아감벤Giorgio Agamben은 이렇게 규정된 절차야말로 9·11 테러 이후 우리의 신체에 대한 국가의 통제와 관리의 "새로운 삶정치적biopolitical 시대"로 들어선 징조라고 보았다. 즉, 우리의 신체가 이제 사법 관할권 바깥의 세력에 점점 더 많이 희생된다는 뜻이다. 비상사태로부터 비롯된 새로운 안보 패러다임이 정식 통치 기법이 되었다. 〈터미널〉과 〈본 슈프리머시〉가 개봉한 해인 2004년에 아감벤은 뉴욕 대학의 직위를 거절했으며, (비자를 얻어 미국에 입국하려는 사람은 의무적으로 지문과 사진을 제출해야 하는) 새로운 방법에 굴복하는 대신 자신이 명명한 "삶정치적 문신"에 항의했다.[15]

빅토르 나보르스키는 그저 그 도시를 구경하고 싶을 뿐이다. 즉, 그가 미리 암기한 몇 마디 구절로 말했듯이 "브루클린 다리Brooklyn Bridge, 엠파이어스테이트 빌딩Empire State Building, 브로드웨이 뮤지컬 〈캣츠Cats〉"를 비롯한 "빅애플Big Apple 관광"을 하려는 것뿐이다. 하지만 (배리 샤바카 헨리Barry Shabaka Henley

도판 2. 영화 〈터미널〉(2004)에서 자신의 여권을 마지못해 건네주는 빅토르 나보르스키(톰 행크스 분).

가 연기한) 원칙주의자인 CBP 담당관 서먼Thurman은 이미 나보르스키에게 귀국 항공권과 여권을 모두 내놓으라고 요구한 다음이다. 처음에 이 장면은 웃음을 자아내지만, 상황이 전개되면서 점차 더 불안해지며(배경에서 들려오는 여성의 비명은 공항의 안쪽 방이 위험한 장소임을 상기시킨다), 담당관이 여권을 제출하라며 손을 내밀면서 절정에 다다른다. 나보르스키는 담당관의 몸짓을 환대의 몸짓으로 착각하고 그의 손을 붙잡고 악수하려 든다. 서먼이 상대방의 착각을 바로잡으며 서류를 손으로 가리키자 ("아니, 아닙니다. 나보르스키 씨. 그것. 여권 말입니다.") 여행자는 마지못해 여권을 내밀지만 선뜻 놓지 않고 손아귀에 힘을 주는 바람에, 직원도 그 귀중한 책자를 확 잡

"내가 가진 가장 귀중한 책자"

아챈다.[16] 바로 다음 장면은 서먼이 클로즈업되는데, 그는 와인색 크라코지아 여권을 비닐 봉투에 집어넣어서 국민국가 당국에서 보관하기로 한다. 이제부터 나보르스키는 '입국 불가'로 (나중에는 "어디에도 속하지 않은 사람"으로 통보받는다) 표시되며, 따라서 "망명, 난민이나 임시 보호 지위, 인도적 임시 입국 허가, 비非이민 출장 비자나 외교 비자의 자격"이 없는 사람이 되지만, 정작 그는 여전히 자신이 들은 내용을 이해하지 못한다. 유효한 여권도, 공인된 지위도, 도움을 요청할 만한 정상적인 국민국가도 없이 그는 국경에 묶여 있게 된다. 이 중간 지대에서 탈출구조차 없이 말이다.

우리는 어떻게 여기까지 왔는가

 루슈디의 글 가운데 상당수는 이동의 기쁨과 고통을 다루고 있다. 예를 들어 여행과 이주가 불러오는 변화라든지, 국경에서 개방적 환대와 방어적 적대를 모두 접한 경험 같은 것들이다. 그의 소설 가운데 국경 통과의 가장 기상천외한 사례를 『악마의 시』의 서두에서 찾을 수 있다는 데에는 의심의 여지가 없다. 소설의 두 주인공 지브릴 파리슈타Gibreel Farishta와 살라딘 참차Saladin Chamcha가 탄 여객기가 런던 히스로Heathrow 공항으로 가던 중에 납치되어 폭파를 당하면서 영국해협을 향해 곤두박질친다. 이야말로 국경 통과의 근대적 신화이다. 마치 "무심코 부리를 벌린 황새에게서 떨어진 꾸러미처럼" 공중에서 추락하는 사이, 두 주인공은 각자 기적적으로 재탄생한다. 런던에 사는 애인을 만나러 가던 유명하고도 화려한 발리우드 스타 지브릴은 그 이름의 기원인 대천사 가브리엘Gabriel로 변신한다. 영국에서 활동하는 인도 태생 성우로 봄베이에서 공연을 마치고 귀국하던 살라딘은 뿔과 발굽이 달린 악마로 변신한다.[17] 역시나 기적적으로, 지브릴은 노래를 부르며 팔을 마치 천사의 날개라도 되는 듯 퍼덕이고, 살라딘은 그를 붙잡은 채 천천히 해협에 내려앉는다. 결국 두 사람은 눈 쌓인 영국 해변으로 떠밀려오고, 불운한 운명을 맞이한 비행에서 살아남게 된다.

물론 이 내용이 전부는 아니다. 이 소설은 대처Thatcher 시대의 외국인 혐오증이 배경인데, 당시는 영국 시민만이 살 권리를 가진다고 명시한 1981년의 영국 국적법British Nationality Act이 통과된 지 얼마 지나지 않은 시점이었다. 이것은 문자 그대로 과거 영국 식민지 출신 주민들의 운명을 공중으로 내던진 셈이었다. 그러니 경찰관과 이민 담당관으로 이루어진 단속반이 금세 살라딘을 체포하고는 (두 사람의 불가능해보이는 생존담을 비웃어 넘기면서도) 결국 여권을 요구한 것도 딱히 놀랄 일은 아니다. 기적적인 국경 통과를 통해서 살라딘은 히스로 공항에서의 여권 의례를 피한 셈이지만, 이런 환상적인 사건을 겪

"내가 가진 가장 귀중한 책자"

으면서도 여권의 번거로움이 악몽으로 변한 상황은 서사의 일부로 남아 있다.

  우리는 어떻게 여기까지 왔는가? 세계는 어떻게 이런 보편적 요구에 도달했으며, 우리가 지리적·문화적 경계를 넘는 방식은 어떤 결과를 불러왔는가? 여권은 이 서류를 사용하는 사람들(그리고 종종 마지못한 상황 때문이지만, 여권에 의해 정의되는 사람들)의 정서와 상상에 어떤 영향을 끼쳤는가? 이 서류는 조국과 타국, 여행과 이주, 소속과 실향, 시민권과 배제, 국가 간의 분쟁과 국제 협력 등에 관한 우리의 생각을 어떻게 굴절시켰는가? 여권은 그 긴 역사 내내 유지된 개인과 정치의 불편한 교차점에 관해서 우리에게 무엇을 말해줄 수 있는가? 우리가 국경을 넘을 때마다 취약한 신체에 가까이 붙들고 있는 이 귀중한 책자는 우리에 관한 내밀한 이야기를 담고 있으며, 그리하여 훨씬 더 큰 서사에서 우리의 위치가 어디인지를 증언한다. 여권은 이미 안식에 든 지 오래인 개인들의 열망과 불안정한 상황에 따른 이동의 가속화에 관해 이야기하며, 이런 이동의 방향을 조종하는 권리와 특권, 규제와 압력에 물질적 형태를 부여한다. 현재의 여권과 그 전신에 해당하는 다양한 형태에 대한 기록은 우리가 어디에서 왔는지를 드러내고, 우리가 어디로 향하고 있는지를 엿볼 수 있게 한다. 국제 여행과 세계 이주의 속도가 계속해서 가속화되면서 세계에서 우리의 위치에 관한 점점 더 시급한 질문 쪽으로 우리를 데려가고 있기 때문이다. 그렇다면 여권의 문화사를 탐구하면 오늘날 (아마 다른 어느 시기보다도 더 강하게) 우리에게 영향을 끼치는 이동성의 약속, 감정의 구조, 국가권력의 도구에 관한 중대한 뭔가를 헤아리게 된다. 그러니 이제 국경을 넘어 여행을 떠나자.

"내가 가진 가장 귀중한 책자"

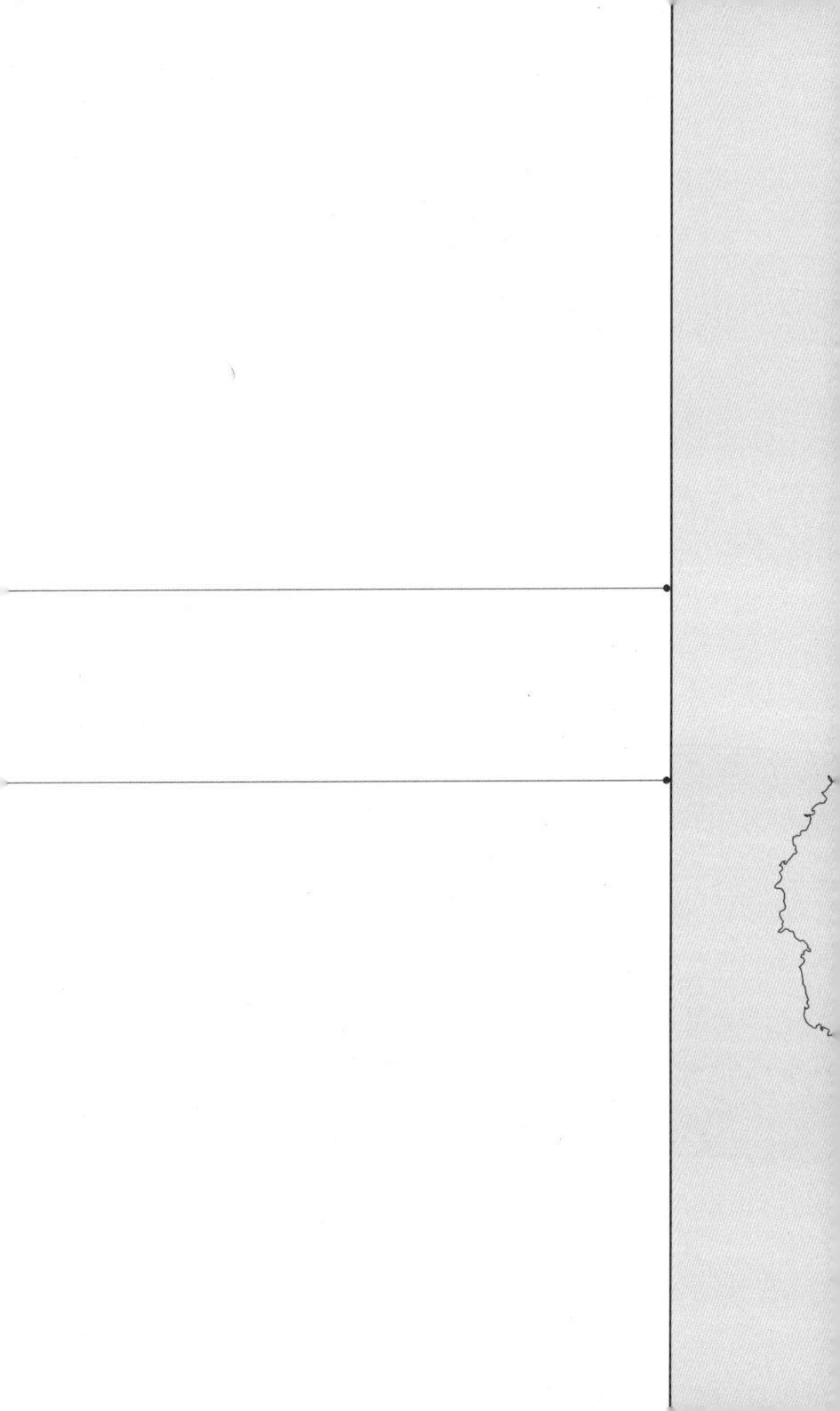

제1부

현대식 여권의
등장 이전 시대

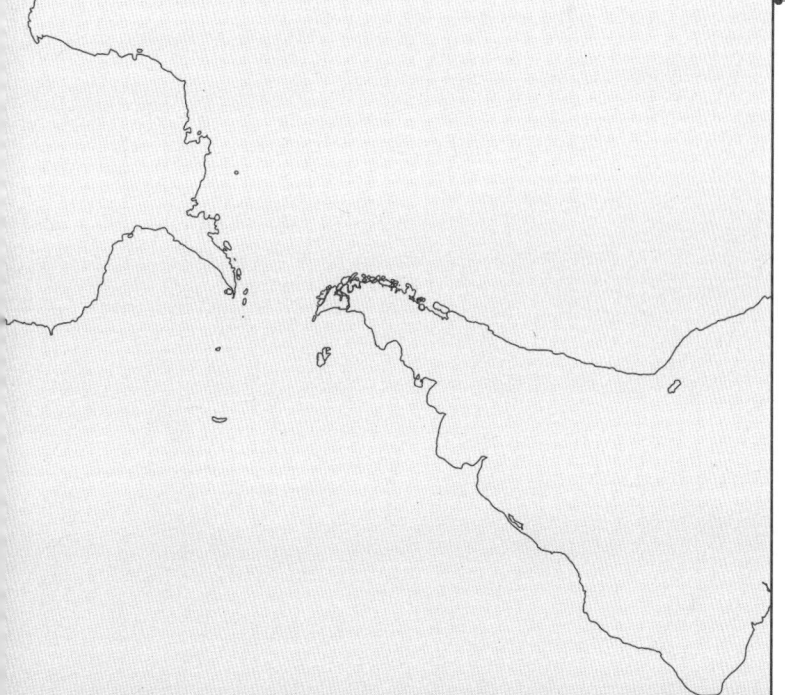

제1장

고대 국가와 고대의 시민

람세스 2세의 프랑스 여행

1976년 9월 26일 오후, 이집트의 통치자를 태운 프랑스 군용 수송기가 카이로를 출발해 5시간의 비행 끝에 파리 외곽의 르부르제Le Bourget 공항에 착륙했다. 왕족의 지위를 감안하여 당시 대학 담당 국무장관이었던 알리스 소니에세이테Alice Saunier-Seïté가 이 여행자를 맞이했으며, 붉은 깃털이 달린 기병대 투구와 하얀 가죽 바지까지 완비한 정장용 군복을 차려입은 공화국 수비대와 공군 분견대의 완전한 군사적 예우도 곁들여졌다. 이집트 군주는 인류학 박물관Musée de l'Homme에 있는 무균 차단실에서 몇 달 동안 머물기 위해 프랑스로 왔는데, 이곳에서 시신의 손상을 늦추기 위해 고안된 일련의 과학 실험과 첨단 처치를 받을 예정이었다. 그는 바로 고대 이집트 제19왕조의 파라오인 람세스 2세였고, 그의 영혼은 이 프랑스 방문보다 무려 3천 년도 더 전에 내세로 건너갔기 때문이다. 십대에 왕위에 올라서 60년 이상 재위한 람세스 2세는 시리아, 누비아, 리비아와 인근 지역에서 연이은 군사 원정을 주도함으로써 자신의 영향력을 해당 지역 전체에 걸쳐 확장하는 데 일조하여 이집트 역사상 강력한 통치자 가운데 한 명으로 여겨진다. 하지만 람세스 2세와 관련된 찬란한 역사에도 불구하고, 그의 사후 프랑스 여행에 관한 보도 가운데 상당수는 오히려 그 왕족 신분과 미라 상태 모두와는 전혀 어울리지 않는 한 가지 세부 사항에 초점을 맞추었다. 바로 오래전에 사망한 이 파라오가 최근 발급된 이집트 여권을 소지하고 1976년의 초가을 어느 날 프랑스 영토에 도착했다는 점이었다.

이집트 통치자의 도착이 국제 관계상 민감한 문제라는 데에는 의심의 여지가 없었다. 프랑스 대통령 발레리 지스카르 데스탱Valéry Giscard d'Estaing은 1975년 12월에 이집트 국빈 방문 당시 파라오 미라의 이전을 제안했다. 당시 그는 국제 무기 판매와 프랑스 산업의 이집트 경제 진출 같은 사안에 관해 이집트 대통령 안와르 사다트Anwar Sadat와 합의를 도출하고 있었다. 마침 이집트와 이스라엘이 평화적으로 갈등을 해결하겠다고 공언하는 2차 시나이 임시 협정Sinai Interim Agreement을 체결한 직후이다 보니, 프랑스 대통령의 방문은 12월 말에 파리에서 개최될 국제회의에서 석유가 풍부한 아랍 국가들과 서유럽 국가들 사이의 성공적인 대화를 위한 기초를 다지려는 의도이기도 했다. 처음에 데스탱은 파리의 그랑 팔레Grand Palais 박물관에서 람세스 2세의 치세에 관한 전시회를 개최하고 그의 미라를 출품하자고 제안했다. 하지만 이후 프랑스 대통령은 "이집트인의 국민 정서를 고려하여" 이 계획을 포기하는 대신, "이집트의 영광스러운 과거"를 보전하려는 이 고고학적 노력을 제안한 것이다. 그는 프랑스의 이집트학자들이 이미 카이로에서 이집트의 전문가들과 협업하고 있다는 사실을 알고 있었다. 양국 전문가들은 거의 한 세기 전에 발굴된 미라가 경악스러울 만큼 손상되었음을 확인했다. 심지어 프랑스 대통령은 인류학 박물관의 연구실에는 "이런 처치를 응용하는 데 능숙한" 전문가들이 있기 때문에 이 미라를 "무균 환경에서 처치"할 수만 있다면 "매우 유용할 것"이라며 약간 생색까지 내면서 제안했다.[1]

경쟁자인 미국의 이집트학자들은 미라의 손상 진단이야말로 존경받는 유물을 해외로 가져가려는 구실일 뿐이라고 주장했고, 《뉴욕 타임스New York Times》는 그 미라가 단지 "외교병 증세"를 겪고 있을지도 모른다고 꼬집었다.[2] 그럼에도 불구하고 오래전에 사망한 이집트 군주는 프랑스에 도착하자마자 수많은 과학적 분석을 감내했고, 이후 곤충과 균류, 세균을 박멸하는 집중 처치를 받았는데, 《르 몽드Le Monde》는 이런 처치 덕분에 파라오가 "회생의 기회"를 얻게 되었다고 입담 좋게 보도하기도 했다.[3]

여권을 소지한 미라

이런 상황이다 보니, 람세스 2세의 미라가 해외여행을 위해 반드시 여권을 소지해야 했는지 더욱 궁금할 수밖에 없다. 오늘날 '여권을 소지한 미라'에 관한 이야기는 영어나 프랑스어, 아랍어 중 어느 언어로 검색해도 인터넷 곳곳에서 찾아볼 수 있다. 충분히 예상할 수 있는 일이지만, 이런 내용은 초자연적이고 '기묘한 실화'를 전문적으로 다루는 여러 사이트에 올라와 있는데, 가끔은 히스토리닷컴history.com과 내셔널지오그래픽닷컴nationalgeographic.com처럼 더 신뢰할 만해보이는 (또는 최소한 더 평판이 나은 듯 보이는) 사이트에서도 재탕되고 있다. 또 페이스북, 트위터, 인스타그램에서도 널리 유포되었다.

람세스 2세의 미라가 여권이 필요했던 이유는 출처에 따라 의견이 상당히 다르다. 국제법상 적절한 신원 확인이 되지 않은 유해는 이송이 금지되어 있기 때문이라고 설명하는가 하면, 프랑스 법률상 자국에 입국하려는 사람은 생사와 관계없이 여권을 소지해야 한다고 설명하기도 한다. 또 어디선가는 이집트 법률상 심지어 사망자조차도 출국하려면 적절한 서류가 필요하다고 설명하기도 한다. 또 어디선가는 이집트 공직자들이 그 서류만 있으면 파라오가 해외에서도 법적 보호를 받을 수 있어서, 늦지 않게 자국으로 돌아올 수 있게 보장해 준다고 믿었기 때문이라고 설명한다. 즉, 심지어 사망한 군주의 시신조차도 유효 여권이 제공하는 보호가 필요하다는 것이다. 이 마지막 이유는 18세기 말에 나폴레옹의 침략과 고대 파라오 시대 이집트의 '발견' 당시로 거슬러 올라가는 유럽인의 오랜 약탈의 역사를 생각해보면 딱히 부당하지도, 근거가 없지도 않다. 분명한 사실은 식민지의 기반 시설 덕분에 19세기에 프랑스인이 운영한 유물 관리국Antiquities Service이며 유럽과 북아메리카 전역의 박물관들이 수많은 고고학 보물을 가져가기에도 용이했다는 점이다.

수집되고 해석되는 기억으로서의 여권

하지만 이러한 모든 악명에도 불구하고 람세스 2세의 여권은 그 어떤 기록보관소에도 남아 있지 않다. 1976년에 이 미라의 이송에 관한 보도에는 여권 이야기가 전혀 없었고, 카이로의 이집트 박물관Egyptian Museum이나 파리의 인류학 박물관의 기록에서도 그런 서류를 발견할 수 없었다. 인터넷 특유의 집단 의지는 널리 유포된 몇 가지 "조작" 버전 서류로 만족했는데, 박물관 카탈로그에서 가져온 람세스의 섬뜩한 미라 얼굴 사진을 최근 이집트 여권의 인적사항 페이지 이미지에 합성하고, 세부 사항을 다음과 같이 적절하게 채워 넣었다. "생년월일: 기원전 1303년 _월 _일 (……) 국적: 이집트, 성별: 남성, 발급일: 1974년 9월 3일, 만료일: 1981년 9월 3일, 직업: 왕(사망)" 이런 식이다.[4] 하지만 이러한 조작된 서류를 만든 이들은 더 '진짜 같은' 가짜를 만들 기회를 놓치고 말았으니, 파리에서 검사했을 때 람세스 2세의 생리학적 세부 사항을 다수 확인했기 때문이다. 그는 키가 170센티미터였으며, 피부는 흰색에 머리카락은 (많은 사람이 깜짝 놀라게도) 붉은색이었는데, 이것이야말로 고대 이집트 종교에서 붉은 털로 뒤덮였다고 묘사된 세트 신과 그를 결부시켰을 법한 특징이었다. 비록 전적으로 조작하지는 않았더라도, 최소한 '여권을 소지한 미라'의 이야기는 집단적 기억 오류의 사례, 또는 인터넷의 다른 쪽에서는 대중 기억 불일치 효과Mass Memory Discrepancy Effect, MMDE의 사례가 되었다. 람세스 2세의 유령 여권은 그 어떤 공식 기록보관소에도 존재하지 않을 수 있지만, 그럼에도 대안적 서사를 산출하는 역량을 이용해서 이른바 기억의 축적으로서의 역사적 기록보관소를 괴롭히며 희미한 존재감을 유지하고 있다.

그리하여 '여권을 소지한 미라'의 사례는 그 작은 책자에 어떻게 집단 감성collective emotion이 달라붙는가, 사망자의 여행 서

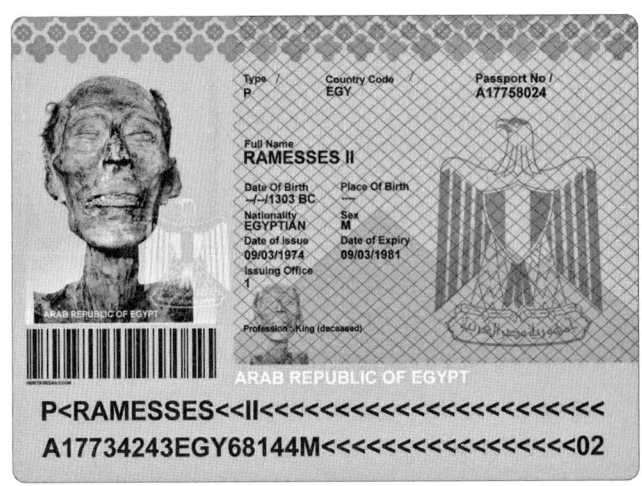

도판 3. "가상으로 만든" 람세스 2세의 여권. 2020년.

류에 어떻게 공통적으로 매혹을 느끼게 되는가 하는 수수께끼의 단서를 제공한다. 고대 파라오의 가짜 여권은 국가 관료제나 국제법의 부조리 또는 식민지 수탈의 잔혹한 역사와 국제 관계에서 나타나는 지속적인 불균형으로부터 야기되는 불안을 입증할 수 있다. 이 가짜 여권은 나름의 방식으로 고대 이집트의 사후 세계인 두아트로 이동하는 동안 고인을 보호하도록 미라 위에 놓아두거나 붕대 안에 감싸두었던 부적에 대한 기억 또한 일깨운다. 또 다른 측면으로 근대의 여권과 그 전신은 역사적 기록보관소의 중요한 요소로서 우리를 망자 가까이로 데려가겠다고 약속하며, 그리하여 역사가들로하여금 그들을 "되살리려는" 욕망을 북돋우게 한다. 하지만 이런 간파하기 어려운 서류는 또한 기억이 얼마나 불완전한지 입증한다. 우리는 망각의 위협에 대항하여, 죽음 그 자체의 위협에 대항하여 기억을 보존하려 한다. 기억은 수집되고 해석된다. 기억은 상실과 보전의 대상이고, 정보 분류와 보관과 이용이라는 관습의 대상이다. 이것만이 아니다. 기억은 조작과 위조의 대상이 되기도 한다. 기억은 그 기억을 가진 개인에 관해 이야기하도록 도와줄 뿐만 아니라, 기억에 영향을 끼치고 부추긴 국제 관계에 관해 이야기하도록 도와주거나, '여권을 소지한 미라'에 관한 이 기묘한 허구에서 나타난 것처럼 오래 전에 사망한 군주의 유해가 정치적 술책에 의해 사후 생이 늘어난 함의에 관해 이야기하도록 도와주기도 한다.

현존하는 최초의 여권, 안전 통행증

여권의 역사 대부분에서는 (국제법에 근거한 학술적 논고든, 온라인으로 빠르게 훑어볼 수 있게 작성된 언론 보도든 간에) 여행 서류(사실상 원시 여권)에 대한 최초의 문헌으로 서양 전통의 근본 텍스트인 『성경』을 지목한다. 기원지를 향한 욕망을 드러내면서, 이런 설명에서는 『구약성경』(정확히는 기원전 445년경의 텍스트인 「느헤미야Nehemiah」 2장 7-9절)을 지목하는데, 여기서는 왕실 헌작 시종인 느헤미야가 떠나온 고향 유대Judea로 가서 예루살렘 성벽 재건을 돕기 위해 페르시아 왕 아르타크세르크세스 1세Artaxerxes I에게 "안전 통행 편지"를 요청한다.

이와 똑같은 향수 어린 충동을 좇아가면, 우리는 여권의 또 다른 기원 후보를 람세스 2세의 세계에서도 확인할 수 있으며, 심지어 이 위대한 파라오의 치세보다 몇 세대 전으로까지 거슬러 올라갈 수도 있다. 이집트 문화의 기록보관소는 기원전 14세기 중반의 문서로서, 현존하는 사실상 가장 오래된 국제 관계 문서를 보유하고 있기 때문이다. 이른바 아마르나 문서Amarna letters는 1887년에 고대 이집트 제18왕조 파라오인 아크나톤Akhenaten의 왕궁 유적에서 이집트 현지 여성이 처음 발견했다. 머지않아 서양 고고학자들이 줄줄이 몰려들었는데, 그중 한 명이었던 선구적인 영국 이집트학자 플린더스 피트리 Flinders Petrie는 이후 10년 동안 더 많은 문서를 발굴했다. 길이는 12.5센티미터에서 20센티미터 사이, 폭은 7.5센티미터에서 10센티미터 사이인 382점의 점토판에 갈대 철필로 새겨 넣은 쐐기문자는 무려 3천 년 넘게 메시지를 간직했던 셈이다.

점토판에는 지중해 동부 유역 인근의 여러 국가 통치자들이 당시 지역 공용어였던 아카드어로 작성해서 아크나톤 왕에게 보낸 외교 통신문이 다수 포함되어 있었다. 통신문은 상업 거래, 선물 교환, 전략적 문제, 동맹 형성은 물론이고 (특히 여러 왕국의 귀족들 사이의 결혼 주선 같은) 왕실 문제와 외교 절

도판 4. 아마르나에서 발견된 쐐기문자가 새겨진 점토판 가운데 하나.

차에 대해서도 다루고 있다. 이 문서는 『구약성경』에 등장하기 이전 시기의 가나안 문화에 대한 통찰을 제공함으로써 성경 연구에 중요도가 높았지만, 이른바 행정 질서가 갖춰진 공동체로서의 초기 "국가"의 등장이라든지, 초기 국제(더 정확히는 국가 간) 관계의 등장에 관한 연구 방면으로는 최근에야 관심을 받게 되었다. 귀중한 수집품으로서 아마르나 문서 전체는 자크 데리다가 일컬은 "아카이브 열병archive fever"의 잠재적인 긴장을 불러낸다. "아카이브 열병"은 기억을 보존하고자 하는, 즉 인간 경험의 잔재를 모두 수집하고 목록화하고자 하는 강렬한 욕망을, 아울러 기원이라 주장되거나 추정되는 장소로 돌아가고자 하는 반복적인 충동을 가리킨다. 하지만 정작 국제 관계의 역사는 대부분 여전히 고대 근동을 언급하지도 않는 (따라서 상세한 논의는 더더욱 없는) 상태이다.

이런 상태가 더 놀랍게 느껴질 수도 있는 까닭은, 현존하는 가장 오래된 안전 통행증으로 확인할 수도 있는 편지(목록에는 EA30으로 지칭됨)가 아마르나 문서에 포함되어 있기 때문이다. 어쩌면 이 문서는 소지자에게 발급 군주[국가]의 영토를 (때로는 그 너머까지도) 지나가는 과정에서 안전한 통행을 제공하는 근대 여권의 전조일 수도 있다. 이 편지는 미탄니Mitanni의 왕 투슈라타Tushratta가 명령을 내리는 형태를 취하고 있다.

내 형제(이집트 왕)의 백성들인 가나안의 모든 왕에게 보내는 전갈이라. 따라서 (미탄니의) 왕이 이렇게 (말하노라): 지금 나는 다급한 임무로 마귀처럼 (빠르게 여행하도록) 나의 칙사 아키야(Akiya)를 내 형제인 이집트 왕에게 보내고 있노라. 아무도 그를 억류하지 말지니라. 그를 안전히 이집트까지 데려갈지니! (그곳에서) 이집트 국경 관리에게 그를 인계할지니라. 또한 아무도 무슨 이유에서건 그

에게 손을 대지 말지니라.⁵

아키야와 같은 칙사는 후기 청동기 시대에 지중해 동부에 걸쳐서 발달한 복잡한 정치적 동맹과 경제적 문제를 조율하는 중요한 수단이었다. 이런 관계의 유지는 해당 지역을 자유롭게 이동하는 칙사의 능력에 의존했는데, 이들은 외교적 의사소통을 중재했을 뿐만 아니라 상품을 운반하고, 거래를 수행하고, 왕족 신부를 호위하고, 정보원 노릇은 물론이고 심지어 첩자 노릇까지 했다. 당연히 칙사의 일은 힘들고 때로는 위험하기까지 했다. 이들은 대개 혼자였지만, 때로는 선물과 기타 물품을 운반하기 위해 노새를 이용하는 대상隊商을 동반했는데, 아마르나 문서가 작성된 시대에 특사의 육로 여행은 극도로 느렸고, 여름 몇 달의 가혹한 열기 속에서는 특히나 더했다. 해로 여행이라고 해서 훨씬 더 빠르지도 않았으며, 바람의 변덕이나 폭풍, 해적 등 위험에 노출되기 십상이었다. 그로부터 수백 년 전의 이집트 중왕국 시대에 작성된 교육서 『직업에 대한 풍자The Satire of the Trades』는 이 직업의 부담을 다음과 같이 우스꽝스러운 숙명론적인 방식으로 묘사했다. "특사가 외국에 갈 때에는 우선 재산을 자녀에게 물려주니, 사자와 아시아인들을 두려워하는 까닭이니라."⁶

"아무도 그를 억류하지 말지니라"

위험에 처한 아키야가 소지했던 점토판은 굶주린 맹수를 물리치거나, 심지어 군주의 지배가 미치지 않는 지역을 위협하던 떠돌이 도적들을 물리치는 데에는 큰 도움이 되지는 않았을 것이다. 그럼에도 불구하고 점토판에 담긴 메시지는 다른 군주나 주권국가와의 관계에서 폭력을 잠재우고 질서를 주장하려 했던 군주의 권위[주권]의 초기 사례로 간주할 수 있다. 이런 문서 덕분에 칙사는 중도에 있는 도적들과 여러 왕국의 관리들에 의한 공격, 강도, 세금 납부 요구를 피할 수 있었다. 물론, 현지 통치자의 경비병, 군인, 사자使者와 시비가 붙은 경우에는 틀림없이 유용했다. 또한 특사가 목적지에 도착한 후에도 왕의 대리인에게 붙들리거나, 또는 다른 방식으로 곤욕을 치르지 않도록 방비할 수 있었다.

우리는 물론 아키야가 본인의 군주인 투슈라타의 보호 능력을 상징하는 이 작은 점토판에 부여했을 개인적인 의미나 정서를 추측만 해볼 수 있을 뿐이다. 하지만 우리가 현재의 흔적을 찾아서 이 먼 과거를 바라본다고 치면, 그를 대신하여 이 점토판의 의미를 상상할 수도 있다. 그 어떤 무기나 갑주보다도, 심지어 대상隊商의 다른 심부름꾼과 상인과 노새보다도 이 편지는 그의 신체적 안전을 더 많이 보장해주었던 것이다. 왜냐하면 마법과도 마찬가지로, 그 표면에 적힌 일련의 표식 덕분에 이 점토판은 외국 영토로 힘든 여행을 떠난 자신의 특사를 보호하기 위한 왕의 권위를 체화하고 동원했기 때문이다. 혹시 아키야는 자신의 안위에 가장 중요한 물건들을 담는 튼튼한 가방에 이 점토판도 넣어서 몸에 가까이 지니고 다니지 않았을까? 신변의 위험이 감지될 때마다 가방 안에 손을 넣고 이 쐐기문자를 초조하게 더듬으면서 안도를 얻고자 하지 않았을까? 벌써부터 무더운 어느 날 아침에 출발했을 때, 이 귀중한 물건이 여전히 들어 있는지 가방을 뒤지다가 순간적으로 당황하지 않았을까? 이 작은 진흙 조각에는 어떤 정서가 결부되었을까? 다시 말하지만, 우리는 단지 상상만 해볼 수 있을 뿐이며, 이는 어쩌면 근대 여권이 야기하는 불안 가운데 일부를 이 고대의 사자에게 투영했을 수도 있지만, 그 점토판이 외교적 목적 외에 일종의 부적으로도 기능했음에는 사실상 의심의 여지가 없다. 즉, 이것이야말로 마치 어떤 강력한 마법에 의해 사람을 곤란이나 해악에서 보호해준다고 여겨지던 물건이었다. 우리는 (금속, 돌, 유리, 진흙으로 만드는) 부적이 고대 근동의 종교 신앙에서 멀쩡히 돌아다니는 산 자와 미라가 된 망자 모두의 안전과 관련해서 중요한 역할을 했다는 사실을 알고 있지만, 이런 부적 가운데 무엇도 EA30만큼 수사학적·정치적 위력을 가질 수는 없었다.

합의된 관례에 따르면, 고대의 여권에 담긴 메시지는 다른 주권국의 대리인에게 해당 사자가 당신들의 영토를 자유롭게 지나가도록 허락하라고 명령하기 위해 성문화한 것이다. "내 형제(이집트 왕)의 백성들인 가나안의 모든 왕에게 보내는 전갈이라. 따라서 (미탄니의) 왕이 이렇게 (말하노라): 지금 나는 다급한 임무로 마귀처럼 (빠르게 여행하도록) 나의 칙사 아키야를 내 형제인 이집트 왕에게 보내고 있노라." 이런 관점에서 이 초기의 여행 서류에 각인된 쐐기문자는 영국의 언어철학자 J. L. 오스틴J. L. Austin의 말처럼 "수행문performative"의 기능을 한다. 즉, 뭔가를 단지 '말하는' 것이 아니라 오히려 뭔가를 '행하는' 메시지인 것이다. "아무도 그를 억류하지 말지니라. 그를 안전히 이집트까지 데려갈지니!" 이렇게 발언할 때에 왕은 어떤 명령이나 지시를 내놓는 행동을 수행하는 것이다. 비록 조금 더 온화한 탄원으로 바뀌었지만, 무려 3천 년이 지난 현 시대의 미국 여권에도 이와 유사한 언어가 지속되고 있다. "미합중국 국무장관은 여기 거명된 미합중국 시민/국민이 지연이나 방해 없이 통과하도록 허락해줄 것을, 아울러 필요한 경우에는 모든 법적 지원과 보호를 제공해줄 것을 관계자 분들께 요청합니다." 오스틴에 따르면, 이런 메시지는 그 내용이 진실인지 거짓인지 여부를 판단할 수 없으며, 오히려 군주의 권위[주권]의 이러한 언어적 주장을 다른 사람들이 따르는지 여부에 따라서만 "적절한지"(성공인지), 아니면 "부적절한지"(실패인지)를 판단할 수 있다. 이런 점에서, 다른 이론가들이 제안한 것처럼, 적절한 수행문의 반복은 심지어 그런 권위를 발생하게 한다고 간주할 수도 있다.[7]

뿐만 아니라, (초기의 중개 기술인) 쐐기문자 점토판에 적힌 메시지는 (그 물질적 형태가 살아남는 한) 그의 목소리가 닿는 범위 너머, 그의 신체적 현존 범위 너머, 그의 영토 너머로까지 왕의 권위를 확장시키며, 심지어 그의 생명의 끝 너머로까지도 확장시킨다. 목적지에 도착한 아키야의 운명은 둘 중 하나였을 것이다. 어쩌면 그는 환대를 받고, 풍성한 잔치와 편안한 숙소를 얻고, 개인적인 선물에 더해 투슈라타 왕에게 가져갈 좀 더 많은 선물을 받았을 수도 있다. 반대로 목적지에서 여권의 명령이 실패(부적절)했다면 그는 강도, 투옥, 심지어 살해의 위협에 직면했을 수도 있다.

아마르나 문서를 살펴보면, 이와 유사한 군주의 권위[주권] 문제가 여러 통치자 사이에서 교섭되었다는 사실을 알 수 있다. 하지만 고대 근동에서 여러 왕들 사이의 관계를 규정하는 규범 체계는 궁극적으로 중재자 역할을 하는 신들에게 관할권이 있다고 간주되었다. 이처럼 신성한 관할권 덕분에, 학자들은 EA30 같은 문서에 담긴 규범을 과연 신학의 측면으로 보아야 할지, 아니면 국제법의 최초 형태로 보아야 할지 논쟁을 벌이는데, 왜냐하면 고대 근동에서는 이 두 영역 사이에 뚜렷한 구분이 없었기 때문이다.[8] 법학자 레이먼드 웨스트브룩Raymond Westbrook이 강조한 것처럼, 여기에 관련된 모든 사람은 신들을 숭배했으며, 신들이 자기네 문제에 관여한다고 믿었다. 이는 종교를 구성하는 세력이 단지 각 영역의 왕권을 수립하고 전체 지역의 정치적 지도를 만드는 데에만 그치지 않았으며, 나아가 이러한 사회를 자연 상태에서 법 상태로 이행시키는 데에도 영향을 주었음을 의미한다. 하지만 아크나톤이 통치하는 동안, 이집트에서는 국제 관계의 초기 형태가 대두했을 뿐만 아니라, (비록 대개는 일시적이었지만) 사회적·문화적으로 급격한 변화도 나타났다. 예를 들어 예술과 건축 양식의 혁신, 아마르나의 새로운 장소로의 수도 이전, 아울러 태양신 아톤Aton에게 헌신하는 유일신 종교의 세계 최초 수립 등이 그러했다. 이렇게 변화된 유산은 많은 추측을 낳는 논제였다. 마지막 저서 『모세와 일신론Moses and Monotheism』(1939)에서 지크문트 프로이트Sigmund Freud도 아마르나 문서에서 가져온 증거에 부분적으로 의지하여, 아톤은 사실 『성경』 속 예언자의 원형이 되는 신이며, 따라서 유대교와 기독교 신학의 근거라고 감히 주장했다.

『구약성경』의 여행 허가증, 할미

우리는 아크나톤의 통치로부터 거의 1천 년 뒤에 「느헤미야」에서 언급된 안전 통행 편지가 아마르나 문서의 안전 통행 편지와 유사한 기능을 수행한다는 사실을 잊지 말아야 한다. 『구약성경』에 언급된 이 서류는 ("봉인된 서류"라는 뜻으로 엘람어로는 '할미halmi', 고대 페르시아어로는 '미야투카miyatukka'라고 일컫는데) 기원전 6세기 페르시아 아케메네스 제국의 왕도王道를 오가기 위해서 필요한 여행 허가증(이자 일종의 고대 식사권)이었다. 이런 필수품이야말로 상上이집트부터 중앙아시아까지, 아울러 다뉴브강Danube부터 인더스강Indus까지 뻗어 있는 국가, 즉 프랑스의 이란학자 피에르 브리앙Pierre Briant이 "미래의 로마제국만큼이나 방대한 단일국가"라고 부른 아케메네스 제국의 중요한 행정 기능이었다.[9] 할미는 (아케메네스 제국의 공식 수도에서 발견된 점토판들을 가리키는) 이른바 페르세폴리스 행정 기록보관소Persepolis Administrative Archives에서 여러 차례 언급되지만, 역사학자들이 그 이용법을 매우 정확하게 재구성할 수 있었던 것은 어디까지나 고대 이집트의 특정한 아람어 파피루스(기원전 5세기 아케메네스 제국의 이집트 사트라프satrap*인 아르샤마Aršāma가 자신의 영지 관리인 나크토르Nakhthor를 위해 제공한 편지)를 통해서였다. 이 문서는 전반적으로 대상隊商에 포함된 여행자의 인원, 여행자가 지나갈 경로, 이 과정에서 여행

---

* 대제국의 통치 지역을 20여 개의 행정구역 '사트라피(satrapy)'로 나누어 해당 지방을 관장하도록 파견한 일종의 총독.

자가 공급받아야 하는 식량에 관해서 명시하고 있다. 기원전 6세기와 5세기 동안에 왕도는 각 지방을 가로지르며 여러 구간으로 나뉘어 있었는데, 그 도로를 따라서 창고와 역참이 배치되어 있었다. 각 구간이 끝날 때마다 대상隊商의 인솔자는 할미를 제출해야 하며, 이로써 여행자는 해당 서류에 명기된 정확한 분량만큼의 식량을 얻을 자격이 생겼다. 일례로, 아르샤마가 편지에 다음과 같이 공언했다. "보라! [나의] 부하인(아람어로는 '페퀴드pequid'인) 나크토르가 이집트로 가고 있다. 그대의 지역에 있는 나의 소유지에서 그에게 식량을 제공하되 (……) 매일 하얀 곡분穀粉 두 되 (……) 하급 곡분 석 되, 포도주나 맥주 두 되, 양 한 마리, 그의 말에게는 (그 숫자대로) 건초를 주라."[10] 물론 이런 메뉴를 지시한 것에 더해서, 할미는 나크토르와 그 동행들이 여정의 다음 구간까지 나아가도록 허락해주었다.

「느헤미야」는 이런 현실적인 문제 이상의 뭔가를 우리에게 이야기해준다. 아케메네스 제국의 제6대 군주인 아르타크세르크세스의 궁정에서 고위직으로 유배 생활을 하던 느헤미야는 (그로선 상당히 놀랍게도) 예루살렘 성벽이 무너졌으며, 그 도시의 유대인 거주민들이 큰 위험에 빠졌다는 사실을 알게 된다. 낙담한 이 이스라엘 사람이 며칠 동안 단식과 기도 뒤에야 모습을 드러내자, 아르타크세르크세스는 걱정의 원인이 무엇이며 그걸 경감하려면 어떻게 해야 하는지 묻는다. 느헤미야는 곧바로 여행 서류와 자신이 귀국하여 예루살렘을 재건하는 데에 필요한 자재를 달라고 호소한다.

(7) 나는 왕에게 말했다. "만약 전하께서 의향이 있으시다면, 강 너머 지역의 총독들에게 보내는 편지를 저에게 내리시어, 제가 유대에 도착할 때까지 그들이 저를 지나가게끔 허락하게 해주십시오. (8) 아울러 전하의 숲지기인 아삽(Asaph)에게 보내는 편지 또한 내려주시어, 성전에 속하는 궁전의 출입문과 도시의 성벽과 제가 들어갈 집의 대들보를 만드는 데에 사용할 목재를 그에게서 얻게 해주십시오."

이 요청에서 이례적인 부분은 느헤미야가 이보다 앞서 하느님께 긴 기도를 올리면서 자신이 이스라엘 사람들의 죄에 대해 진심 어린 참회를 했으니, 어쩌면 하느님께서도 아르타크세르크세스의 앞에서 이 유배자에게 은혜를 베풀어주지 않으실까 하고 바랐다는 점이다. 여기서 가장 놀라운 점은 이 이스라엘인이 "강 너머 지역"(유프라테스강Euphrates 서쪽)을 안전하게 통행하게 해달라고 자신의 하느님께 직접적으로 호소하는 대신, 아케메네스 군주의 세속적인 권위를 드러내는 안전 통행 편지를 얻게 도와달라고 요청했다는 점이다. 곤경에 처한 유대인들이 속한 아바르나하라Abar-Naharā(아람어로 "강 너머"를 뜻하는) 지역에서 아르타크세르크세스가 발급한 할미의 수사적·정치적 위력이 그 정도로 컸음이 분명하다.

「느헤미야」는 안전 통행 편지를 둘러싼 정서적 힘 또한 증언한다. 「느헤미야」의 텍스트는 매우 복잡하며 때로는 추측에 불과한 역사가 담겨 있다. 「에스라Ezra」와 함께 각 장章들은 독립적인 작품으로서 유포되었고, 기원전 400년경에 다른 자료와 조합되어 「에스라—느헤미야Ezra-Nehemiah」를 형성했으며, 헬레니즘 시대에는 추가로 편집을 거쳤고, 9세기 이후의 라틴어 번역본에서는 때때로 별도의 책으로 분리되었다가, 13세기에 이르러 『파리 성경Paris Bible』에서 분리된 각 장으로 표준화되었으며, 그로부터 거의 300년 뒤에야 히브리어 성경에 포함되었다. 하지만 생생한 1인칭 목소리로 사건을 설명하는 앞부분과 뒷부분의 여러 장들은 느헤미야라는 역사적 인물의 회고에 근거했다는 데에 전반적으로 의견이 일치한다. 아울러 화자가 자기 자신의 이야기를 전달하면서, 텍스트의 해당 단락에서 솔직한 심정을 드러내고 있다는 것도 부정할 수 없다. 이 이스라엘인은 아르타크세르크세스에게 요청하기 위해 다가갈 때에는 "내가 매우 두려웠다"고 말했으며, 아케메네스의 군주에게 청하기 직전에 마지막으로 "전하께서는 만수무강하소서"라는 기원과 "하늘의 하느님께 드리는 기도" 모두를 했던 것이다. 여권 요청이 허락되자, 크게 흥분한 느헤미야는 눈에 띄게 안도하며 이야말로 "하느님의 선하신 손이 도우심"의 징조라고 여겼다.

배제에서 비롯된 고대 시민권 개념

학자들과 언론인들에게는 여행 서류에 대한 이 초기의 언급이 중요할 테고, 『성경』을 읽는 독자들에게는 이 필사적인 유배자의 감정에 호소하는 계시가 감동적이겠지만, 여권의 역사에서 「느헤미야」가 더 중요한 이유는 아마도 고대의 시민권 개념에 대해 말해주고 있기 때문일 것이다. 「느헤미야」의 도입부에서 이스라엘 사람들은 대부분 아케메네스 제국의 신민이며, 고향에서 멀리 떨어진 타지에 뿔뿔이 흩어져 살면서도, 유대에 대한 소속감과 정체성을 계속해서 공유하는 것으로 나온다. 이런 소속감 때문에 느헤미야는 조상들의 도시로 귀향하고자 했으며, 그럼으로써 예루살렘 성벽을 재건하고 공동체를 이전과 같이 온전하게 회복하려는 희망을 품었던 것이다. 이후에 그는 만만찮은 적수들을 만나고, 예루살렘 사람들 사이에 새로운 분열이 대두하는 것을 목격한다. 하지만 그 지역의 총독을 맡은 직후, 심지 굳은 느헤미야는 공동체를 단결시키고 내부와 외부의 적으로부터 보호하기 위해 일련의 사회적·전례적 개혁을 실시한다. 그는 예루살렘 주민의 인구 조사를 계획하고, 가계 등록부를 만들어서, 바빌론에서 포로로 붙잡혔다가 돌아온 가문의 이름을 기록한다. 정의로운 느헤미야는 동료 개혁자 에스라를 도와 이스라엘 사람들 사이에 구속력 있는 계약을 형성하는 토라Torah의 가르침을 공포함으로써 공동체를 바로잡도록 한다. 율법서가 그 땅의 법률이 되는 것이다. 이후 몇 장에 걸쳐서 두 사람은 공통의 유대를 기념하고 공동체의 법률을 인정함으로써 일종의 시민권을 수립하기 위해 일한다. 하지만 많은 사람이 이미 지적했듯이, 이러한 시민권 개념은 도시의 성벽 너머에 있는 나머지 사람들을 배제하는 행위에 근거하기도 했다.

우리 시대에 이르기까지 수많은 주석가는 이 불운한 국수주의를 빌미로 자기네 나름의 시민권 개념을 퍼뜨리려 했다. 2017년 1월 20일, 도널드 J. 트럼프Donald J. Trump의 대통령 취임식을 몇 시간 앞두고, 미국 남침례회의 선동적인 목사 로버트 제프리스Robert Jeffress는 워싱턴 D.C.에 있는 (본래 미국의 국립역사기념물이지만, 나중에는 『성경』을 치켜든 대통령의 악명 높은 사진이 촬영된 장소이기도 한) 세인트존스St. John's 성공회 교회에서 설교를 할 때 「느헤미야」를 근거로 들면서 "하느님께서는 장벽 건설에 반대하시지 않는다!"고 주장했다. 제프리스는 신도석 맨 앞줄에 앉은 트럼프에게 직접 말하며, 『성경』의 인물을 열성적으로 소환했다. "당신을 생각할 때면 말입니다, 트럼프 대통령 당선인, 하느님께서 지금으로부터 수천 년 전에 이스라엘에서 선택하신 또 다른 위대한 지도자가 떠오릅니다."[11] 소년 같은 특유의 미소로 유명한 이 목사는 느헤미야가 예루살렘에서 공동체를 재건하는 첫 번째 단계로 도시를 둘러싸는 "거대한 성벽"을 다시 세웠다고 쾌활하게 말했다. 제프리스의 설명에 따르면, 느헤미야가 성벽을 다시 세우는 데 성공한 까닭은 비판자들에게 굴복하지 않았기 때문에, 즉 시민들의 반대에도 꿈쩍하지 않았기 때문이라는 것이다.

"가치 있는 생명"과 "벌거벗은 생명"

분명 시민권이라는 개념이 외집단과 내집단 사이의 대립, 즉 똑같은 권리와 특권을 향유하지 못하는 이방인과 시민 사이의 대립에서 그 의미를 도출하는 경우에 한해서는 이러한 배제의 논리를 종종 강조해왔다. 일반적으로 시민권의 역사가 지중해 건너편 고대 그리스에서부터 시작되었다고 하는 가장 큰 이유는 특권적 남성과 그의 출신 도시 사이의 유대를 정의하는 데에 도움을 주는 '폴리스polis, 도시국가'의 개념이 등장했기 때문이다. 이때 여성과 노예, 외국인과 기타 부차적인 이들은 정치적 참여에 부적절하다고 판단하여 배제되었다. 최근에 와서 우리의 근대 정치 상황을 바라보면서, 조르조 아감벤 역시 고대 그리스에서 정치적 참여가 가능한 "가치 있는 생명"(비오스bios)과 엄밀한 의미에서 폴리스에서 배제되었다고 간주되며 단지 신체적 또는 생물학적으로 존재만 가능한 "벌거벗은 생명"(조에zoē)을 구분한 것에 주목한다. 아감벤이 보기에 벌거벗은 생명이라는 배제는 폴리스를 적절한 정치 공간으로 수립하는 데에 실제로 중요하며, 이러한 배제에도 불구하고 폴리스는 계속해서 '조에'에 대해 권력을 행사했는데, 바로 '조에'를 '비오스'로 변모시킬 지속적인 잠재력을 통해서 그렇게 했던 것이었다. 폴리스 시민권의 품 안으로 들어온 사람들은 (예를 들어 토지를 소유하거나 공무직을 맡는 등) 특정한 권리를 누렸지만, 이와 동시에 (의회 참여와 전시의 폴리스 방어 같은) 시민의 책임 역시 떠맡아야 했다.

이런 이유 때문에 고대 그리스의 시민권은 철저하게 규제되었다. 폴리스가 외부인에게 시민의 지위를 부여하는 경우는 몇 가지 예외적인 상황에 불과했는데, 예를 들어 귀중한 재능이 있거나 경제적 자산으로 공동체에 유익한 사람이었을 때가 그러했다. 이웃 폴리스들과 비교했을 때 아테네는 시민권 부여에 훨씬 더 제한적이었으며, 기원전 5세기 중반(「느헤미야」에 묘사된 사건과 거의 동시대)에는 시민의 지위를 아버지와 어머니가 '모두' 아테네인인 자유민에게만 국한하는 법안을 통과시켰다. 시민을 제외한 다른 모든 거주민은 '불법 체류자'로 간주되었다.

그로부터 몇 세대 뒤에 플라톤은 『국가The Republic』(기원전

375년경)에서 이상적인 폴리스에 대한 구상을 내놓으면서, 시민권은 상속되어야 마땅하다고 주장했다. 그럼에도 불구하고 그는 또한 (상인, 무역업자, 선원, 군인 그리고 철인왕의 지배계급이 될 여지가 있는) 포괄적인 계급 구조를 상상하면서, 각각의 집단이 다른 집단의 노력을 방해하지 않고 각자 노력을 추구함으로써 정의를 진작할 것이라고 했다. 하지만 악명 높고도 뭔가 변덕스럽게도 그의 주장은 이상적인 폴리스에서 (다른 사람들 중에서도 유독) 시인과 예술가 대부분을 배제하는 것으로 마무리되는데, 이들의 작품은 (실재하지 않는 허구의 상像을 다루는 직업이다 보니) 자칫 일반적인 시민과 통치자 모두의 자제력을 압도하는 격정을 부추길 위험이 있기 때문이라는 것이다. 여기서 주목할 점은, 이 철학자가 자신의 전체주의적 경향을 드러내면서, 자신의 이상적인 국가의 모든 시민이 사사롭게 폴리스 바깥으로 여행하는 것을 금지하며, 40세 미만이라면 사절이나 대사라는 공무를 수행한다 하더라도 아예 폴리스를 떠나지 못하도록 금지한다는 점이다. 외국에 다녀옴으로써 얻는 교육적 이득을 생각하면 지나친 조치였다.

고대 그리스의 여권 '심볼라'와 '심볼론'

실제로는 그리스 시민 대부분이 통행을 수월하게 하는 안전 통행 편지나 기타 유사한 서류 없이도 지중해 전역을 자유롭게 여행할 수 있었다. 물론 예외는 있었다. 1971년에 아테네 아고라 발굴 때 테라코타 표식이 다수 발굴되었는데, 미국 고전학자 존 H. 크롤John H. Kroll의 확인에 따르면 '심볼라symbola'라는 것으로, 기원전 4세기에 아테네에서 인근 지역의 군사령부로 파견하는 공식 특사나 일반인이 소지한 "증명서" 또는 "여권"이었다. 아고라(고대 아테네 중심부에 자리한 탁 트인 공간으로 시장, 종교 행렬, 군사 훈련과 기타 공공 집회에 사용된 장소)에서 발견된 25개의 표식은 고운 아티카 점토를 빚어서 인장을 찍은 것으로, 아테네 영토 주변부에 주둔한 군사령관의 이름이 민중문자demotic로 찍혀 있는 경우가 전형적이었다. 이렇게 찍힌 이름은 일종의 고대 거주 증명으로 해당 사령관의 아테네 시민권을 나타냈는데, 사실 그 사령관의 군사 직함 가운데 다수는 (예를 들어 "사모스Samos의 장군 니코텔레스Nikoteles"처럼) 그가 폴리스를 훨씬 넘어서는 권한을 가졌음을 암시했다.[12] 이 점토 표식은 상당히 많이 제작되어 배포되었음이 분명하기 때문에, 크롤은 이 표식이 당시 아테네의 군사행정에 필수적인 기능을 했다는 결론을 내렸다.

아고라 표식에 대한 연구에서 가장 호기심을 자극하는 부분은 그 표식의 여권으로서의 기능이 '심볼론symbolon'이라는 단어와 결부된다는 점이다. 이 단어의 유사한 용례는 아리스토파네스Aristophanes의 희극 『새The Birds』(기원전 414년)에서 찾을 수 있는데, 한때 아테네인이었던 중년 남성이 새로 창건된 새들의 도시인 "구름 뻐꾸기 나라"를 무단 침입한 무지개 여신에게 대드는 대목이다. "어떤 관리가 당신에게 심볼론을 주기라도 했습니까?" 아이네아스 탁티쿠스Aeneas Tacticus의 『공성에서 살아남는 방법How to Survive under Siege』(기원전 4세기)에서도 포위된 도시의 거주민들을 보호하기 위한 가장 효과적인 방법을 열거하면서 이렇게 말한다. "[심볼론—원주] 없는 시민이나 이민자는 누구든 바다로 떠나도록 허락하지 말라." 분명한 점은 기원전 4세기의 아테네에서 '심볼라'라고 일컬어지던 물건이 폴리스의 여러 제도에서 다양한 행정 목적으로 사용되었다는 것이다. 그리스어 'symbolon(σύμβολον)'은 "함께"라는 뜻의 'syn(σύν)'과 "던지다; 놓다"라는 뜻의 'bállō(βάλλω)'를 결합한 단어로, 일반적인 상업 관례에서 비롯되었다. 즉, 계약을 확증하기 위해 어떤 내구성 있는 물건을 둘로 쪼개서 양측이 절반씩 보관하는 것이다. 나중에 필요한 경우, 나눠 가진 조각을 한데 맞춰 보면 일치하는지 확인할 수 있었다. 그리하여 '심볼론'은 처음에만 해도 "진위를 확증하기 위해 비교하는 데 사용되는 표식" 같은 물건을 가리키다가, 더 일반적인 의미의 "표식," "증명," "암호"로 발전했으며, 나중에는 "입장권," "허가" 또는 "면허"라는 뜻까지 포함되었다. 다른 뭔가를 가리키거나 지시하는 뭔가라는 친숙한 의미의 '심벌symbol, 상징'도 당연히 여기에서 나왔다.

바로 이러한 맥락에서 기원전 4세기 아테네의 아리스토텔레스Aristotle도 심볼론을 뭔가의 "표상"이나 "모방"이 '아니라,' 오히려 정확히 "뭔가와 상호 관련이 있는 또 다른 사물과 직접적으로 상응하는 표식이나 부절符節"로 보는 영향력 있는 글쓰기 이론을 발전시켰다. 영국의 언어학자 로이 해리스Roy Harris가 강조했듯이, "따라서 이것은 상보적인 한 쌍의 절반을 구성하며, 둘 사이의 '상징적symbolic' 연계는 합의에 의해서 수립되고, 물리적 연계에 의해서 증명된다."13 심볼론의 개념에서 (우리가 머릿속에 떠올린 것이 "상징"이든, "여권"이든) 중요한 점은 비록 그 형태가 물리적 대상, 즉 손에 잡히는 사물이라 하더라도, 그 기능은 당사자들 공동의 합의에 전적으로 의존한다는 점이다. 심볼론은 적절한 상황에 의존하여 사용된다. 심볼론이 그 목적에 부합하기 위해서는 (폴리스 안에 있든, 아니면 영토에서 멀리 떨어져 있든 간에) 그 의미를 동일하게 이해하고 공유하는 해석 공동체가 반드시 필요하다는 것이다. 오로지 이런 방식을 통해서만 심볼론은 그 임무를 성공적으로('적절하게') 수행할 수 있다. 이후의 여러 장章에서 거듭해서 보게 되겠지만, 오로지 이런 방식을 통해서만 여권은 다양하고도 확장된 상징적 의미를 띠게 된다.

희망 사항에 불과할 수 있지만, 고대 그리스인들 가운데 일부는 이미 자신이 상상할 수 있는 한도까지 '여권'의 영토적 범위와 상징적 가치를 확장하려 했다. 디오니소스Dionysus와 오르페우스Orpheus를 숭배하는 비교祕敎의 구성원들은 산 자들의 영역에서 축복 받은 사망자들의 영역인 엘리시온Elysium으로의 여정을 수월하게 만들기 위해서 여권을 이용했다. 이들의 야심만만한 목적에 걸맞게, 이 여권은 실용적인 점토 표식이 아니라 금으로 만든 얇은 판 또는 "잎" 모양이었으며, 사망자의 이름과 사후 세계의 위험을 헤쳐 나가는 방법이 새겨져 있었다. 대개 그 내용은 자기네 종교의 회원 자격이 즐거운 여행을 보장한다고 사망자를 안심시키기 위해 의도된 것처럼 보인다. 기원전 4세기에서 3세기에 제작된 (때로는 "사망자의 여권"이라는 뜻의 독일어 '토텐페세Totenpässe'로도 일컬어지는) 금속판 가운데 약 40개가 지중해의 그리스어 통용 지역에서 발견되었는데, 사망자의 몸 위나 근처에 놓여 있거나, 보호용 부적으로 용기容器에 담긴 채 사망자의 목에 걸려 있었다. 그리하여 이집트 사람들이 이전에 사용했던 부적과 상당히 비슷하게, 이 금속판은 그리스 입문자들의 신체가 죽은 이후에 그들의 이주하는 영혼을 보호해주겠다고 약속한 것이다. 이 금속판이 유행했다는 사실은 사람들이 그런 약속에서 위안을 찾았음을 암시한다. 심지어 그 금속판이 귀환 여정을 전혀 보장할 수 없었음에도 말이다.

고대 로마의 시민권과 '호모 사케르'

고대 로마는 고대 그리스에 비해 시민권을 일반적으로 더 자유롭게 부여했는데, 어디까지나 로마 시민으로 태어나지 않은 개인들을 로마법으로 수용하는 한에서만 그러했다. 이로써 여성과 자유 노예와 심지어 그 도시를 훨씬 뛰어넘어 로마의 속주 주민들까지 포함하며 폴리스의 품이 넓어졌다. 누구나 로마 시민이 될 수 있었다는 사실은, 그 도시 태생도 아니고 심지어 태생자의 후손도 아닌 여러 다른 공동체가 로마와 동일시할 수 있게 되었다는 뜻이었다. 하지만 고대 그리스와 마찬가지로 고대 로마 역시 시민권을 특권과 책임의 조합으로 여겼으니, 여기에는 투표할 권리, 공직에 나설 권리, 결혼할 권리, 재산을 보유할 권리, 재판을 받을 권리는 물론이고 병역과 납세의 의무도 포함되었다. 그렇다고 해서 모든 시민이 동등한 보호를 받는다는 뜻은 아니었다. 비록 로마법이 시민들에게 잠재적 권리를 폭넓게 확장했지만, 오로지 '키베스 로마니cives Romani' 집단만이 완전한 로마 시민으로 간주되었고, 로마법에 따라 온전히 보호받을 수 있었다. 또한 이 집단에서도 오로지 '옵티모 이우레optimo iure, 최고의 권리'만이 투표할 권리와 공직에 나설 권리를 누렸다. 특정한 예외 상황에서는 시민권 역시 일시적 또는 영구적으로 박탈당할 수도 있었다. 예를 들어 로마법에서는 범죄자를 '호모 사케르homo sacer'의 지위로 단죄할 수 있었는데, 이들은 (라틴어로 "신성한 인간"과 "저주받은 인간" 모두를 뜻하며) 일종의 신성화된 무법자였다. 즉, 신성한 법률에서는 희생 제물이 될 수 없다고 규정된 사람인 동시에, 도시의 법률에서는 설령 죽이더라도 살인으로 간주되지 않는 사람이었다. 아감벤이 조에, 즉 "벌거벗은 생명"과 동일시했던 이 호모 사케르는 합법적인 시민과 도시에 함께 거주할 수 없었으므로 로마 사회에서도 가장 먼 가장자리로 유배되었는데, 그곳에서 이들은 법률과 폭력, 규칙과 예외, 포함과 배제 사이의 기묘한 (아울러 이 철학자가 보기에는 상당히 의미심장한) 비식별 영역에 존재했다.

이 고색창연한 로마법에 의거하여 유배를 당한 가장 악명 높은 사례는 위대한 정치가이자 수사학자이며 변호사인 (아울러 아마도 역사상 가장 위대한 라틴어 문장가일) 마르쿠스 툴리우스 키케로Marcus Tullius Cicero이다. 신뢰할 수 없는 시인과 신뢰할 만한 철인왕의 혼종인 키케로는 또한 영향력 있는 정치 사상가이기도 했으며, 『국가론De republica』과 『의무론De officiis』 같은 논고는 플라톤에게 큰 영향을 받았다. 이 두 저서 모두 입헌 이론과 "정의의 의무"와 관련해서 시민권의 문제를 숙고하며, 공화주의와 세계시민주의라는 서로 다른 전통의 토대가 되었다. (여기서 세계시민주의cosmopolitanism란 고대 그리스어에서 유래한 또 다른 용어로, "세계"나 "우주"를 뜻하는 'kosmos'와 "어떤 도시에 속한 사람"이나 "시민"을 뜻하는 'politês'를 조합한 것이다.) 정치의 주역으로서 키케로는 기원전 63년에 카틸리나가 로마 공화정을 전복하려는 음모를 저지하는 데 핵심적인 역할을 했고, 이른바 '카틸리나의 모반Catilinarian conspiracy'에 가담한 귀족 다섯 명을 적발해 이들을 신속하게 처형하도록 조치했다. 이런 행동 때문에 키케로는 처음에만 해도 '파테르 파트리아이Pater Patriae', 즉 "국부國父"로 찬양을 받았다. 실제로 그는 가문에서 처음으로 로마 원로원 의원이 된 '노부스 호모novus homo', 즉 "신참"으로 경력을 시작했음에도 불구하고 말이다. 하지만 불과 몇 년 뒤에 그의 정적 클로디우스Clodius가 적절한 재판 없이 로마 시민을 처형하는 행위를 불법으로 규정하는 법안을 원로원에 제출했고, 키케로의 조치를 소급해서 단죄하여 곧바로 그를 로마에서 추방하는 상황으로 몰아갔다. 설상가상으로 키케로가 이탈리아 반도를 떠난 바로 그날, 클로디우스는 또 하나의 법안을 제출했는데 (고대의 민사 몰수 조항에다가, 접근 금지 명령을 조합한 형태로서) 키케로의 재산을 모두 압류하는 동시에 향후 로마 반경 400마일 이내에서 그가 체류할 수 없도록 금지하는 내용이었다.

   이로부터 1년 반이 채 되기도 전에 정치적 분위기가 다시 바뀌면서, 키케로는 로마로 돌아와 재산을 복원했다. 하지만 그는 로마의 가장 권세 등등한 장군들 사이에 벌어진 격렬한 경쟁 때문에 촉발된 일종의 소용돌이 속으로 돌아온 셈이었다. 급기야 기원전 49년에 그는 다시 한 번 로마를 떠나게 되었으니, 카이사르Caesar의 군대가 진군해오기 전에 그리스에 있는 폼페이우스Pompeius의 군대에 합류했던 것이다.

고대 중국의 통행증, 전(傳)

레몬헤즈The Lemonheads와 그 밖의 다른 여러 밴드에서 기타리스트로 활동하며 명성을 얻기도 한 고전학자인 T. 코리 브레넌 T. Corey Brennan과 대만의 고전학자인 싱이티엔Hsing I-tien, 邢義田은 최근에 키케로의 로마 이탈로부터 영감을 얻어 일종의 대체 역사 사고실험을 내놓으면서, 우리의 서사를 지중해 세계로부터 저 멀리 고대 중국으로 옮겨 놓는다. "만약 [키케로가] 로마로 돌아가는 대신 다른 경로, 즉 한漢 제국으로 가는 동쪽 길을 택했다면, 강력한 집단을 설득함으로써 카이사르에게 대항할 수도 있지 않았을까?" 브레넌과 싱은 이런 발상이 전적으로 터무니없지는 않다고 주장한다. 만약 이 망명자가 그럴 마음만 있었더라면, 비교적 로마와 가까운 소아시아에서 또는 로마에서는 더 멀지만 자신이 한때 총독으로 있었던 "킬리키아Cilicia에서 안내자를 찾아내기도 그리 어렵지 않았을 것이다." 실제로도 키케로가 로마를 떠났던 기원전 49년경에는 이미 1세기 가까이 실크로드를 따라 통행이 이루어지고 있었으며, 그리하여 직물 무역뿐만이 아니라 상업과 통치에 관한 발상까지도 교류하며 세계화의 초기 형태가 만들어지고 있었다. 동포인 로마 시민에게만이 아니라 보편 인류에게도 의무를 지닌다고 인정했던 것으로 미루어, 세계시민주의의 초기 옹호자인 키케로가 그런 여행에서 어떻게 행동했을지 상상해보면 흥미가 돈다. 그 과정에서 그는 과연 어떤 교류, 합의, 충성을 추구했을까?

아울러 그의 여행 서류가 어떤 역할을 했을지 상상하는 것 역시 흥미가 돈다. 브레넌과 싱은 이 로마 정치가가 한漢 제국의 국경을 넘어 여러 달, 심지어 여러 해에 걸쳐 실크로드를 따라 늘어선 수많은 마을, 도시, 평원, 사막을 지나 수도 장안으로 여행하는 상상을 한다.

다음으로 그는 아마 국경 통제소를 지나가야 했을 텐데, 둔황(敦煌) 근처에 있는 위먼관(玉門關)은 구두점처럼 찍혀 있는 봉화대가 멀리까지 이어지는 흙 성벽이 인상적인 군사 거점이었을 것이다. 거기서 그는 장안까지의 여정을 계속하기 위해서 필요한 여행 서류를 얻었을 수도 있다. (……) 통행증은 (전(傳)이라고 불리는) 목판으로, 거기에는 그의 이름, 출신지, 직위, 피부색, 신장과 기타 신체적 특징이 기록되어 있었다. 그의 여행 서류에는 그의 소지품 목록, 그의 일행들의 이름, 그가 가져온 무기와 수레와 말이 포함되었을 것이다.

통역을 거친 키케로의 설득 능력에 따라, 그는 다음 검문소를 무사 통과하거나 무료 숙박을 제공받았을 수도 있었을 것이다.[14]

이 고전학자들이 보기에, 이 시나리오는 카이사르에 대항하는 중국의 계획에 키케로를 결부시키는 더 커다란 상상 속 서사의 일부이지만, 우리로서는 여기서 그의 가공의 여행 서류에 담긴 함의를 주목할 필요가 있다. 공화정 말기 로마에서 사자使者라든지, 지위가 낮은 다른 여행자라면 안전 통행을 보장받기 위해서 후원자의 인장이나 증표를 소지했을 가능성이 있지만, 키케로라면 틀림없이 그런 물건의 도움 없이 움직였을 것이다. 한때 권세가 있었던 이 원로원 의원이 폴리스에서 추방된 이후로 이 특권은 축소되었음이 분명하기 때문이다. 동쪽으로 여행하여 한漢 제국의 행정구역으로 들어서면서, 그는 복잡한 실크로드의 교통 통제 시스템에서 중요한 역할인 전傳과 같은 서류로 운영되는 복잡한 관료제를 마주했을 것이다.

근대 여권의 초기 버전으로서의 전(傳)

전傳은 여권의 문화사에서 중요한 차원을 더해주었는데, 그 내용은 이 책의 뒷부분에서 두드러지게 재등장한다. 이 차원은 기록보관소와 신체를, 서류와 여행자를 어느 때보다도 더 가깝게 만들었기 때문이다. 한漢 왕조 시기(기원전 202년부터 서기 220년까지)에 여행 서류의 광범한 사용과 철저한 기록 관리 덕분에, 이 고대 여권의 쓰임새와 중요성을 재구성할 수 있다. 지난 세기 동안 쥐옌居延과 젠수이建水의 국경 방어선을 따라 흩어져 있던 고대 장새障塞와 봉수烽燧 유적에서 이루어진 일련의 발굴 덕분에 고고학자들과 역사학자들은 3만 점이 넘는 죽간과 목간을 얻었다. 이 중에는 허가를 받고 검문소를 출입한 사람들을 상세히 기록한 명부(고대의 데이터베이스)도 있었고, 애초에 검문소에 제시했지만 압수당하거나 여행자가 되찾기를 포기한 것이 분명한 목제 여권도 있었다. 이들 여행 서류야말로 여권의 역설, 그 냉혹한 측면의 전조인 셈인데, 소지자의 취약한 신체를 보호하거나 보내려는 의도라기보다는 국경을 넘는 소지자의 이동을 추적하고 통제하려는 의도였기 때문이다.

어쩌면 가장 놀라운 점은 브레넌과 싱의 지적처럼 전傳과 명부에 개별 여행자의 신원 확인에 상응하는 이름, 직위, 신장, 피부색, 나이, 기타 생체 정보 등의 정보가 포함되어 있었다는 것이다. 기록에 따르면, 출입증을 빌리거나 위조할 경우에는 처벌을 받을 수도 있었다. 따라서 이 서류, 더 넓게는 이 교통 통제 시스템이 한漢 제국 전역에서 사람들의 이동을 감시하는 신뢰할 만한 도구가 될 수 있었던 핵심 요소는 바로 전傳 소지자의 신체적 특징 기록이었던 셈이다. 이와 같은 관점에서 이 출입증은 그로부터 2천 년쯤 뒤에 등장한 근대 여행 서류의 전조인 셈이다. 이때 이미 전傳은 특정한 신체적 특징에 주목하여 신원을 어떻게 "신체에서 읽어낼" 수 있는지, 여행 서류가 이동 인구를 어떻게 관리할 수 있는지, 심지어 일부 교활한 개인이 자신의 안위에 상당한 위험을 감수하면서 어떻게 통제를 우회하려 시도하는지에 대해서까지 의문을 제기했다.[15] 설령 이때까지만 해도 전傳을 개인적·법적 신원의 안정적인 특징을 검증할 수 있는 신원 증명서로 생각하지 않았더라도, 향후 다가올 일은 충분히 예측할 수 있었다. 즉, 이동의 자유를 제한하기 위해 고안된 전傳은 더 커다란 관료주의적 등록과 통제 시스템 내부에서 여행자를 찾아내는 역할을 했던 것이다.

제2장

위대한 군주와
그랜드투어 여행자

마르코 폴로와 황금 패자

우리가 마르코 폴로의 여행에 관해 알고 있는 내용은 거의 대부분 뜻밖의 투옥 덕분이었다. (물론 그런 일이 실제로 있었다고 가정하면 그렇다는 뜻이다.) 그가 중국을 떠나 이탈리아로 돌아온 1295년에서 얼마 지나지 않아, 베네치아 군대와 제노바 군대 사이에 벌어진 전초전에서 포로로 붙잡혔기 때문이다. 이후 몇 달 동안 감방에서 시간을 때우기 위해서 그는 동방 여행 당시 겪은 놀라운 이야기를 동료 수감자인 이탈리아의 작가 루스티켈로 다 피사Rustichello da Pisa에게 들려주었다. 이 작가는 매문가賣文家라는 주위의 평판에 걸맞게 이후 그 이야기를 다른 이야기와 뒤섞어서, 즉 자신의 아서왕 소설의 일부 장면부터 중국에서 온 최신 소식까지 집어넣어서, 오늘날 『동방견문록The Travels of Marco Polo』이라고 불리는 책을 만들었다. 이 텍스트의 여러 버전이 수많은 번역 필사본으로 발 빠르게 유럽 전역에 확산되었으며, 머지않아 유럽에서 극동을 이해하는 데 있어 중요한 역할을 하게 되었다.

비록 폴로가 실크로드를 여행한 최초의 유럽인으로 거론되기는 하지만, 이미 수많은 유럽인 모험가가 그 길을 지나 몽골제국에 들어가 보았고, 프란체스코회 수도사이자 선교사인 뤼브룩Willem van Rubroeck과 카르피네Giovanni da Pian del Carpine처럼 여정을 기록으로 남긴 인물도 극소수나마 있었다. 하지만 어느 누구도 폴로만큼 널리 여행을 다닌 적은 없었으니, 베네치아Venezia를 25년쯤 떠나 있으면서 중국, 인도, 일본과 그 밖의 광범위한 지역을 다녀왔기 때문이다. 아울러 어느 누구도 그만큼 자신의 여행을 그토록 설득력 있고, 흥미진진하고, 널리 유포된 기록으로 내놓지는 못했다. 폴로가 그런 여행을 무사히 다녀와서 이야기를 전할 수 있었던 것은 무엇보다도 놀랄 만한 여행 서류 덕분이었다.

긴 역사 내내 실크로드에서는 그 먼 길을 오가는 사람과 물건의 (아울러 사상과 기타 전염병의) 이동을 통제하고, 안전을 보장하고, 원활을 기하기 위해 다방면으로 노력했는데, 이는 세계화의 흐름을 관리하기 위한 현대적인 기법의 전조였다. 항상 결의가 굳었고 종종 잔혹했던 칭기즈 칸Chingiz Khan은 여러 해에 걸친 혼란 이후 13세기에 몽골제국을 수립했다. 그 영토는 서쪽으로 흑해부터 동쪽으로 태평양까지 뻗어 있었는데, 이는 교역로를 재건하여 통일된 정치체제 하에서 관리하려는 노력의 산물이었다. 이때, 대상隊商이 오가는 수많은 도로망을 따라서 다시 한 번 여행 서류 이용이 확립되었다. 이른바 '팍스 몽골리카Pax Mongolica' 위에 군림했던 칭기즈 칸 이후의 여러 대칸들은 종종 그 길을 오가는 사절단과 기타 관리들에게 내구성 좋은 나무나 청동, 은, 금으로 만들어진 패를 지급했다. 중국어로 '파이자牌子', 몽골어로 '게레게gerege'라고 일컬어진 이 패자는 여행자에게 몽골제국의 영토를 통행할 때 안전을 보장해주었으며, 아울러 이 과정에서 주민들에게 다양한 물품과 용역을 요구할 수 있는 권한도 제공했다. 이러한 특권 때문인지 몽골제국 각지의 관리와 귀족들은 비공식 패자를 발급함으로써 주민들을 혹사하고 수탈하며 남용했던 것으로 알려져 있다. 하지만 칸들이 발급한 공식 황금 패자만큼은 특별했다. 이 패자를 가진 사람은 칸의 영토 전체는 물론이고 실크로드의 다른 모든 관할 구역으로도 갈 수 있는 군주의 허가를 받은 셈이었다. 이런 패자를 수여받은 인물들 가운데 가장 유명한 인물이 모험심 투철한 우리의 베네치아 상인 마르코 폴로였음은 의심의 여지가 없지만, 사실 이토록 폭넓은 특권을 부여받은 최초의 베네치아인은 그가 아니었다. 1266년에 마르코 폴로의 아버지 니콜로Nicolò와 작은아버지 마페오Maffeo가 (오늘날의 베이징인) 대도大都에서 고향으로 돌아가는 먼 여정에 도움을 얻기 위해 칭기즈 칸의 손자인 쿠빌라이 칸Kublai Khan에게서 패자를 수여받았다.

황금 패자의 위력과 한계

대칸은 실크로드를 완주한 유럽인 중에서도 유독 폴로 형제에게 각별한 호기심과 넓은 아량을 보였다. 쿠빌라이 칸은 이미 '라틴족'과 친숙했지만, 서양의 정치와 종교 문제, 그중에도 특히 가톨릭교회에 대해 추가 정보를 원했다. 거대한 제국의 동요를 잠재우는 데에 로마교회의 지혜와 권위가 유용할 수 있다고 생각한 쿠빌라이는 특사 한 명을 폴로 형제에게 딸려 보내서 교황에게 서신을 전달하게 했다. 본인의 종교보다 "기독교가 더 낫다는 점을 명료한 추론으로 입증할 수 있는" 사제 100명과 함께 "예루살렘에 있다는 그리스도의 무덤 위에 켜진 등잔 속 기름"을 보내달라는 내용이었다.[1] 고향까지의 장거리 여행에서 폴로 형제를 보호하기 위해 몽골 군주가 하사한 황금 패자는 길이 25센티미터에 너비 7.5센티미터였고, 대략 다음과 같이 번역할 수 있는 무시무시한 명령이 새겨져 있었다. "영원한 하늘의 힘에 의하여, 칸의 이름은 거룩할지어

도판 5. "대칸이 [폴로—원주] 형제에게 황금 패자를 하사하다. 14세기 세밀화에서." 헨리 율(Henry Yule) 대령이 편역한 『마르코 폴로 여행기(The Book of Ser Marco Polo)』(1903) 중에서.

다. 그를 숭배하지 않는 자는 죽임을 당하리라." 『동방견문록』에도 명백히 나와 있듯이, 낯선 땅으로 간 이방인은 투옥, 예속 또는 즉결 처형 같은 불운한 운명을 맞닥뜨릴 가능성이 매우 높았다. 쿠빌라이 칸이 하사한 황금 패자는 1270년경 베네치아로 돌아가는 여행에서 폴로 형제를 보호해주었으며, 그리하여 십대 소년 마르코를 동반하여 두 번째이자 훨씬 더 유명한 극동 원정을 가능하게 해주었다. 하지만 폴로 가문의 세 사람이 상도上都에 있는 대칸의 궁전을 떠나 페르시아로 시집가는 코카친Kokachin 공주의 호송대를 따라갔다가 1295년에 베네치아로 영구 귀국할 때에는 패자가 두 개나 더 필요했다.

귀향길에 베네치아인 세 명은 몽골제국의 중동 지역에 있는 페르시아 통치자(쿠빌라이 칸의 종손)인 가이하투Gaykhatu가 발급한 패자를 더 얻었으며, 그곳에 여러 달이나 체류했다.

그는 대칸의 특사인 그들에게 황금 패자 네 개를 하사했는데, 각각 길이가 1큐빗에, 너비가 손가락 다섯 개를 합친 정도이고, 무게는 3-4마르크였다. 두 개에는 송골매 표식, 한 개에는 사자 표식이 있었으며, 나머지 한 개에는 아무 표식이 없었다. 이 패자에는 영원하신 신을 경배하는 마음으로 대칸의 이름을 오래도록 기리고 찬미해야 하며, 그의 명령에 불복종하는 모든 자는 죽임을 당하고 그의 재산은 몰수당한다고 적혀 있었다.[2]

이러한 패자 발급은 칸과 그의 가족이 폴로 가족에게 보내는 깊은 신뢰, 심지어 애정의 증거나 다름없었으니, 자신들이 신뢰하는 특사라는 일종의 외교관 지위로 이 외국인들이 여행할 수 있도록 허락했다는 뜻이었다. 이 패자들이 인상적이기는 하지만, 한편으로는 발급 주체의 한계를 입증하는 셈이었다. 칭기즈 칸의 통치 이후 두 세대가 지나면서, 몽골제국 가운데 가장 멀리 있는 이 칸국 왕조의 세력이 점점 더 위험에 직면했다. 안전 통행증으로서 패자의 위력은 그 패자를 발급한 군주의 위력에 비례했으니, 어디까지나 먼 땅에서 군주의 권위가 회복되어야만 통행증도 위력을 발휘하는 범위가 연장되기 때문이다. 하지만 가이하투의 권위로 내리는 명령이 성공한다는 보장은 없었다. 마르코의 설명에 따르면, 폴로 가족은 여행 도중 몇 군데에서 이 패자를 이용해 말과 기수의 호위를 받았는데 이는 "가이하투는 합법적인 통치자가 아니었고, 주민들에 의해 괴롭힘을 당할 수도 있었기 때문에 필수적인 예방 조치였다. 만약 주민들이 충성의 의무를 지닌 군주에게 복종했더라면 그런 일을 하지는 않았을 터였다."3

폴로 가족의 황금 패자 이야기는 진짜일까

이런 이야기의 진실성에 대해서는 13세기 말에 처음 출간되었을 때부터 의문이 제기되었으며, 이후 몇 세기 동안 의심은 점점 더 커지기만 했는데, 부분적으로는 『동방견문록』이 열댓 가지 언어로 작성된 약 150종의 신뢰할 수 없는 판본으로 존재하는 반면, 원본은 오래전에 사라졌기 때문이다. 폴로와 루스티켈로 둘 다 이야기의 일부 요소를 재미있게 꾸미려 했다는 점은 사실상 의심의 여지가 없으며, 오랜 세월에 걸쳐 이 판본에서 저 판본으로 필사와 번역을 거치는 과정에서 생략과 오류가 일어났다는 점도 마찬가지로 의심의 여지가 없다.

여기서 또다시 패자는 중요한 역할을 했다. 마르코가 동방에서 돌아온 지 30년 가까이 지나 1324년에 임종을 맞이할

무렵, 그의 친구들과 가족이 마지막 인사를 위해 모여서는 그의 과장된 이야기와 황당무계한 거짓말 같은 이야기를 참회시키려 했다. 일반적인 관습에 따라 사제 한 명도 마르코의 임종을 지켰는데, 사제는 마지막 고해성사를 듣는 대신에 서기 역할을 해서, 길이 65센티미터에 너비 25센티미터의 양피지에 마르코의 마지막 유언과 유증 내용을 받아 적었다. 2018년에 이탈리아 역사학자들로 구성된 연구진이 마르코 폴로의 유언장에 대한 3년 동안의 연구를 마무리하자, 마르차나 도서관 Biblioteca Marciana(베네치아의 산마르코 국립도서관National Library of St. Mark의 다른 이름)에서 그 내용을 학술서로 간행했는데, 여기에는 거의 700년 가까이 묵은 그 양피지의 영인본도 포함되었다. 유언장에 따르면, 이 상인이자 여행자가 소유한 상당한 재산은 베네치아의 여러 길드와 종교 기관, 나아가 당시 부계주의 관습에서는 이례적으로 그의 딸들에게도 분배되었다. 이 문서에서는 폴로 가족의 동방 여행에 대한 증거로 타타르 기사의 은제 허리띠, 몽골 여성의 행진용 황금 머리 장식, 안전한 귀국을 위해 쿠빌라이 칸이 그에게 하사한 황금 패자 같은 물품을 열거했다. (상태가 나빠지기 쉬운 물건은 가져오지 않았는데, 예를 들어 흔히 그가 서양에 처음 전했다고 잘못 알려진 파스타와 아이스크림이 그렇다.) 아울러 학자들은 마르코의 작은아버지인 마페오의 유언장도 발견했는데, 거기에는 가이하투, 즉

"타타르의 대칸으로부터 받은 황금 패자 세 개tres tabulae de auro que fuerant magnifici Khan Tartarorum"를 명백히 언급했다.[4] 비록 연구진은 패자 실물을 찾아내지는 못했지만, 대신 여러 역사가와 고고학자는 그들의 묘사와 일치하는 다른 패자들을 중국에서 찾아냈으며, 몽골제국이 존속되는 동안에 몽골 귀족과 관리들이 패자를 이용(아울러 남용)했음을 기록했다.

마르코와 마페오가 소유했던 황금 패자에 관한 가장 놀라운 사실은 바로 이 여행자들이 이 물건을 그토록 오랫동안 보관했다는 점이다. 이 귀중한 패자는 경제적 가치가 상당했지만, 폴로 가족에게는 훨씬 더 큰 의미가 있었음이 분명하다. 여기서 우리는 오늘날까지도 중요하게 여겨지는 여권의 또 한 가지 특징을 감지할 수도 있다. 즉, 이 패자는 이들의 수집품에 포함된 은제 허리띠나 황금 머리 장식처럼 일종의 기념품이었으며, 이들이 고향에서 멀리 떠나 겪은 경험에서 비롯된 그 어떤 이야기보다도 확고하고 더 구체적인 물질적 증거였다. 어쩌면 의심하는 사람들에게 자신들의 신빙성을 입증하기 위해서, 즉 본인들이야말로 그 이야기에 등장하는 놀라운 여행자라는 사실을 증명하려고 보관했을 수도 있다. 또는 더 조용하고 더 정주한 시기에 본인들의 여러 가지 모험을, 즉 실크로드에서 보고 행했던 모든 일을 회고하려고 보관했을 수도 있다. 또 어쩌면 당시까지 알려진 세계 대부분에 걸쳐 있었던 제국의 권위, 심지어 신성한 권위에 의해 이 황금 패자가 제공한 이동과 안전이 결합된 특권을 상기하려고 보관했을 수도 있다. 그리하여 조카와 작은아버지 모두 본인들의 황금 여권을 생애 마지막까지 소유해왔을 수도 있다.

폴로 가족의 패자는 개인적 가치 외에도, 나름대로의 세계사적 중요성을 지니고 있다. 패자가 없었다면 애당초 형제가 무사히 고향으로 돌아오지도 못했을 것이고, 교황의 메시지와 상당량의 성유聖油를 챙긴 것은 물론이고 어린 마르코까지 동반하여 쿠빌라이 칸의 궁전을 다시 찾아갈 수도 없었을 것이다. 또한 그로부터 24년 뒤, 성숙한 마르코도 귀국 여행을 결코 성공하지 못했을 것이고, 루스티켈로에게 자신의 이야기를 들려줌으로써 이후 신항로 개척의 시대에 영감을 주는 데 공헌하지도 못했을 것이다. 실제로 크리스토퍼 콜럼버스는 원정 항해 때 수많은 주석을 직접 적어 놓은 『동방견문록』을 가져갔다고 한다. 콜럼버스는 이 책을 일종의 부적이자 동방 안내서로 간주했던 셈이다. 비록 그의 항해는 결과적으로 잘못 안내를 받았지만 말이다.

중세 유럽의 주권국가와 안전 통행증

패자와 같은 안전 통행증의 발급은 (비록 귀한 황금 패자의 형태까지는 아니더라도) 중세 후기 유럽에서 일반적인 관례가 되었으니, 봉건국가 체제가 점차 여러 주권국가로 발전함에 따라서 등장한 의회가 다양한 사법 및 외교 문제에 대해 군주와 협상을 벌이게 되었기 때문이다. 캐나다의 정치학자 마크 B. 솔터Mark B. Salter는 이 시기 "이동의 통제"가 "국제적 행위의 주체로서 주권국가의 시작을 알림과 동시에 국가를 안전한 국내 공간으로, 국가 외부를 위험한 국제 공간으로 공식화한 것"이라고까지 주장했다.[5] 12세기 말에 중세 프랑스어에는 억류 또는 체포되지 않고 특정 장소를 오갈 수 있는 허가를 뜻하는 'sauf-conduit(안전 통행)'이라는 용어가 등장했다.『동방견문록』이 출간되기 직전인 13세기 말에 이 용어는 잉글랜드의 야사野史인『글로스터의 로버트 운문 연대기The Metrical Chronicle of Robert of Gloucester』를 통해 중세 영어 'sauf condut'로 옮겨졌다. 이때 'conduct' 또는 'condyt'라는 단어도 영어에 도입되었는데, 당시의 의미는 "인도 또는 운반을 위한 준비" 또는 "어떤 사람을 어떤 여정에서 안전하게 안내하기 위해서 지명된 수행원의 무리," "호송대, 호위대"였으나 지금은 동일한 의미로는 사용되지 않고 있다.[6]

이 용어가 공식 문서를 지칭하게 된 시점은 프랑스가 14세기 말이었고, 잉글랜드는 15세기 초가 되어서였으며, 그 무렵 잉글랜드의 군주는 자신의 영토에 드나드는 사람에게 관례적으로 안전 통행증을 제공했다. 폭군 리처드 2세Richard II와 그의 왕위를 찬탈한 사촌 헨리 4세^{Henry IV}의 경우, 여러 귀족들과 일행, 그들의 "필요한 말 등"에게 여행을 허가해주는 서류에 서명했으며, 여기에는 종종 "잉글랜드의 법률을 피해 도망하는 사람이 그 일행에 포함되어서는 절대 안 된다"는 단서가 붙었다. 이후 헨리 5세^{Henry V}가 왕위에 오른 직후인 1414년이 되어서야 의회 결의에 의거하여 이 관례가 성문화되었으며, 이로써 군주는 잉글랜드의 신민이든 외국 국적민이든 본인이 원하는 사람 누구에게나 안전 통행증을 발급할 권한을 갖게 되었다. 이 법률은 또한 안전 통행증의 소지자가 군주의 개인적 권위에 의해 보호받는다는 점을 재확인했으며, 이를 통해 폭력에 대한 군주의 독점을 주장한 셈이었다. 즉, 통행증 소지자를 살해하거나 강탈하거나 다른 방식으로 "해코지"하여 군주의 권위를 침해하는 행위는 크나큰 반역죄로 최대 사형까지 처해질 수 있었다.[7]

절대 권력의 상징으로서의 여권

오늘날 헨리 5세는 내부 긴장을 종종 무자비한 방법으로 잠재움으로써 통일국가의 군주로 잉글랜드를 통치했으며, 용맹하고 야심만만하게 해외 원정을 추진함으로써 세력을 프랑스까지 확장하고 두 나라의 왕위를 통합할 수 있었던 인물로 기억된다. 잉글랜드 이야기에서 헨리 5세의 전설적인 위상은 셰익스피어Shakespeare의 역사극에서 묘사한 군주의 모습 덕택이다. 특히 그의 이름을 제목으로 한 『헨리 5세』(1599년경)에서도 제4막, 1415년 아쟁쿠르 전투Battle of Agincourt 전날 이 젊은 군주의 유명한 '성 크리스핀 축일 연설St. Crispin's Day speech'이 가장 큰 영향을 주었을 것이다. 비록 200년 가까이 지나서 작성되었음에도 이 감동적인 연설은 헨리 5세를 비롯한 중세의 유능한 군주 모두의 지도력을 들여다보는 중요한 통찰을 제공한다고 인정받는데, 말하자면 그들은 단지 신성한 권리를 통해서만이 아니라, 강렬한 인간적 매력과 강한 확신을 통해서도 통치했기 때문이다. 그의 사촌 웨스트멀런드Westmorland가 수많은 프랑스 병력을 상대하기 위해서 1만 명의 증원군("오늘 일하지 않는 잉글랜드의 모든 남성")을 원하자, 헨리 5세는 자신이 불러 모은 병사들("우리 소수, 우리 행복한 소수, 우리 형제의 무리")이 크게 차지할 영광을 더 많은 사람과 나누지 않겠다고 대답한다. 그런 다음 왕은 이 대담한 선언에 한술 더 떠서, 여기 남아서 싸우기를 원하지 않는 사람 누구에게나 고향으로 돌아가는 데 필요한 서류를 주겠다고 제안한다.

아니다, 사촌이여, 본국에서 한 명이라도 더 오길 원하지 말라.
하느님께 맹세코, 나는 그토록 큰 영예를 놓아버리지 않으리니,
한 명이 더 있으면, 내 몫을 더 가져갈 것이라,

위대한 군주와 그랜드투어 여행자

최상의 결과가 있으리니. 오, 단 한 명도 더 늘기를 바라지 말라.
(웨스트멀런드여) 차라리 내 군대에 이렇게 발표하라.
이 싸움에 나설 배짱이 없는 자는
떠나게 하라, 그의 여권(Pasport)을 만들어줄 것이니,
그의 지갑에 여비까지 넣어주어라.
우리는 그런 자와 함께 죽지 않으리니,
그는 우리와 함께 죽기를 두려워하는 자일 것이라.

여기에서 잠깐 위의 대사에 나온 "여권Pasport"이라는 단어를 살펴보자. 『헨리 5세』를 집필하는 과정에서 셰익스피어는 『홀린셰드의 잉글랜드, 스코틀랜드, 아일랜드 연대기Holinshed's Chronicles of England, Scotland, and Ireland』(1577)와 튜더Tudor 왕조 역사서(아울러 이 군주에 관한 최신 연극) 등을 많이 참고했다. 그런데 정작 'pasport'는 이런 사료 어디에서도 발견되지 않으며, 실제로는 시대착오적 실수에 불과하다. (헨리 5세가 영어를 공적 용도로 사용하도록 촉진했다고 고려하면 더더욱 그러하다.) 프랑스어에서 'passeport'라는 단어가 ("통과하다"라는 뜻의 'passer'와 "항구"라는 뜻의 'port'의 합성어로서) 등장한 시기는 이 희곡에 나온 사건이 벌어진 때로부터 몇 년이 더 지나서였으니, 루이 11세Louis XI 치하인 1420년에 이르러 자유로운 상업 유통을 위한 증명서를 지칭했으며, 더 나중인 1464년까지도 사람의 자유로운 이동

을 보장하는 서류를 가리키지는 않았다. 이 용어는 15세기 말에야 『스코틀랜드 국새 대장The Register of the Privy seal of Scotland』에 'pasportis'라는 형태로 영어에 등장했지만, 셰익스피어가 사용한 (아울러 우리에게도 친숙한) 형태를 취한 것은 훨씬 더 나중에 존 바렛John Baret의 『벌집: 영어, 라틴어, 프랑스어 3중 사전An aluearie or triple dictionarie, in Englishe, Latin, and French』(1574)에 이르러서였다. 두 텍스트 모두에서 이 단어는 '안전 통행증'의 동의어로 "sauffconductis or pasportis"와 "Pasport or saulfe conduct to passe"라고 서술되었다.[8]

『헨리 5세』의 대사를 보면, 외국 땅에서도 여권은 주권의 도구임이 명백히 드러나며, 이 힘은 영웅적인 잉글랜드인의 대오에서 겁쟁이를 쫓아내는 데에도 상당히 시의적절하게 사용되었다. 하지만 『헨리 5세』의 다른 부분들과 마찬가지로, 이 대사는 중의적이다. 한편으로는 서막에서 "모든 기독교 왕의 귀감"이라고 이야기한 것처럼 그는 실제로 카리스마 넘치는 수사적 힘으로 부하들을 (아울러 잉글랜드인들을) 이끌어서 아무도 꺾을 수 없는 동지애로 뭉치게 만들기 때문이다. (이런 역량을 엿보려면 케네스 브래나Kenneth Branagh가 각색한 1989년 영화 〈헨리 5세〉를 보라.) 자발적으로 대오를 떠나려는 사람 모두에게 여권을 주겠다는 헨리의 제안은 전투에 임하는 그의 자신감과 너그러움을 모두 드러내며, 아울러 그의 앞에 서 있는 병사들의 용기와 헌신을 북돋우는 역할을 한다. 다른 한편으로, 그의 발언은 군법까지 위반하는 선제 조치로 프랑스군 전쟁 포로를 처형하라고 명령하는 어마어마하게 효율적인 전사 왕에 대한 (다소 아이러니하지만) 불길한 예언이다. 여권을 언급하는 대목에서 헨리는 대담하다 못해 뻔뻔하게도 본인이 왕위 계승권을 주장하는 외국의 영토에까지 주권 의식을 확장시킨다. 즉, 이 군주는 프랑스의 전장에서 (심지어 자국에 있을 때보다 더) 그것도 심지어 부패의 위험까지 감수하면서 절대 권력을 휘두르는 셈이다.

사람들은 엘리자베스 1세Elizabeth I 여왕의 치세 말년에 집필된 셰익스피어의 이 희곡을 유능한 통치자(왕이든 여왕이든)의 자질에 관한 사례 연구로 읽었을 뿐만 아니라, 현 군주에게 보내는 의도적인 메시지로 읽기도 했다. 헨리 5세와 마찬가지로 엘리자베스 역시 내부 분열이 깊은 왕국을 통치했기 때문에, 특히 국가 영예의 눈부신 상징으로서 공적인 이미지를 만들어내기 위한 군주의 영리하고도 용감한 행동이 필요했다. 하지만 복종을 요구하는 왕권은 16세기 말에 이르러 더욱 제한되었고, 엘리자베스도 통치를 위한 재정적 수단을 얻기 위해 다루기 어려운 의회에 종종 협조해야만 했다. 아울러 영향력 있는 법학자였던 에드먼드 플라우든Edmund Plowden은 잉글랜드 군주의 본질적인 이중성을 이른바 처녀 여왕의 치세까지 소급해서 설명했다. 즉 "자연적 신체"로서 그(당시로는 그녀)의 신체적 또는 생물학적 자아는 나이를 먹고, 고통을 받고, 결국에는 사망하는 반면, "정치적 신체"로서는 매사에 국가를 통치하는 동시에 군주와 신민을 상호 책임 하에 결속시키는 불멸의, 심지어 신비한 힘을 가졌다는 것이다.9

엘리자베스 1세의 "여행 허가서"와 그랜드투어

국가수반으로서 엘리자베스는 여전히 잉글랜드 추밀원을 통해서 안전 통행 서류를 발행할 수 있는 권한을 가지고 있었는데, 해외의 위협으로부터 영토를 보호하기 위함인 동시에 외교 문제나 첩보 활동 또는 필요한 경우 군사 전역戰役에 도움을 주기 위함이었다. 『스코틀랜드 국새 대장』의 후속권에 명시되었듯이, 엘리자베스는 사촌이자 경쟁자인 스코틀랜드 여왕 메리Mary, Queen of Scots로부터 스코틀랜드 귀족과 수행원들이 외교 업무를 수행하러 유럽 대륙으로 갈 때 잉글랜드를 지나갈 수 있게끔 통행증을 발급해달라고 요청을 받는 일이 잦았다. 한편, 잉글랜드 여왕의 신민은 공무로든 이보다는 덜 존경받는 이유로든 간에 잉글랜드 영토를 떠나고자 할 때마다 엘리자베스와 추밀원으로부터 "여행 허가서"를 얻어야만 했다. 실제로 궁정 인사들 중에서 (어떤 개인적인 비행 또는 어떤 공개적인 불순종으로) 군주의 총애를 잃은 사람이 종종 여행 허가서를 요청했는데, 이야말로 군주의 분노를 회피하는 비교적 우아한 방법으로, 자발적(또는 최소한 자업자득)인 유배나 다름없었다.

하지만 이런 허가서가 모두 외부의 위협으로부터 영토를 보호하거나 왕실에 맞선 이후에 체면을 차리는 데에만 쓰이지는 않았다. 근대적 관광이 대두하기 훨씬 전이었지만, 엘리자베스 시대에는 교육적 또는 더 폭넓게는 문화적 목적 등 일부 예외적인 경우에 유럽 대륙으로의 여행을 허락하는 서류가 발행되었다. 그런 여행 허가서의 사례 중 하나로 엘리자베스 여왕의 왕실 인장이 돋을새김으로 찍힌 1572년 5월 25일자 발급 서류가 1966년에 우연히 재발견되었다. 조류학자이자 영문학자이며 옥스퍼드의 연구원인 존 벅스턴John Buxton과 의사이자 의과대학 교수인 벤트 유엘옌센Bent Juel-Jensen은 옥스퍼드 대학애서가협회Oxford University Society of Bibliophiles의 공동 설립자로 가을 학기 막바지에 옥스퍼드의 뉴 칼리지 도서관에서 어떤 책을 조사하고 있었다. 두 사람은 "잉글랜드의 왕, 여왕, 귀족, 기타 저명인사들의 서명을 보여주는 것 같은" 문서 모음에서 현재까지 남아 있는 극소수의 여행 서류 가운데 하나인 빛바랜 종이를 찾아냈다.[10] 이 서류는 가로 25센티미터에 세로 30센티미터 크기의 독피지犢皮紙였으며, 맨 위에는 엘리자베스의 대담한 친필 서명이 들어 있었지만, 본문은 왕실 서기

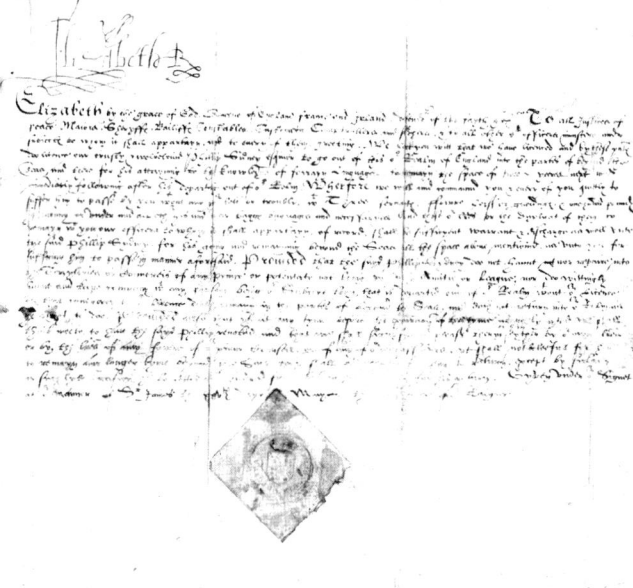

도판 6. 1572년에 엘리자베스 1세 여왕이 서명하여 필립 시드니 경에게 발급한 여행 허가서.

의 우아한 필체로 16세기의 다양한 법률 용어를 곁들여 (그럼에도 불구하고 이전 시대의 안전 통행 편지를 상기시키며) 작성된 것이었다.

하느님의 은혜에 힘입은 엘리자베스. 잉글랜드, 프랑스, 아일랜드의 여왕이며 신앙의 수호자, 기타 등등. 시장, 지사, 행정관, 보안관 등 모든 치안관에게. 이 문서를 보게 될 세관원과 검색원 및 기타 모든 공직자와 행정관과 신민, 그들 모두에게 안부를 전하노라. 우리는 믿음직스럽고 총애하는 향사(鄕士) 필립 시드니에게 이곳 우리 잉글랜드 영토를 떠나 바다 건너 지역에 가도록, 거기서 외국어 지식을 습득하게끔 우리 영토를 떠난 직후부터 2년 동안 남아 있도록 허가하는 바이다. 이에 우리는 그가 하인 세 명, 일반 말 또는 거세마 네 마리, 현금 100파운드 이하, 기타 가방과 짐과 필수품을 지닌 채로 그 어떤 방해나 말썽 없이 통과하도록 조용히 조치하기를 여러분 모두에게 바라고 또 명령하는 바이며 (……)[11]

장차 군인이자 정치인, 학자이자 시인으로서 모범적인 르네상스인이 되는 시드니가 이 왕실 면허를 얻었을 때에는 겨우 18세에 불과했고, 3년간의 공부를 마치고 옥스퍼드의 크라이스트 처치Christ Church를 떠난 직후였다. (하지만 학위를 취득하지는 않았는데, 그와 같은 신분의 청년들 사이에는 흔한 일이었다.) 그런데 1572년 봄에 잉글랜드와 프랑스의 새로운 평화조약이 체결되면서 그는 영국해협을 건너 유럽 대륙을 처음으로 여행할 기회를 얻게 되었다.

시(詩)라는 위대한 여권

따라서 벅스턴과 유엘엔센이 발견한 허가서는 문학사에서

결코 중요성이 적다고 할 수 없었으니, 머지않아 잉글랜드에서 가장 두드러진 문필가가 되는 시드니는 바로 이 독피지 조각 덕분에 유럽에서 존경받는 여러 문화 기관에서 지속적으로 교육을 받을 수 있었기 때문이다. 달리 표현하자면, 이 서류는 시드니가 르네상스 인문주의의 이상을 추구할 수 있게 해준 입장권이었다. 그 이상이란, 학문적 경계는 물론이고 국경을 넘어 어디서건 찾아낸 다양한 형태의 지식을 통합함으로써 인간의 무한한 역량을 최대한 발전시키는 것이었다. 현재 이 허가서를 보면, 여러 번 접힌 상태에서 모서리가 닳아 있고, 잉크의 얼룩과 독피지의 변색 정도로 미루어보면 여행 중에 비바람에 노출되었음이 역력하기 때문에 매우 유용하게 잘 사용했음을 짐작할 수 있다. 실제로 이 서류가 시드니에게 잉글랜드 바깥에서 "2년 동안 남아 있도록" 허락해주기는 했지만, 정작 그는 여러 나라를 여행하며 들렀던 여러 도시에서 몇 달씩 머무르기도 하면서 3년을 꼬박 채우고 나서야 자국으로 돌아왔다. 이런 여행은 16세기 말의 잉글랜드인에게는 이례적이었지만 17세기와 18세기에는 귀족 청년들 사이에서 점차 인기를 끌게 되었으니, 이들은 종종 외교직이나 공직 경력을 준비하는 전문적인 통과의례로서 이른바 그랜드투어에 나서게 되었던 것이다. 하지만 그 밖의 사람들은 오히려 유명한 박물관, 경이로운 건축물, 위풍당당한 도서관을 직접 방문함으로써 이루어지는 미적 교육, 또는 최소한의 식견이 그랜드투어의 주된 가치라고 여겼다.

이런 점에서, 1572년에 시드니가 떠난 여행은 그랜드투어 전통의 중요한 선례가 (심지어 패러다임이) 되었다. 그의 첫 방문지는 당연히 파리였는데, 여기서 그는 운 좋게도 저명한 프로테스탄트 예술가들이나 지식인들과 친분을 쌓았을 뿐만 아니라, 프랑스 위그노 교도들을 겨냥한 악명 높은 성聖 바돌로매 축일St. Bartholomew's Day의 대학살을 목격하기도 했다. 이후에 그는 스트라스부르Strasbourg와 프랑크푸르트Frankfurt를 거쳐서 빈에 몇 달 동안 머물렀고, 헝가리와 이탈리아를 지나는 긴 여행 끝에 베네치아에 도착한 이 청년은 사교와 문화생활에 푹 빠져버렸다. 제노바Genoa와 피렌체Firenze로 짧은 여행을 다녀오는 사이에, 시드니는 또한 유명한 파도바 대학University of Padua에서 제법 오랫동안 공부했는데, 여기에서는 자신의 여행 허가서에 기재되어 있는 과제("외국어 지식을 습득"하는 데)에 매달리는 한편, 그 밖의 여러 다른 분야의 학문 또한 추구했다. 벅스턴이 저서인 『필립 시드니 경과 영국 르네상스Sir Philip Sidney and the English Renaissance』(1954)에서 설명했듯이, 바로 이 시기에 시드니는 "키케로의 저서를 '마치 영구운동처럼' 처음에는 프랑스어로, 이어서 프랑스어에서 영어로, 결국 다시 라틴어로" 번역했다.[12] 동시에 시드니는 베네치아 정부와 헌법, 유럽의 정치와 외교에 관한 논고, 유명한 이탈리아 정치인의 서한, 아울러 천문학과 기하학과 이탈리아 시에 관한 책을 공부했다. 그로부터 몇 년 뒤, 이렇게 복합적인 학문을 단기간에 집중적으로 연구한 데에 더해, 이전에 받은 그리스와 로마 고전 교육까지 결합된 결과물이 영어로 쓴 최초의 소네트 연작인 『아스트로펠과 스텔라Astrophel and Stella』(1591)와 영어로 쓴 최초의 문예비평의 기념비로서 르네상스 인문주의의 주제 가운데 다수를 종합한 『시의 변호An Apology for Poetry』(1595)이다.

이런 저서를 통해 보았을 때 시드니가 자신이 받은 특별한 교육에 여행 허가서가 맡은 역할을 폄하하지 않았음을 알 수 있다. 1580년경에 지었지만 그로부터 몇 년 뒤에 31세라는 때 이른 죽음 이후에야 비로소 출간된 『시의 변호』에는 영어에서 최초로 'passport'라는 단어의 비유적 용례가 등장한다. 즉, 이 단어가 "어떤 사람이나 물건에 어떤 상태, 입장, 사회 영역 등으로 들어갈 권리, 특권 또는 기회를 제공하는 특성, 재능, 속성 등"을 뜻한다는 것이다. 여러 학문 분야에서 성공적으로 청중을 끌어들이고 메시지를 전달하기 위해서 시적 언어에 의존한다는 사실을 공격적으로 논증하면서, 시드니는 다음과 같이 주장한다. "철학자든 역사가든 시詩라는 위대한 여권을 얻지 못했다면, 대중의 판단이라는 관문 안에 들어설 수 없었을 것이다."[13]

진본 확인 표식과 인장이 찍힌 종이 한 장

18세기 중반에 이르러 그랜드투어는 잘 확립된 경로와 문헌을 통해 고도로 관습화되었다. 그사이, 근대국가 통치의 위기로 인해 유럽 전역의 당국은 자국 내부에 있거나 국경을 오가는 개인의 이동을 더 엄격히 규제했으며, 여행 서류를 법 집행의 수단으로 사용하기도 했다. 1648년, 30년 전쟁을 마치며 맺은 베스트팔렌 조약Peace of Westphalia 이후 근대국가들은 자국의 경계 안에서 누가 합법적인 위치에 있고 누가 그렇지 않은지 지정하기 위해 점차적으로 주권을 주장했다. 여전히 여권의 표준은 없었기 때문에, 여행 서류는 정부에서 발급한 안전 통행증 또는 일부 고위직 인사가 작성한 반半공식적인 편지 형식이었는데, 그래도 십중팔구는 커다란 종이 한 장에 진본 확인을 위한 표식과 인장이 찍힌 형태였다. 오늘날과 달리, 이런 여행 서류는 여행자가 외국에 도착한 뒤에야 발급되는 경우가 많았고, 때로는 꽤 비싼 값을 치러야 했다. 그랜드투어에 나서서 프랑스와 이탈리아를 여행하는 영국 귀족들은 여행 서류 요구 때문에 일정이 늦춰진다며, 그런 서류는 기껏해야 관료주의적 시비나 심지어는 갈취 수단에 불과하다고 불평했다. 이런 일련의 상황은 그랜드투어를 탁월하게 풍자한 로런스 스턴Laurence Sterne의 소설 『프랑스와 이탈리아로의 감상적인 여행A Sentimental Journey through France and Italy』(1768, 이하 『감상적인 여행』으로 약칭)에서 재미있는 효과와 함께 드러난다. 조금 불운하지만 쾌활하기 짝이 없는 주인공인 목사 요릭Yorick은 잉글랜드에서 남쪽으로 별다른 결실 없는 유람을 떠난다. 감상적인 것과는 영 거리가 먼 토비아스 스몰렛Tobias Smollett의 『프랑스와 이탈리아 여행Travels through France and Italy』(1766)을 겨냥한 스턴의 소설은 사교적 두각, 직업적 발전, 고전적 교육을 강조한 전통적인 그랜드투어 서사의 목표를 깎아내리는 대신 주인공의 도덕적 감상에 주목한다. 비록 요릭의 무수하고도 낭만적인 관심 때문에 그의 (아울러 우리의) 도덕적 함양은 거듭해서 저해되지만 말이다.

요릭의 산만한 성격은 소설에 일찌감치 드러나는데, 프랑스와 잉글랜드가 전쟁 중이라는 사소한 문제를 잊고, 미리 여권을 얻어놓지도 않은 상태로 무작정 런던을 떠나기 때문이다. 몇 가지 간단한 속임수를 써서 파리에 도착한 요릭은 호텔 주인으로부터 경찰이 그와 그의 여권에 대해서 물어보았다는 사실을 전해 듣게 된다. 이 얼빠진 목사는 그제야 자신이 지금까지 적절한 서류조차 없이 여기까지 여행했음을 깨닫는다. 여권 통제는 오랫동안 절대주의 국가였던 프랑스 구체제에서 통치의 중요한 특징이었으며, 18세기 중반에 들어 프랑스를 출입하는 모든 여행자가 의무적으로 적절한 서류를 보유하는 새로운 정책이 시행되었다. 잉글랜드와 프랑스의 7년 전쟁으로 인해 대두한 위기 상태는 이런 정책에 자극을 더하기만 했다. 이 모든 상황과 아울러 파리의 호텔 주인이 책망해도 요릭은 "프랑스 왕은 성격 좋은 사람이다. 그는 아무도 해치지 않을 것이다"라는 확신에 들떠 아랑곳하지 않는다. 이미 한 달 치 숙박비를 지불한 이 목사는 "설령 이 세상의 프랑스 왕들이 모두 달려오기 전날까지도" 방을 빼지 않겠다고 버틴다. 호텔 주인은 군주의 권위[주권]에 무관심한 태도를 보이는 이 외국인 여행자가 "내일 아침에는 분명히 바스티유로 끌려갈 것"이라고 걱정하는데, 왜냐하면 "어느 누구도 프랑스 왕에 대항할 수는 없기" 때문이다.[14] 요릭은 군주의 너그러움을 맹목적으로 신뢰하고 있지만, 절대주의 국가와 그 여권 통제는 그의 유럽 대륙 체류와 도덕적 함양에 관한 그의 유랑 이야기가 제대로 진행조차 되기 전에 단축시키겠다고 위협하는 셈이다.

파리에서 인쇄기로 만들어버린 미국 최초의 여권

덴마크의 문학 연구자 예스페르 굴달Jesper Gulddal이 지적했듯이, 다행히도 18세기 중반 프랑스는 이동을 통제하겠다는 절대주의 국가의 "권위주의적 포부"에 비해, 그 법률을 집행할 능력이나 역량이 미치지 못했다.[15] 『감상적인 여행』에서 상당히 우스꽝스럽게 암시하는 것처럼, 요령 좋은 (또는 최소한 운

좋은) 외국인 방문객이라면 당연히 자국 정부의 권위주의적 포부에 공감하지 않는 고위층 시혜자로부터 여행 서류를 손쉽게 얻을 수 있었다. 마침내 여권을 입수해야 한다고 납득한 요릭은 마지못해 프랑스 외무장관인 슈아죌Choiseul 씨에게 도움을 받으러 파리에서 베르사유로 향한다. 하지만 장관이 다른 일로 바쁘다는 사실을 알게 된 목사는 대신 "영어 책과 잉글랜드인"에게 호의적이라고 널리 알려진 B 아무개 백작을 찾아가기로 한다. 몇 가지 지엽적인 서사 뒤에야 요릭은 마침내 백작의 응접실로 들어가는데, 그곳에서 탁자 위에 놓인 셰익스피어 전집을 발견한다. 목사가 곤경에 처한 자신의 이야기를 전하자, 귀족은 너그럽게도 그의 요청을 수락한 뒤 다음과 같이 말했다고 서술한다. "그가 나를 알게 된 것은 셰익스피어의 크나큰 은혜 때문이라고 매우 정중하게 덧붙였다."[16] B 아무개 백작은 놀랍게도 목사 요릭을 『햄릿Hamlet』(1599년경)에 나오는 동명의 등장인물로 착각한 덕분에 기꺼이 여권을 제공한다. 즉, "도시의 부지사, 지사, 사령관, 군대의 장군, 법관, 치안관 모두에게 왕의 광대인 요릭 씨와 그의 짐을 무사히 여행하게 하라고 지시하는" 내용이었다.[17] 사실 이 장면(아울러 여권과 관련된 실수 전체)이 목사 요릭의 여행 서사를 진전시키는 데 별 도움은 되지 않지만, 대신 당시에 갓 등장한 여권 통제 시스템에 따르는 지연, 시비, 심지어 부조리까지 풍자하는 데에는 성공한 셈이다. 어쩌면 가장 중요하면서도 가장 재미있다고 볼 수 있는 점은 이 내용이 절대주의 국가의 포부에도 불구하고 여행 서류가 신분증 역할을 하지 못했음을, 다시 말해 그 사람과 서류를 어떤 확실하거나 객관적인 방식으로 연결하는 데 완전히 실패했음을 드러낸다는 것이다.

실제로 이와 같은 여행 서류를 얼마나 쉽게 획득했는지는 항상 기지 넘치는 벤저민 프랭클린Benjamin Franklin이 최초의 미국 공사로 베르사유 궁전Château de Versailles에 파견되어 프랑스에 체류 중일 때의 일화에서 분명하게 나타난다. 매체 역사가 크레이그 로버트슨Craig Robertson이 미국 여권에 관한 연구에서 설명한 내용에 따르면, 프랭클린은 신생 국민국가에서 온 또 다른 대표인 프랜시스 데이나Francis Dana를 프랑스에서 네덜란드로 외교 출장에 파견하면서, 그의 안전을 보장할 공식적인 방법이 필요했다. 그리하여 1780년 늦여름에 미국의 상징적인 팔방미인은 파리에서 자신이 쓰던 인쇄기로 (그는 원래 필라델피아에서 인쇄업자로 경력을 시작했다) "여권"을 하나 만들어버린다. 프랑스어로 작성된 이 한 장짜리 서류에는 미국 대표의 약간은 머뭇거리는 호소가 담겨 있다. 즉, 데이나의 여정을 방해하는 대신 "우리도 유사한 상황에서 우리에게 추천하는 사람 모두에게 그렇게 할 테니" 도움과 지원을 받을 수 있도록 허가해달라는 것이다.[18] 프랭클린의 서명과 공식 인장이 하단

여백 근처에 붉은 밀랍으로 새겨지자 이 수수한 종잇조각은 역사상 최초로 발급된 미국 여권이 되었으니, 워싱턴 D.C.에 있는 미국 국무부가 이와 유사한 뭔가를 만들어내기 시작한 때보다도 무려 10년이나 앞서 있었다.

"움직이고 머무르고 떠날" 자유와 국가 안보의 충돌

한쪽은 허구이고 한쪽은 실제이지만, 요릭과 프랭클린의 이야기는 모두 18세기 후반에 유럽과 북아메리카 전역에 걸쳐 몰두했던 문제를 시사한다. 즉, 개인의 자유와 이동의 자유라는 새로운 요구가 근대국가에서 시행한 강화된 안보 정책과 충돌했던 것이다. 프랑스 혁명을 옹호하는 사람들은 국내 여권internal passport을 이용한 통제야말로 구체제의 터무니없는 권력 남용이라면서, 자유롭게 여행할 수 있는 근본적인 인권을 침해한다는 이유로 국내 여권 폐지를 호소했다. 미국의 사회학자 존 토피John Torpey의 지적처럼, 프랑스 절대왕정이 종언을 고한 직후에 작성된 1791년 헌법에 의해 보호된 최초의 권리는 바로 "움직이고, 머무르고, 떠날" 자유였다.[19] 이 헌법에 앞선 계몽주의의 가치에 관한 표준 선언문인 「인간과 시민의 권리선언」La Déclaration des droits de l'homme et du citoyen」(이하 「인권선언」으로 약칭)은 자연법의 세속 버전에서 바로 이런 권리의 기반을 찾았으며, 모든 시간과 모든 장소에서 보편타당하게 적용된다고 주장했다. 「인권선언」 제4조의 내용은 "각자의 자연권 행사에서 사회의 다른 구성원들에게 이와 똑같은 권리의 결실을 보장하는 국경만을 가진다. 이런 국경은 오로지 법률에 의해서만 결정될 수 있다"라고 해석할 수 있다. 하지만 후대의 주석가들이 지적했듯이, 「인권선언」에는 태생적인 긴장이 있었다. 이는 그 제목 자체에서도 충분히 명료하게 드러났으니, 인간의 평등과 프랑스 시민의 권리를 별개로 인식했기 때문이다. 따라서 근본적인 문서인 「인권선언」에는 태동 단계의 국민국가인 프랑스의 야심만만한 이상뿐만 아니라, 어쩌면 주권 국민국가라는 발상 자체와 상반될 수 있는 이상까지도 각인한 것이다. 어쨌든 상당히 풍부한 역사적 역설과 더불어, 여권 통제는 프랑스 혁명이 1792년에 공포정치로 영락하면서 재도입되었을 뿐만 아니라 "새로운 정권" 치하에서 오히려 강화되기까지 했는데, 이 과정에서 당국은 어느 때보다도 더 침해적인 감시와 구속 기술을 얻은 셈이었다.

토피는 획기적인 저서 『여권의 발명The Invention of the Passport』의 도입부에서 프랑스 혁명에 주목한다. 바로 이 사건이 "국민국가의 탄생"을 이루었고, 이는 결과적으로 세계 각지에 유사한 발전을 시작하는 데에 도움을 주었기 때문이다. 18세기 말에 여러 사건이 혼란스럽게 폭주한 이후, 새로운 정권이 프랑스 국내 및 국경을 넘는 이동 권한을 완전히 행사하기까지는 시간이 걸렸다. 하지만 일단 여권 통제 조치가 재개되자, 자유롭게 여행할 권리가 영구적으로 축소될 것임은 금세 자명해졌다. 게다가 토피의 주장에 따르면, 19세기에 출현한 근대 여권은 주권국가의 "국가성state-ness"의 중요한 국면이 되었는데, 왜냐하면 국가의 주권적 주체를 합법화하고 그들의 이동을 통제하는 서류의 역량이 곧 주권의 반영이기 때문이다. 「인권선언」의 제3조는 (마치 제4조의 전제라도 되듯이) "모든 주권은 본질적으로 국민에게 있다. 어떤 단체나 어떤 개인도 국민으로부터 명시적으로 유래하지 않는 권리를 행사할 수 없다"라며 국가는 주권이 체화된 정치기구라고 주장한다. 주권은 더 이상 신성한 권위에 의해 왕이나 여왕에게 스며들지 않는다. 이는 군주국가의 "신민"에서 국민국가의 "시민"으로 이행됨을 규정했으며, 국민국가의 주권은 이제 그 태생(출생 또는 "벌거벗은 생명")에서 기반을 찾았다. 이러한 공식화에서 "권리"는 아감벤의 지적처럼, "'시민'에서 즉각적으로 사라지는 전제(실제로 어떤 사람이 단순히 인간으로서만 나타날 수는 없으므로) 만큼만 '인간'에게 귀속된다."[20]

머지않아 프랑스 당국은 국민국가를 통틀어 모든 국민의 출생, 사망, 결혼을 추적하기 위해 최초로 국가가 감독하는 인명부를 만들었다. 뒤이어 당국은 프랑스를 여행하는 모든 외국인(우호국에서 공식적인 임무로 찾아오거나 스스로 프랑스 시민권을 획득하지 않은 사람)을 특별 감시 하에 두었으며, 이들이 "공공질서와 평화를 교란할 가능성이 있다"고 판단되면 추방하기도 했다. 달리 말하자면, 「인권선언」에 내재되었던 긴장이 "국민국가에 유리하게끔" (아울러 태생인이나 귀화한 주민에게도 유리하게끔) 금세 해소되었던 것이다.[21] 하지만 토피가 인정한 것처럼 시민과 비시민, 태생인과 외국인을 확실히 구분하는 여권의 효력이 발동된 것은 어디까지나 나폴레옹 시대에 유럽 대륙을 괴롭힌 수많은 군사적 충돌 이후 주권국가의 국제 시스템이 수립되고 나서의 일이었다.

제3장
근대 국가와 근대의 시민

신체를 읽어내는 여권

1816년 가을, 조지 고든 바이런George Gordon Byron은 베네치아에 숙소를 잡은 뒤 (습관처럼) 금세 사랑에 빠졌는데, 이번 상대는 숙소 주인인 이탈리아인의 젊은 아내 마리아나 세가티Marianna Segati였다. 「그녀는 아름답게 걷는다She Walks in Beauty」와 「우리 둘 헤어졌을 때When We Two Parted」 같은 사랑시의 저자는 (역시나 습관처럼) 경솔하게도 절친 토머스 무어Thomas Moore에게 보내는 편지에 자신의 새로운 애인을 다음과 같이 묘사한다.

> 그녀는 커다랗고 새까만 동양적인 눈을 갖고 있는데, 그 눈에는 '유럽인', 심지어 이탈리아인 사이에서도 보기 드문 독특한 표정이 담

겨 있다네. 투르크인 여성들 상당수가 눈꺼풀을 채색해서 그런 표현을 하는데, 내가 알기로는 이야말로 그 나라 밖으로는 알려지지 않은 기술이라네. 그런데 그녀는 이 표정을 '자연적으로' 갖고 있으며, 심지어 그보다 더한 뭔가도 갖고 있다는 걸세. 짧게 표현하자면, 나는 이런 종류의 눈이 어떤 영향을 미치는지 차마 설명하지 못하겠네. 최소한 내게 미치는 영향에 대해서는 말일세. 그녀는 평범한 얼굴인데, 약간 매부리코에, 입은 작고, 피부는 깨끗하고 부드럽고 홍조를 띠고 있고, 이마는 놀랍게도 훌륭하다네. 검고 윤기가 흐르는 곱슬머리는 J양[저지(Jersey) 양—원주]과 같은 색깔이라네. 몸매는 날렵하고 매력적이며 (……)

그는 이 대목에서 편지 쓰기를 중단했다가, 나중에 가서 다시 이어서 쓴다. "여권에 들어가는 내용처럼 세세하게 진행되던 내 묘사가 며칠 동안 중단되었다는 사실은 자네도 알게 되겠지."[1] 도대체 이 시인이 무엇에 정신이 팔렸는지는 그저 상상만 해볼 따름이다. 어쨌든 그는 뭔가 더 마음을 끄는 활동 때문에 거듭 중단했던 편지를 거의 2주가 지나서야 마침내 마무리한다. 하지만 우리는 그의 시적 상상력에서, 아울러 19세기 초반 수십 년 동안 유럽의 더 폭넓어진 문화적 상상력에서 여권이 어떤 역할을 하게 되었는지 더욱 명료하게 볼 수 있다. 남성인 시인은 새로운 애인을 말로 사로잡으려 (아울러 당연히

도판 7. 1840년경의 작품 〈바이런과 마리아나(Byron and Marianna)〉의 세부. 윌리엄 드러먼드(William Drummond)의 회화에 의거한 조지 조벨(George Zobel)의 동판화.

친구에게도 깊은 인상을 남기려) 사랑시라는 남성적인 전통뿐만 아니라, 근대 국민국가에서 대두한 감시 도구가 가지고 있는 표준화된 특징 묘사에도 의존했던 것이다.

여권이 영토의 경계를 넘는 여행자의 신원을 확인하는 수단으로 발전하면서, 개인의 특징적인 외양을 신뢰성 있는 일련의 세부 정보로 변환하기 위해 신체적 특징 묘사법을 채택하기 시작했다. 여권 소지자는 점차 미셸 푸코Michel Foucault가 "자료의 영역"이라고 부르는 상황 속에 놓이게 되었다. 이 영역은 여권 소지자의 신체에 관한 구체적인 정보를 "기록망"에 옮겨 적음으로써 이들을 대상으로 국가 통제 메커니즘이 가동하게 만든다. 바이런은 타자, 이국적인 것, 거의 표현할 수조차 없는 오리엔탈리즘적 매력을 드러내는 순간에도, 자신의 애인을 묘사하는 동시에 소유하기 위해서 신체의 읽기 쉬운 겉모습을 "읽어"내려고 한다. 여권과 마찬가지로 그의 편지는 그녀의 신체적 외양(눈, 입, 피부색, 이마, 머리카락)을 최대한 비슷하고도 뚜렷하게 언어로 나타내려고, 즉 친밀한 동시에 침해적인 근접성을 표현하려고 시도한다.

무어에게 이 편지를 쓸 즈음 바이런은 이미 노련한 여행자였다. 그로부터 거의 10년 전에 그는 나름대로 장기간 동안 조금은 특이한 그랜드투어를 시작해 포르투갈, 스페인, 몰타, 알바니아, 그리스, 터키를 돌아다니며 몇 해를 보냈다. 1816년에 그는 자신의 애정 생활에 따른 스캔들과 영국까지 모두 등지고 떠나 (무려) 나폴레옹의 마차 복제품을 타고 여행한 끝에, 결국 베네치아에 거처를 마련하고 일련의 새로운 연애에 빠져들며 피카레스크 풍자시 『돈 후안Don Juan』(1819-24)을 집필하기 시작했다. 방랑 중에 그는 19세기 초 유럽의 여권 요구를 접했고, 여행지를 종횡무진하는 그의 장시에는 이 서류의 역설적인 성격도 기록되었다. 바이런은 이 서류를 가리켜 "여권 또는 자유를 가로막는 어떤 장애물"이라고 지칭하면서도, 또한 재력이야말로 "어디든 갈 수 있는 여권"이라고 언급했다.[2] 무어에게 보낸 편지에서 이 낭만주의 시인은 여권을 강력하고 새로운 형태의 표상으로 인정하면서도, 정작 자신은 여권의 점점 더 관습화되고 권위적인 신체 읽어내기 방식을 회피하려 했다. 바이런은 이러한 여권의 특징 묘사에 담긴 객관적이고 대상화하는 공격에 반드시 저항해야 했다. 지나치게 강력한 저항까지는 아니더라도 말이다. 하지만 거꾸로 관료주의의 입장에도 서 보면서, 그는 또한 여권의 특징 묘사가 당국이 내세우는 만큼 아주 객관적이지는 않다는 점을 인정했다. "평범한 얼굴"이나 "놀랍게도 훌륭한" 이마에 특별히 두드러지는 뭔가가 있을까? 동일한 맥락에서 "깨끗하고 부드러운" 피부는 고사하고, 어쩌면 순간적인 모습에 불과할지 모르는 "홍조를 띠고" 있는 피부까지 정확히 해당하는 사람은 과연 누구일까? 신원 확인 서류로서의 여권은 신체를 말로 표현하려는, 즉 신체적 특성을 적합한 언어로 변환하려는 주관적인 (심지어 시적이라고도 말할 수 있는) 성격과 불가피하게 충돌했다.

열성적 여행자 스탕달의 여권 이야기

이와 동시에 개인의 신원[정체성]을 분명히 밝히거나 이동의 자유를 행사하려는 시도가 정부의 통제하려는 노력과 맞붙으면서, 여권은 그 시기의 문학에서도 더욱 두드러진 자리를 차지하게 되었다. 이러한 투쟁에 대해서 지속적으로 학술적 관심을 가진 에스페르 굴달은 스탕달Stendhal의 『파르마 수도원The Charterhouse of Parma』(1839)에서 핵심 사례를 찾아냈다. 이 소설은 이상주의적인 이탈리아 귀족 청년인 파브리스 델 동고Fabrice del Dongo의 이야기를 따라가는데, 그는 모험과 로맨스에 대한 열망 때문에 합스부르크제국의 광범위한 여권 제도가 만들어놓은 규제와 거듭해서 충돌한다.³ 나폴레옹 전쟁 이후 유럽을 재편하려는 1815년의 빈 회의 결과, 합스부르크제국은 이탈리아 북부의 몇몇 지역까지 세력을 확장했는데, 여기에는 1816년에 바이런이 머물렀던 롬바르디아-베네치아 왕국과 파르마도 포함되어 있었다. 이 세력권 전반에 걸쳐서 여권 제도는 푸코가 파놉티콘panopticon, 일망감시이라는 제도적 구조에서 확인한 것과 비슷한 규율 기능을 담당했으니, 해당 지역에서는 제한된 수의 국경 수비대가 개별화 및 감시 전략을 통해 인구의 이동을 규제했기 때문이다. 달리 표현하자면, 인구의 구성원이 곧 정보의 대상이 된 셈이다.

이러한 상황이 배경이 된 『파르마 수도원』은 극도로 미묘한 심리적 초상으로뿐만 아니라, 역사 속(그의 역사적 순간을 규정하는 사회적·정치적 힘 속)에 깊이 "파묻힌" 개인을 서술한 고전으로도 간주되어왔다. 바로 이 대목에서 언급할 만한 사실은 스탕달이 소설가로서의 명성에도 불구하고 여행서도 여러 권 저술했다는 점이다. 특히 오늘날에 이르러서는 마리앙리 벨Marie-Henri Beyle이라는 본명보다 훨씬 더 유명해진 필명인 '스탕달'로 처음 출간한 『로마, 나폴리, 피렌체Rome, Naples, and Florence』(1817)는 열성적인 여행자이자 제국의 행정가이며, 부르봉 왕정복고 시기에는 일시적인 망명자였던 자신의 경험을 바탕으로 쓴 작품이다. 이로부터 20여 년이 지나 『파르마 수도원』을 쓰기 시작했을 때, 그는 여행 통제와 여권 요구가 특히 크게 강화된 오스트리아 치하의 이탈리아 북부에 갔던 기억을 생생하게 떠올렸다. 실제로 'passeport(여권)'라는 단어는 이 소설에서 최소한 71회나 등장한다.

파브리스의 질풍노도 성년기는 코모호수Lake Como 북쪽에 있는 대궐 같은 가족의 장원을 떠나, 어린 시절 자신의 영웅인 나폴레옹의 편에 서서 전투에 참가하려는 희망을 품고 워털루Waterloo로 달려가며 시작된다. 자율성을 향한 그의 위험천만하고 기나긴 여정의 첫 단계였던 이 가출 사건은 평민 친구 가운데 한 명인 기압계 상인 바시Vasi가 여권을 빌려준 덕분에 가능했다. 당시 여행자가 국경을 안전하게 통행하려면 자신이 가진 공문서의 진위보다는 공문서의 내용과 자신이 일치한다는 사실을 입증해야 했다. 즉, 구체화된 자아가 아니라 오히려 (소지자의 신체적 특징을 자세하게 기술한) 여행 서류가 곧 권위 있는 신원 표시였던 것이다. 빌린 여권 덕분에 파브리스는 보수적인 아버지와 지역 당국의 통제를 모두 벗어날 수 있었지만 벨기에에 도착하자마자 체포되고 마는데, 부분적으로는 이 청년의 잘생긴 외모가 여권에 기재된 중년 상업 여행자의 외모와 터무니없이 불일치한 까닭이다. 투옥된 이후 그에게는 탈출, 회피, 억류, 추가적인 부정 유용이 잇따른다. 우리의 소년 같은 주인공은 불운하게도, 마침내 고향 롬바르디아로 돌아가서는 부정 여권 사용 혐의로 오스트리아 경찰의 감시를 받게 된다. 그리하여 다시 한 번 고향을 떠난 그는 결국 파르마에 도착한다. 그곳에서 엄중하게 이동을 통제하는 합스부르크의 여권 제도가 파브리스의 운명에 결정적인 역할을 한다. 여권 제도에 저항했던 이전의 죄목 때문에 그는 "오스트리아의 블랙리스트"에 오르고, 급기야 자신의 서류를 없애고 발각될 위험을 감수한 채 움직일 수밖에 없게 된다.⁴

1819년 볼로냐의 바이런 엿보기

앞서 살펴보았듯이, 이러한 상황에서 여권은 신원과 갈수록 더 밀접하게 연관되는 수단이 되어서, 소지자의 신원을 특정하고 국적뿐만 아니라 신체적 특징과 직업 및 그 밖의 지위까지도 입증했다. 여권 소지자의 지위를 입증할 수 있는 여권의 역량은 (적어도 이런 역량에 대한 공식적인 가정은) 바이런이 1819년 8월 29일에 볼로냐에서 쓴 또 다른 편지에서 예증되는데, 이는 『파르마 수도원』에서 묘사된 그 지역에서의 사건과 거의 동시대라고 볼 수 있다. 영국 시인은 그로부터 며칠 전에 한 친구의 추천으로 어느 "중위"에게서 말을 한 마리 구입했는데, 알고 보니 그 불쌍한 짐승은 심한 진균증으로 고생하고 있었다. 말을 돌려주고 환불받으려던 바이런은 문제의 중위와 열띤 언쟁을 벌이게 되었으며, 몇 차례 도발이 오간 끝에 그는 상대를 도둑놈이라고 욕했다. 이에 큰 모욕을 느낀 중위는 "자신이 '장교'이며 명예를 지키는 사람"이라고 반박하면서, 위세가 당당한 오스트리아의 정치인이자 군사 지휘관인 "장군 나이페르크Neipperg 백작이 서명한 파르마 공국 여권Parmesan passport을 꺼내 보여주었다." 가뜩이나 화가 났던 시인은 상대가 지위를 과시하는 모습에 더 격분한 나머지, "그가 장교라면 나 역시 그에 걸맞은 대우를 해주겠다고, 그가 신사라면 내 돈을 돌려줌으로써 그렇다는 사실을 입증해야 할 것"이라고, 아울러 "그의 파르마 공국 여권에 대해서라면, 나로선 그게 파르메산 치즈Parmesan cheese만큼의 가치도 없다"고 말했다.[5] 바이런이 또 다른 기혼 이탈리아 여성 테레사 귀치올리Teresa Guiccioli와의 로맨스를 통해 머지않아 이탈리아 북부에서 오스트리아의 영향력을 종식시키려던 비밀 혁명 결사 카르보나리Carbonari에 가담한 것도 어쩌면 우연이 아닐 수 있다.

파르마 공국 여권 일화에서 살펴볼 수 있는 희극적 가치와는 별개로 주목할 만한 또 다른 가치는 여권 소지자의 지위를 입증한다는 권위가 여권에 가정되어 있음을 보여줌과 동시에, 바이런과 같은 부류가 드러내는 권위에 대한 반항을 모두 보여준다는 점이다. 『로마, 나폴리, 피렌체』에서 스탕달 역시 여권 자체와 여권에 수반된 의례에 불만의 목소리를 높였는데, 예를 들어 비자를 얻을 때 맹세를 해야 한다는 점이라든지, 서류를 보자고 요구하는 하급 공무원들의 한결같이 무례한 태도 같은 점이다. 『파르마 수도원』에서 파브리스가 (다른 무엇보다도, 불운하게 끝난 일련의 연애 사건을 거치며) 주권적 자아를 형성하려 할 때, 그는 훔쳤거나 부정하게 입수했거나 기타 불법적인 서류를 이용함으로써 점점 더 강력해지는 여권 제도의 통제를 거듭해서 벗어난다.

이런 종류의 낭만주의적 영웅이 된다는 것은 곧 정치적 억압과 기타 종속적 세력으로부터 (최소한 관료주의의 사소한 모욕으로부터) 벗어나려 한다는 것이다. 스탕달의 주인공, 파브리스가 마리에타Marietta라는 여배우와 애정 관계를 맺은 이후, 그녀의 질투심 많은 매니저이자 전 연인인 질레티Giletti가 그를 칼로 찌르려고 한다. 뒤이어 벌어진 몸싸움에서 파브리스는 질레티를 죽이고, 죽은 경쟁자에게서 빼앗은 여권을 이용해 파르마를 빠져나가려고 시도한다. 하지만 청년은 이 서류 때문에 자신의 정체가 들통 날까 봐 극심한 두려움에 사로잡히는데, 바로 이 지점에 특정한 "물리적 난관difficultés matérielles"이 나타났기 때문이다. "파브리스의 신장은 기껏해야 165센티미터였고, 여권에 기재된 대로 177센티미터에는 미치지도 못했다. 그는 아직 24년을 다 살지도 못했고, 오히려 더 젊어 보였다. 질레티는 39세였다."[6] 심지어 아직 젊은 파브리스는 피부가 매끈했던 반면, 더 나이 많은 여권 주인은 "마맛자국이 심하게 난" 상태라고 서류에 적혀 있었다.[7] 우리가 알고 있듯 여권은 신원을 확인하는 신뢰할 만한 형태이기 때문에, 내용을 지우거나 변경했다가는 곧바로 국경 관리들의 시선을 끌 수밖에 없는 정보가 포함된 서류라는 뜻이 된다. 파르마를 떠날 준비를 하는 과정에서 파브리스는 그 서류를 읽고 또 읽으며 자신과 너무도 다른 내용 때문에 극심한 불안감을 느끼기 시작하는데, 그의 입장에서는 오스트리아 국경 검문소에서 그 여권을 그대로 사용하는 것밖에는 다른 선택의 여지가 없었기 때문이다.

자기 순서가 된 파브리스가 서류를 제출하고 "검사를 당할" 순간이 오자, 그는 자신이 무사히 탈출하기 위해 거의 '데우스엑스 마키나*수준으로 행운이 따르길 고대했음이 분명하다. 바로 이 장면이야말로 지금을 기준으로 고전에 해당하는 이후의 수많은 소설과 영화에서 묘사된 '여권 불안'의 전조에 해당한다. 머릿속에 걱정이 가득한 채로 파브리스는 카살마조레 Casalmaggiore의 작고 지저분한 검문소에 들어가서 여권을 제출하는데, "성미 고약한" 경찰관은 받아 든 서류를 무려 5분을 꽉 채워서 정독한다.[8] 내적 고통이 커지자, 파브리스는 자신이 곧 체포될 것이라고 믿기 시작한다. 하지만 그가 미처 몰랐던 사실이 하나 있었으니, 문제의 경찰관이 질레티의 친구라는 점이었다. 경찰관은 키도 더 크고 나이도 더 많은 여권 주인이 눈앞에 서 있는 키 작고 나이 어린 청년에게 그 서류를 팔았다고 넘겨짚는다. 질레티를 불법 거래 혐의에 연루시키고 싶지 않았던 경찰관은 선택지를 저울질한 끝에 (그 와중에 파브리스는 싸울지 도망칠지를 놓고 나름대로 선택지를 저울질하고 있었다) 또 다른 잔꾀를 선택한다. 피곤한 척하면서 검문소의 안쪽 방으로 들어간 그는 다른 동료에게 혹시 시간이 되면 저 여권에 사증을 찍어달라고 부탁한 것이다. 공황 상태에 빠진 파브리스가 도망치기 직전에 다른 경찰관이 나타나서 혼잣말처럼 이렇게 중얼거린다. "음, 어디 여권을 좀 볼까나. 여기 서명을

---

* 기계 장치에 의한 신. 고대 그리스 연극에서 기중기 등을 이용하여 갑자기 신이 공중에서 나타나 위기의 순간을 해결하는 수법.

적어야겠군." 그러고는 여권에 재빨리 날인을 하고, 펜을 쓱쓱 휘두르더니, 어리둥절한 파브리스를 내보내면서, "가벼운 어조로 '즐거운 여행 되십시오, 선생' 하고" 중얼거린다.[9] 볼로냐에 무사히 도착한 파브리스는 녹초가 되어 배회하다가 체력을 회복하기 위해 산페트로니오 성당Basilica di San Petronio에 들어간다. 그는 자신의 탈출을 다름 아닌 신성한 보호의 징조로 받아들이면서 국경 검문소에서 발각되지 않았다는 감사함에 금세 압도된다. 예상 밖의 결과에 벅차오른 바로 그 순간, 파브리스는 무릎을 꿇고 예전의 느헤미야와 흡사하게 "극도의 감동" 속에서 하느님께 감사 기도를 드린다.[10]

지인의 신원 조작을 도운 메리 셸리

오류에 빠질 가능성이 있는 서류와 공정하지 않은 법 집행에 의존한 까닭에, 19세기 유럽의 여권 시스템은 신원을 바꾸고 싶어 하는 사람들에게 확실한 기회를 제공했다. 이들의 동기는 단지 국민국가의 권위와 국경 통제를 벗어나기 위해서일 뿐만 아니라, 나아가 어떠한 경계를 넘어서기 위해서, 대안적인 자아를 만들기 위해서이기도 했다. 일단 서류가 발급된 이후에는 변조를 숨기기가 쉽지 않았지만, 결의에 찬 여행자가 여행 도중에 의심을 사지 않도록 자신의 여권에 기입되는 신원 확인 정보를 꾸미거나 조작하는 일은 종종 가능했다.

이런 사실은 놀랍게도 메리 셸리Mary Shelley를 통해 예증된다. 그녀로 말하자면 1816년 여름, 긴 여행 끝에 애인(훗날의 남편)인 퍼시 비시 셸리Percy Bysshe Shelley, 이복자매 클레어 클레어몬트Claire Clairmont 그리고 악명 높은 바이런 경과 스위스에서 그 유명한 만남을 가졌다. 바로 그곳, 제네바 호숫가의 임대주택에서 메리는 소설 『프랑켄슈타인Frankenstein』(1818)을 처음으로 구상했다. 그로부터 10년이 조금 더 지나 남편과 바이런 모두 사망한 이후에 그녀는 영국 남부 해안의 애런델Arundel에 거주했는데, 하루는 런던에 사는 친구인 배우 존 하워드 페인John Howard Payne에게 뜻밖의 "의뢰" 편지를 보냈다. 브라이튼Brighton에서 프랑스의 디에프Dieppe로 가려고 계획 중인 친구 두 명의 여권을 며칠 안에 만들어줄 수 있느냐는 내용이었다. 셸리도 인정했듯이, 여권 발급처에 본인이 직접 방문하지 않으면 서류를 발급해주지 않기 때문에 결국 페인이 연기자 친구를 섭외하고 둘이서 연기력을 발휘해 그 여행자들을 사칭해야 할 터였다. (여기서 주목할 점은 그로부터 몇 년 뒤에 'passport-office(여권 발급처)'라는 합성어를 영어에서 처음 사용한 사람이 바로 셸리라는 사실이다. 이 단어는 그녀의 초창기 페미니즘 소설 『로도어Lodore』(1835)에 등장하는데, 실연한 남자가 떠나간 여자의 행방을 추적하는 과정에서 바로 그 관청에 보관된 기록을 통해 단서를 찾는다. 이 여자도 프랑스로 도망친 것처럼 보인다.)

제3장

1827년 가을, 페인이 의뢰를 받아들인 이후에 셸리는 두 여행자의 신체적 특징을 상세히 묘사하는 편지를 다시 보내는데, 이는 단지 여권 신청만이 아니라 분장과 머리 모양과 의상 준비 때문이기도 했다. "더글러스 부인은 키가 작은데, 저보다도 한참 작습니다. 까무잡잡하고, 크고 검은 눈이 예쁘고, 목까지 내려오는 곱슬머리에 (……) 더글러스 씨는 저와 키가 비슷하고 마른 편입니다. 까무잡잡하고 머리카락은 검고 곱슬거립니다. 여권은 숄토 더글러스Sholto Douglas 부부 명의로 발급되어야 합니다."[11] 셸리는 페인과 그 동료가 여권 신청서에 기입할 수 있도록 "이저벨Isabel 더글러스"와 "숄토 더글러스"의 서명도 전달했는데, 여기에는 이들의 여행 동반자에 대해서도 언급했다. "카터Carter 부인과 각각 열 살과 아홉 살인 두 아들. 퍼시 셸리 부인과 아들."[12] 그런데 셸리가 페인과 주고받는 편지에 미처 언급하지 않은 사실이 하나 있었으니, 여권 신청서에 들어갈 이저벨 더글러스는 사실 자신의 친구인 이저벨 로빈슨Isabel Robinson, 숄토 더글러스는 사실 스코틀랜드 어느 백작의 사생아로 태어나 데이비드 린지David Lyndsay라는 남성 필명으로 글을 쓰던 메리 다이애나 도즈였다. 널리 호평을 받은 희곡과 비평에는 물론이고, "바이런의 동양 이야기와 같은 계열에 속한다"고 여겨지던 단편에도 사용한 바로 그 필명 덕분에 도즈/린지는 당시 영국의 여성 작가들이 강요받던 사회적 관습과 직업적 제한에 얽매이지 않고 문학적 경력을 쌓을 수 있었다.[13] 이렇게 신청한 여권 덕분에 도즈/더글러스와 로빈슨/더글러스는 프랑스에서 공개적으로 남편과 아내가 되어 새로운 삶을 시작했다.

젠더적 경계를 뛰어넘기 위해 이용된 여권

이 계획은 한 세기 반이 더 지난 뒤에야 미국의 문학 연구가 베티 T. 베넷Betty T. Bennett에 의해서 비로소 밝혀졌는데, 그녀의 저서『메리 다이애나 도즈: 신사이자 학자Mary Diana Dods: A Gentleman and a Scholar』는 도즈가 평생에 걸쳐 차용했던 다양한 남성 분장을 밝혀내기 위해 복잡다단한 기록보관소를 공들여 파헤치며 추적해간다. 보관된 기록 자체는 베넷을 속이는 작용을 했는데, 왜냐하면 셸리가 페인에게 보낸 편지에는 여권을 직접 발급받지 못하는 여행자들을 위한 (주로 금전적인) 대안을 설명했기 때문이다. 위조된 서명과 여권 소지자의 신원에 대한 증언은 역사적 기록의 잠재적인 오류 가능성을 예증함으로써 문제만 가중시켰다. 머지않아 베넷은 도즈가 작가 경력의 초창기부터 "자신의 집필 제안서와 원고를 우편으로 발송"하는 방법을 이용해서 "자신의 신체적 성性과는 무관하게 신원을 가장"할 수 있었음을 인식했다.[14] 문제의 여권은 심지어 신원을 탈바꿈하는 더욱 강력한 수단이 되었는데, 도즈/더글러스가 영국에서 그녀/그 자신에게 상당한 위험을 감수하면서까지 차용했던 남성의 신원에 대한 "증거"를 해외에서는 여권이 제공해주었기 때문이다. 국가 권위와 "공식" 언어의 위력으로, 여권은 젠더적 신원을 대체하는 데 도움이 될 것이었다. 뿐만 아니라 이 서류는 더글러스가 짧게 깎은 머리에 걸맞게 남성복을 걸침으로써, 해외 국적자를 종종 고위직에 채용하는 프랑스나 독일 또는 이탈리아의 남성 지배적인 외교계에 입성할 가능성도 있었다. (안타깝게도 도즈/더글러스는 실제로 그런 직위를 맡기 전에 사망했다.) 하지만 프랑스 국립기록보관소에는 부정 여권에 대한 기록이 전무했기 때문에, 베넷은 1827년에 이르러서는 프랑스 영토에 있는 영국 신민에게 그런 서류가 더 이상 필요하지 않았다는 사실을 인정했다. 오히려 오해를 부르는 편지며, 배우 섭외며, 여권 발급처에서의 속임수까지 (즉, 이 여권 계획 전체는) "국제 여행을 허가받기 위해서가 아니라 문화 간, 젠더 간 여행을 위해서였다."[15]

이러한 점에서 여권은 당국이 파악할 수 있는 두드러진 신체적 특징을 명시함으로써 소지자의 신원에 대한 공식적인 증거를 제공했다. 뿐만 아니라 가명을 사용하는 손쉬운 수단이기도, 도즈/더글러스가 당국의 침해적인 시선을 슬그머니 빠져나갈 수 있게 대역代役을 증언하는 유용한 수단이기도 했다. 마리앙리 벨은 작가이자 외교관으로 활동하는 동안 가명을

200개 이상 사용한 것으로 유명하다. 그와 파브리스가 사용한 수많은 가짜 여권은 새로운 신원에 대한 관심에서 확장된 것이 분명하다. 장 스타로뱅스키Jean Starobinski의 영향력 있는 에세이 「스탕달의 가명Stendhal Pseudonyme」(1951)을 언급하면서, 굴달은 이런 가짜 여권이 "표면상으로는 사회규범에 순응하면서도 내적 자유를 어느 정도 견지하는 수단으로 '가명'을 고안함으로써" 이른바 "진정성 없는 외면과 진실한 내면적 존재" 사이의 분열이라는 낭만주의 사상의 본질을 부각시킨다고 주장한다.[16] 거꾸로 도즈/더글러스에게 가짜 여권은 국민국가의 관료제를 살짝 피해서 그녀/그가 "진실한 내면적 존재"로 살아갈 기회를 제공했다. 물론 베넷의 주장처럼, 그녀/그의 "삶은 질서와 통제라는 이름으로 존재의 신비와 복잡성을 지나치게 단순화하길 너무도 자주 강요했지만 말이다."[17] 하지만 중요한 의미에서 이 삶은 일단 도즈/더글러스가 "/"라는 기호로 규정되는 경계를 넘어서야만, 즉 영국에 있는 그녀/그의 집을 벗어남으로써 젠더적 특징을 구체화하는 강제적인 규범으로부터 일종의 의도적인 유배로 들어가야만 비로소 가능했다.

도즈/더글러스의 사례에서 예증되듯이 19세기의 여권 신청자는 거의 대부분 남성이었다. 남편 그리고/또는 아버지가 아내, 자녀, 하인 및 기타 자신의 보호 아래에 있는 다른 여성과 함께 여행할 경우, 이들에 관한 세부 내용은 '그'의 신청서에 기재되었다. 이때 이 집단 전체에 여권은 딱 하나만 발급되었다. 19세기에 규제가 완화되면서 독자적으로 여행하고 싶었던 (하지만 비용, 불편, 늘어나는 여권 검사를 회피하고 싶었던) 여성들이 유럽 각지로 길을 나서기 시작했다. 실제로 1848년 혁명 이후, 유럽의 모든 주요 국가에서 여권 소지 의무가 완화되었음에도 그러한 서류를 소지하고 여행할 경우에는 여전히 정부의 보호와 지원이라는 공식적인 약속을 제공받았다. 따라서 여성 혼자 여행하거나 여성들끼리 여행하는 경우에는 특히 여권을 소지하는 것이 추천할 만한 일로 여겨졌다. 설령 그들이 자신들의 자리가 단지 고향에만 (또는 내친 김에 덧붙이자면, 자국에서도 특히 가정에만) 있는 것이 아니라, 바깥의 더 넓은 세계에 있다고 주장하게 되었더라도 말이다. 이후 19세기에 발전한 사회·경제적 자유주의는 유럽 대륙 전역에서 사람들의 자유로운 이동에 박차를 가했는데, 이때에는 (범세계적 여행자들이 종종 유럽 문명의 발전에 방해가 되었다고 간주하는) 서류 작성 의무와 국경 관리들의 간섭이 덜했다. 전쟁, 전염병, 사회 동요 등의 시기에는 예외도 있었지만 전반적으로는 여권 제도가 완화되는 추세였으며, 이에 더해서 철도 기반 시설이 급격히 성장하고 대양 항해 또한 속력이 빨라지고 편안해지면서 결과적으로 국경을 통과하는 사람들이 급속도로 늘었다.

남북전쟁 이전의 미국 여권과 허먼 멜빌

대서양 너머 미국은 아직 포괄적인 국경 통제 시스템이 발전되지 않은 상태였는데, 한편으로는 이민의 수준이 비교적 낮았기 때문이고, 다른 한편으로는 노동력을 양성하고 서부 변경의 인구를 늘려야 한다는 인식이 점점 확산되었기 때문이다. 이런 환경에 남북전쟁 이전 시기에는 연방 정부와 개별 주 사이의 긴장까지 더해졌다. 비록 국무부에서는 1789년부터 해외를 여행하는 미국 시민에게 여권을 발급하기 시작했지만, 결국 남북전쟁으로 이어질 지역 간의 적대감이 높아지는 와중인 1856년에 관련 법안이 의회를 통과하기 전까지는 주 당국과 지역 당국도 여권 발급 기능을 공유했다. 이 시기 연방 정부는 입국하는 여행자나 이민자에게 여권 제시를 의무화하지 않았으며, 자국 시민에게도 출국 전에 여행 서류를 발급받으라고 강요하지 않았다. 그럼에도 불구하고 미국 국립기록보관소에는 여권 신청서가 많이 보관되어 있는데, 이를 살펴보면 19세기 해외여행에 나섰던 미국인들의 수단과 동기에 대해서 많은 것을 알 수 있다. 여권은 보통 국경을 넘는 여행에 선택 사항일 뿐이며, 여권 소지자에게 단지 방해나 불편을 방지하는 부차적인 보호를 제공할 뿐이라는 양해 하에 발급되었다. 물론 해외에서 우편물을 받을 때, 사교 행사에 참석할 때, 사설 도서관이나 박물관, 기록보관소 및 기타 문화 기관에 출입할 때 신원을 확인하는 부가 기능도 있었다.

그런데 이 정도로 수수한 관료주의적 속박조차도 지긋지긋하다고 여겼던 (그리하여 신청 절차를 질질 끌며 미루는 이유로 삼았던) 인물이 있다. 여행을 워낙 많이 다녔고, 망망대해의 모험 이야기를 발표해 어느 정도 성공한 작가였던 그는 갓 집필한 소설 원고를 들고 조만간 런던으로 향할 예정이었다.

1849년 10월 1일, 뉴욕

국무장관

존 M. 클레이턴(John M. Clayton) 님 귀하

조만간 유럽 여행을 하게 된 관계로 귀하의 부서에서 여권을 얻고자 부탁드립니다. 개인 특징 묘사 항목도 첨부하였는데, 그 정도면 충분하리라 믿습니다.

선박이 이달 8일에 출항할 예정이니, 여권을 제시간에 맞춰 다음 주소로 보내주시기를 간청합니다. 뉴욕 시 월스트리트 14번지.

존경을 표하며
귀하의 충실한 종
허먼 멜빌(Herman Melville)

이로부터 얼마 지나지 않아 『모비 딕Moby-Dick』(1851) 집필을 시작한 이 소설가로 말하자면, 학자들 가운데 최소한 한 명과 그의 형 갠즈보트Gansevoort가 지적했듯이 상습적으로 일을 미루는 사람이었다.[18] 그럼에도 불구하고 1849년 늦여름에 여행 계획을 세우기 시작했을 때는 지체 없이 문단의 친구들에게 런던과 파리의 다른 작가들이며 화가들 앞으로 소개장을 써달라고 (이야말로 문화생활의 내부 지성소로 들어가는 비공식적 여권에 해당했으니까) 요청했다. 심지어 스코틀랜드의 현자 토머스 칼라일Thomas Carlyle 앞으로 소개장을 써달라며 한 다리 건너 랠프 월도 에머슨Ralph Waldo Emerson에게 요청하기도 했다. 하지만 정작 멜빌은 사우샘프턴호Southampton를 타고 출항하기 딱 일주일 전인 10월 1일에야 부랴부랴 여권을 신청하는 편지를 썼는데, 혹시나 『하얀 재킷White-Jacket』(1850)의 영국 판권 계약이 예상대로 성사되어 여행 자금이 충분히 생기면 (일종의) 그랜드투어로 유럽에 여러 달 동안 머물 계획이었음에도 불구하고 그렇게 미적거렸다.

허먼 멜빌의 '주관적'인 신체 특징 묘사

여권 신청 절차 전반에 걸쳐 멜빌이 느낀 조급함은 그의 편지에 첨부된 어딘가 좀 놀라운 "개인 특징 묘사 항목"에도 나타난다. 멜빌은 눈("푸른색"), 머리카락("짙은 갈색"), 입("중간"),

코("중간 오뚝함"), 피부색("흰색"), 연령("30세"), 이마("보통"), 턱("보통"), 얼굴("타원형")에 더해 신장을 "5피트 10과 1/8인치[약 178센티미터]"라고 매우 정확하게 기재했다. 신체의 변화 가능성(아울러 여권 신청자들의 창의성)에도 불구하고 북아메리카와 유럽의 각국 정부는 여권 소지자의 신원 확인 수단으로 주관적인 신체 특징 묘사에 계속 의존했다. 1856년에 멜빌은 다시 한 번 (역시나 유럽 그랜드투어를 준비하면서) 여권을 신청했는데, 야심만만하고도 읽기 벅찬 『모비 딕』을 탈고한 뒤 작가로서의 상업적 성과 측면에서 명약관화한 하락세를 경험한 뒤였다. 이때 그는 턱이 "둥그스름"하게 변했고, 가장 주목할 만한 (어쩌면 가장 의미심장한) 부분은 신장이 "5피트 8인치" 더하기 약간으로 줄어들었다는 점이다. 우리는 여기서 "약간"이라는 모호한 표현을 받아들일 수밖에 없는데, 왜냐하면 (십중팔구 신청서를 부치려고 서둘렀던 까닭이겠지만) 멜빌이 잉크가 마르기도 전에 편지를 접다 보니, 그 "약간"에 해당하는 부분이 번져서 판독이 불가능해졌기 때문이다. 나중에 가서 멜빌이 실제 여권에 직접 기입한 내용은 신장이 "5피트 8과 3/4인치[약 174.5센티미터]"로, 불과 7년 전보다 1과 3/8인치[약 3.5센티미터]가 줄어든 상태였다. 이 기묘한 차이 때문에 그사이 멜빌이 과연 어떤 신체적 질환을 겪었는지 다양한 학술적 추측이 이루어졌고, 심지어 등이 굽는 희귀한 관절염인 강직성 척추염이라는 전문가 진단도 있었다.

　멜빌이 1856년에 기록한 신장은 신체를 정확하게 측정하고 신장이 줄어들었음을 똑똑히 판단한 결과일 수도 있다. 하지만 이런 수치가 그의 작가 경력 내내 문학 시장에서 부침을 겪으면서 이에 따라 동요했던 자신의 이미지에 관한 뭔가를 나타냈을 가능성도 충분하다. 멜빌의 신장이 공식적으로 검증되지 않은 상태에서 이 수치는 오히려 의심스러운 경험 증거를 제공하는데, 이야말로 전적으로 소설가 자신의 편파적인 판정에 불과하다고 볼 수 있다. 미국 국무부는 여권 신청서에 포함되는 신체적 특징 묘사의 범주를 규정했지만, 정작 신청자가 그(또는 비록 드물지만 그녀) 자신의 신체적 외양을 어떻게 변환해서 이런 범주에 집어넣었는지는 사실상 확정할 수 없었다. 그렇다면, 처음에는 멜빌이 여행 중에 이 서류를 보여줄 누군가에게 자신을 더 인상적으로 소개하는 기회였을지도 모른다. 또는 어쩌면 단지 그가 부주의해서 서둘러 신청했음을 암시하는, 또한 그가 저평가하는 이 서류를 어쩔 수 없이 신청했음을 암시할 수도 있지만, 1/8인치[3.175밀리미터]까지 따지는 정확한 수치는 오히려 정반대를 의미한다. 즉, 허풍이나 허황된 이야기의 화자(『모비 딕』의 저자보다 더 훌륭한 사람이 또 어디 있겠는가)라면 누구나 악마가 (아울러 그 신빙성이) 세부 내용에 있음을 잘 알고 있다. 어쨌거나 이런 차이는 개인 신원의 복잡성을 표준화된 신체적 특징 목록으로 단순화하려고 했던 신원 서류로서의 여권에 만연한 문제를 지적한다.

시민권 증명서를 요구받은 허먼 멜빌

메리 다이애나 도즈/월터 숄토 더글러스의 사례에서도 나타났듯이, 이 시기에 들어서 신원 확인 서류(아울러 여행 서류)로서 여권의 지위는 점점 더 높아졌다. 개인의 신원을 문서화하는 것은 신흥 국민국가에서 인지와 표상의 기초적인 요소로 중요시했으니, 국민국가에서는 소속감을 확립하는 수단으로 개인적 만남과 공동체의 유대를 더 이상 신뢰할 수 없게 되었기 때문이다. 이 시기에 이런 사실이 가장 뚜렷이 드러난 곳이 미국이었으니, 이곳에서는 인종(아울러 노예제) 문제 때문에 시민권(아울러 국내 이동) 문제가 완전히 새로운 경향을 띠게 되었기 때문이다. 1849년 10월 초에 멜빌의 여권 신청서를 접수한 국무부 직원은 여권 발급을 위한 새로운 요건인 시민권 증명서를 보내라고 답장했다. 이로 인해 그로부터 얼마 전 뉴욕에서 변호사로 개업한 멜빌의 동생 앨런Allan이 허먼의 시민권 주장은 자신이 아는 한 진실이라고 맹세하는 내용의 보증서를 직접 쓰고 서명했다. 10월 4일 목요일, 점점 커져가는 조바심을 드러내면서 이 소설가는 보증서를 동봉하며 ("국무장관 존 M. 클레이턴 님" 앞으로) 쓴 편지를 다음과 같이 퉁명스럽게 마무리했다. "저는 월요일에 출항합니다. 답장으로 여권을 받을 수 있기를 고대합니다." 당연히 이렇게 막판에 서두르게 된 것은 어디까지나 멜빌 본인이 미적거렸기 때문이지만, 뭔가 작은 기적 (어쩌면 그때 국무부에 제출된 여권 신청서가 비교적 적었을 가능성이 농후한데) 덕분에 상습적으로 일을 미루는 이 위대한 작가는 일련번호 4033이 적힌 여권을 발급받아서 제때 배에 오를 수 있었다.

프레더릭 더글러스의 "자유 문서" 선원 보호증

멜빌이 비교적 용이하게 자신의 시민권을 입증함으로써 여권을 발급받을 수 있었다면, 그와 동시대 인물인 프레더릭 더글러스Frederick Douglass의 경험은 극명하게 대조적이다. 미국 헌법은 이 논제에 대해서 대부분 침묵하기 때문에, 남북전쟁 이전의 미국에서 시민권은 다소 임시적인 특성을 띠었다. 말하자면 시민권은 필요에 따라서만 성립된 반면, 개인의 권리와 특권은 연령, 성별, 인종에 따라서 결정된 경우가 더 많았다. 때로는 유색인 자유민(예를 들어 특허권자, 국내 여권 소지자, 보호 증명서를 소지한 선원 등이 여기 포함되었는데)이 자신의 시민권을 확증하는 서류를 소지하고 다녔다. 이런 점에서 신원의 문서화와 등록은 개인을 공적으로 감시하는 시선에 노출시켰을 뿐만 아니라, 더 이상 다른 검증 수단에 의존할 수 없을 만큼 점점 더 복잡해지는 근대사회에서 시민으로 인정받기 위한 필수 조건이 되었다. 이러한 서류와 증명서가 없는 유색인 자유민은 그들의 권리를 보장할 준비와 능력을 갖춘 그 어떤 공동체로부터도 배제되었다. 이 중대한 역할은 또한 이 서류가 인간의 창의성을 구현하는 현장이 되기도 했다는 의미인데, 새로운 형태의 신원을 주조하여 새로운 자유의 공간을 열기 위해 자신을 겨냥한 국가 통제의 메커니즘을 뒤집어버린 것이다.

1818년에 메릴랜드주 동부 해안에서 프레더릭 오거스터스 워싱턴 베일리Frederick Augustus Washington Bailey라는 이름으로 태어난 더글러스는 1838년에 친구의 증명서와 선원복의 도움을 받아 노예생활에서 어렵사리 탈출했다. 이후 노예제 폐지운동의 대표적인 대변인이자 편집자이자 연설가로 명성을 얻고 나서도 더글러스는 자신의 탈출에 관해 상세한 내용을 굳이 밝히지 않았으니, 어디까지나 자신을 도와준 사람들과 자신의 탈출 경로를 똑같이 따라가려는 사람들 모두를 보호하기 위해서였다. 하지만 그로부터 40년 뒤에 발표한 「나의 노예제 탈출기My Escape from Slavery」(1881)에서 그는 남에게 빌린 "자유 문서"가 노예해방에 어떤 역할을 했는지 다음과 같이 설명했다.

그 서류에는 자유민의 이름, 연령, 피부색, 신장, 외모가 기재되어 있었으며, 흉터나 특징처럼 신원 확인에 도움이 될 만한 내용도 함께 적혀 있었다. 그런데 이런 장치는 어느 정도까지는 자승자박이었다. 왜냐하면 그런 일반적인 설명에 걸맞은 사람은 적어도 한 명 이상 찾을 수 있었기 때문이다. 그리하여 많은 노예가 한 가지 서류의 소유자인 것처럼 행세함으로써 탈출할 수 있었다. 그 과정은 보통 이렇게 이루어졌다. 어떤 서류에 나와 있는 설명에 거의 또는 충분히 걸맞은 노예가 그 서류를 무료나 유료로 빌린 다음, 그 서류를 이용해서 자유주(自由州)로 탈출한 뒤에 우편이나 다른 방법으로 원래 소유자에게 돌려준다. 이 작전은 서류를 빌리는 쪽은 물론이고 빌려주는 쪽에게도 위험천만했다. 도망자가 서류를 돌려보내지 못하면 빌려준 사람까지 위험해질 수 있었고, 엉뚱한 사람이 서류를 소지하고 있다가 적발되면 도망자와 그 친구 모두 위험해질 수 있었으니까. 따라서 유색인 자유민의 입장에서는 자신의 자유를 위험에 빠뜨리고 다른 누군가를 자유롭게 해주려는 그야말로 지고한 신뢰의 행위였다. 하지만 그런 일을 감행하는 경우는 드물지 않았으며, 오히려 적발되는 경우가 드물었다.

자유 문서를 가진 지인 중에는 더글러스와 충분히 닮은 사람이 없었기 때문에, 그는 결국 "자유 문서의 목적에 그럭저럭 부응하는 선원 보호증"을 이용하기로 작정했는데, 그 서류에 기재된 소지자의 특징 기재 내역조차 그와 딱 일치하지도 않았다.[19] 더글러스는 이 문서를 들고 북쪽으로 가는 기차에 올라 선원들이 쓰는 속어와 선박 생활에 관한 나름의 지식을 바탕으로 선원 연기를 했고, 차장이 흑인 승객들의 승차권을 받고 서류를 검사하러 객차에 들어왔다. 자신의 눈앞에서 펼쳐지는 이 의례를 지켜보는 동안 더글러스는 내심 흥분했지만, 차장이 객차 뒤쪽으로 걸어올 때까지 태연하게 냉정한 모습을 유지했다.

탈출 노예와 기차 차장의 만남은 잔혹과 투쟁, 용기와 결의의 장면을 통해 속박 상태에서 살다 죽은 사람들에 대해 증언하는 더글러스의 저술을 모두 통틀어 가장 극적인 일화라 할 만하다.

"자유 문서는 갖고 있겠지?" [차장이 말했다.―원주]

나는 이렇게 대답했다. "아닙니다, 선생님. 저는 바다에 나갈 때 자유 문서를 한 번도 가져간 적이 없거든요."

"그래도 자네가 자유민인 것을 보여주는 뭔가는 갖고 있을 게 아닌가, 안 그래?"

"예, 선생님." 내가 대답했다. "맨 위에 미국 독수리가 그려진 문서가 있는데, 이것만 있으면 세계 어디든 갈 수 있거든요."

나는 이 말과 함께 이전에도 말했던 선원 보호증을 선원복 주머니 깊숙이에서 꺼냈다. 그는 이 문서를 대충 살펴보고도 만족했고, 내게 요금을 받자마자 다른 업무를 보러 가버렸다. 이 순간이야말로 이제껏 내 경험 중에서 가장 불안한 순간이었다. 만약 차장이 그 문서를 면밀히 살펴보았더라면, 그 내용이 나와는 완전히 다르게 생긴 사람을 가리킨다는 사실을 틀림없이 알아차렸을 테고, 그랬다면 그 즉시 나를 체포해서 다음에 정차하는 역에서 볼티모어로 돌려보내는 일이 그의 의무가 되었을 것이니 (……) 나야 법망을 피해 달아나는 살인자는 아니었지만, 어쩐지 그런 범죄자만큼이나 비참한 느낌이었다.[20]

이 사건으로부터 겨우 몇 달 뒤에 집필된 『파르마 수도원』과의 유사성은 놀라울 정도이다. 예를 들어 타인의 여권, 들어맞지 않는 신체적 특성 기재, 발각될지 모른다는 두려움, 심지어 서류를 확인하는 관리의 무사안일까지도 말이다. 물론 맥락과 잠재적 결과는 크게 다르다. 가공인물 파브리스는 부와 특권을 누리는 상류사회에서 태어났다. 그의 탈출은 자기표현의 문제이자, 그릇된 방향으로 분투했던 본인의 문제일 뿐이다. 반면, 더글러스는 인종차별적 사회에서 가혹한 억압의 대상으로 태어났다. 그의 탈출은 자기보존과 자기표현에 참여하는 자유를 추구하는 문제였다. 노예해방에 관한 그의 수기는 정치적 대표권과 시민권으로부터 완전히 배제된 채 생산과 재생산[번식] 역량을 착취당하는 "벌거벗은 생명"의 상태로 그를 격하시킴으로써 인간성을 부정하는 사회에서 어엿한 인간 됨에 대한 나름의 지론에 정확히 근거한다. 이 수기는 더글러스가 국가권력의 상징을 전유하고, 이동의 자유라는 자신의 권리를 주장하며 시작된다.

자유는 돈으로 샀지만 여권은 사지 못하다

빌린 서류 덕분에 더글러스는 뉴욕에 도착한 다음 매사추세츠주의 뉴베드퍼드New Bedford로 갈 수 있었고, 그곳에서 자기 자신을 자유민으로 선언하고 월터 스콧Walter Scott 경의 서사시 『호수의 여인The Lady of the Lake』(1810)에서 유명한 성姓을 차용해 자신의 새로운 입지를 확언하려고 했다. 하지만 이후로 제아무리 명성을 떨치고 영향력 있는 친구를 사귀어도 더글러스는 어딜 가든지 도망 노예, 즉 잃어버린 재산에 불과했다가, 무려 9년 만에 자신의 자유를 돈으로 사서 이 끊임없는 위험에 비로소 종지부를 찍었다. 퓰리처상 수상작 『프레더릭 더글러스: 자유의 예언자Frederick Douglass: Prophet of Freedom』(2018)의 저자 데이비드 W. 블라이트David W. Blight는 최근 우리 시대의 "불법" 이민자의 상황을 도망 노예의 불안한 상황에 비유한다. "남북전쟁 이전 미국에서는 희망과 두려움이 사방에서 진군했는데, 오늘날 요르단의 난민 수용소에서, 리비아 해안을 떠나는 초만원 보트에서, 독일의 억류 시설에서, 히스로 공항의 국경 통제 검문소 대기줄에서, JFK 공항의 세관 대기줄에서 벌어지는 일도 이와 마찬가지이다." 심지어 지금까지도 이른바 보편적 인권은 오로지 국민국가의 시민에게만, 그것도 그 지위를 확증하는 적절한 문서가 있을 때에만 발생한다. 더글러스는 미국의 "합법적" 노예제도를 피해 2년 동안 대서양을 가로질러 강연 여행을 진행하며, 잉글랜드와 스코틀랜드와 아일랜드에서 공감하는 청중에게 노예제 반대운동을 옹호했다. 이 여행에서 그가 소지한 유일한 여권은 연설가로 높아진 명성뿐이었으며, 나중에 가서는 그의 회고록이자 노예제 폐지론을 다룬 논고인 『미국 노예 프레더릭 더글러스의 생애 수기 Narrative of the Life of Frederick Douglass, an American Slave』(1845)가 거둔 성공뿐이었다. 하지만 블라이트가 상기시키듯이, 그동안에는 "명성이나 경호원조차도 자칫 다시 붙잡혀서 노예로 돌아갈 위험에서 그를 보호해주지는 못했다."[21]

자유를 획득하고 한참 지난 후까지도 더글러스는 미국의 공식 여권을 발급받을 수 없었다. 1859년에 이 활동가는 미국에서 캐나다로 도피할 수밖에 없었고 이후 영국으로 갔는데, 존 브라운John Brown의 하퍼스페리Harper's Ferry 습격에 자금을 지원했다는 혐의로 체포될지 모른다는 두려움 때문이었다. 비록 그는 문제의 습격 계획이 그릇된 반란이라 여겨 결국 참여하지 않겠다고 거절했지만 말이다. 영국에 잠시 체류한 뒤에 그는 "프랑스를 방문하고 싶다는 오랜 열망"을 이루려고 노력했지만, 여권이 필요하다는 사실을 알게 되었다. 당시는 나폴레옹 3세Napoleon III를 노린 암살 시도(이탈리아 민족주의자 펠리체 오르시니Felice Orsini가 영국 급진주의자에게서 얻은 여권으로 1858년에 벌인 일이었다)가 벌어진 이후로, 프랑스 정부에서는 일시적으로 자국의 여권 제도를 더욱 엄격하게 집행하고 있었다.[22] 만일에 대비하기 위해서 이 여행자는 영국 주재 미국 공사에게 필요한 서류를 신청해보았다. 하지만 훗날 더글러스가 회고했듯이, "민주당의 전통에 걸맞게, 자국의 노예 소유 정책에 걸맞게, 미국 대법원의 판결에 걸맞게 그리고 어쩌면 본인의 쩨쩨한 성격에 걸맞게 민주당 소속 미국 공사인 조지 M. 댈러스George M. Dallas는 내가 미국 시민이 아니라는 이유로 여권을 발급해주지 않았다."[23]

그로부터 2년 전인 1857년 드레드 스콧Dred Scott 소송사건*의 대법원 판결에 따르면, 흑인은 자유민이든 노예든 "헌법에 나온 '시민'이라는 단어에 포함되지 않고, 포함되려는 의도도 없으며, 따라서 헌법이 미국 시민에게 제공하고 보장하는 권리와 특권 가운데 어느 것도 주장할 수 없다"고 했다. 여기서

---

* 흑인 노예 드레드 스콧(1795?-1858)은 노예제가 금지된 자유주에서 일정 기간 거주했음을 근거로 자신의 자유를 인정해달라는 소송을 제기했지만, 연방 대법원까지 상고했음에도 불구하고 '흑인은 시민이 아니다'라는 이유로 결국 패소했다.

말하는 권리와 특권에는 미국 여권을 소지하는 부분도 포함되어 있었다. 댈러스는 이 판결을 너무나도 기꺼이 실행에 옮겼던 셈이다. 더글러스는 미국 공사와 분쟁을 일으키는 대신, 영국 주재 프랑스 공사에게 편지를 보내 방문을 허락해달라고 요청해서 지체 없이 승인을 받았다. (하지만 당시 열 살이었던 딸 애니가 미국에서 긴 투병 끝에 사망했다는 소식을 들은 더글러스는 1860년 봄에 프랑스를 방문하려던 계획을 결국 취소하고 말았다.)

흑인과 백인의 닮은꼴 여권

여권 제도의 역사적 아이러니(실제로 여권이 필요한 주변인과 추방자에게는 발급이 거절되었던 반면, 여권 없이도 다닐 수 있어야 마땅하다고 생각하는 특권층에게는 불편과 짜증만 야기했으므로)는 미국이 내전으로 향하면서 더욱 두드러졌다. 1861년에 아메리카 남부연합Confederate States of America이 수립된 직후에 이 분리 정부는 여권 발급처를 설립하고 국내 여권 제도를 도입했으니, 남부 여러 주의 각지에 설치된 초소, 기차역, 진입로로 이루어진 교통망에서 병사와 민간인 모두 의무적으로 서류를 제시해야 한다는 내용이었다. "전시 여권 제도의 문제점은 노예를 통제하기 위해 병행한 수법과 이론상으로만 아니라 실제로도 비슷하다는 점이었다."[24] 이는 이스라엘의 역사가 야엘 A. 스턴헬Yael A. Sternhell의 설명이다. 남부의 남녀 노예는 오래전부터 대농장을 벗어날 때마다 소유주가 작성한 통행증을 소지해야만 했으며, 이를 위반하면 가혹한 처벌은 물론이고 심지어 사형까지 당할 수 있었다. 그런데 이제 남부 백인들도 자기네가 가축이라 여기던 자들과 마찬가지로 여행 서류를 신청해야만 했고, 이들 가운데 상당수는 이 새로운 제도가 "개인의 자유"를 성가시게 침해한다고 불평했고, 심지어 담당 관리들조차 그렇다는 사실을 인정할 수밖에 없었다. 나아가 백인 여행자가 소지하는 서류는 남부연합을 오가는 흑인이 소지하는 서류와 상당히 비슷해서, 이름과 목적지는 물론이고, 신장, 머리색, 눈동자 색, 피부색, 흉터 같은 신체적 특징 묘사까지 기재되기도 했다. 그리하여 스턴헬이 냉소적으로 고찰했듯이, "국내 여권 제도는 이 전쟁으로 인해 남부의 주인님들이 이동의 자유를 빼앗겼을 뿐만 아니라, 인적 자산의 이동을 통제할 자유조차도 빼앗겼다는 불편한 사실을 뚜렷이 부각시켰다."[25]

69세에 시민권의 상징인 여권을 발급받은 더글러스

이 문제에 대한 최종 발언은 프레더릭 더글러스가 남기는 편이 어울릴 것이다. 1886년 8월 24일, 이 상징적인 미국인은 두 번째 아내와 떠날 신혼여행을 앞두고 워싱턴 D.C.에서 여권 신청서를 작성하면서, 자신이 "메릴랜드주에서 태어났"고, 아울러 "미국의 태생적이고 충성스러운 시민으로 (……) 조만간 해외를 여행할 예정"이라고 맹세했다. 이 여행자는 특징 묘사 항목도 기입했고("나이는 69세, 신장은 6피트, 이마는 보통, 눈은 검정, 코는 오뚝함, 입은 보통, 턱은 턱수염, 머리카락은 회색, 피부색은 검정, 얼굴은 타원형") 기입란 사이 여백에 여행 동반자(백인 여성으로 노예제 폐지론자이자 여성 참정권 운동가인 헬렌 피츠Helen Pitts)의 신원을 밝히기 위해 "아내"라고 적었다. 이 서류에는 여권 발급 담당관 뉴턴 베네딕트Newton Benedict의 확인 서명이 두 번이나 들어 있지만, 신청자의 시민권을 확증하는 진술서나 보증서는 이때 이미 불필요해진 것으로 보인다. 당시는 미국 헌법 수정 조항 제14조로 인해 드레드 스콧 판결이 폐기되고 미국에서 태어난 (과거의 노예와 아메리카 인디언까지 포함한) 모든 사람에게 시민권을 부여하게 된 지 20년 가까이 지난 상황이었다. 게다가 워싱턴 D.C.의 여권 발급처의 담당관 앞에 서 있는 키가 크고 두드러진 외모의 이 신사야말로 이제는 대서양 양쪽에서 유명한 인물이었다. 더글러스는 미국 흑인의 권리를 위해 거의 반세기 동안 싸워왔으며, 그 과정에서 노예제 폐지야말로 남북전쟁의 목표가 되어야 마땅하다고 에이브러햄 링컨Abraham Lincoln을 설득하는 데 도움을 주기도 했다.

제3장

[FORM FOR NATIVE CITIZEN.]

No. 7743   Issued Aug. 24 1886

UNITED STATES OF AMERICA.

State of District of Columbia
County of Washington } ss.

I, Frederick Douglass, do swear that I was born in the State of Maryland, on or about the month day of February, 1817; that I am a **Native and Loyal Citizen of the United States**, and about to travel abroad.

Sworn to before me this 24th day
of August, 1886.   Fredk Douglass

       Newton Benedict
            Notary Public.
         Passport Clerk

I, ..., do swear that I am acquainted with the above-named ...., and with the facts stated by ...., and that the same are true to the best of my knowledge and belief.
Sworn to before me this .... day
of ...., 18 .

....
Notary Public.

DESCRIPTION OF Frederick Douglass

Age, 69 years.   Mouth, medium
Stature, 6 feet ..... inches, Eng.   Chin, beard
Forehead, medium   Hair, gray
Eyes, dark   Complexion, dark
Nose, prominent   Face, oval

I, Frederick Douglass, do solemnly swear that I will support, protect, and defend the Constitution and Government of the United States against all enemies, whether domestic or foreign; and that I will bear true faith, allegiance, and loyalty to the same, any ordinance, resolution, or law of any State, Convention, or Legislature to the contrary notwithstanding; and further, that I do this with a full determination, pledge, and purpose, without any mental reservation or evasion whatsoever; and further, that I will well and faithfully perform all the duties which may be required of me by law: So help me God.

                              Fredk Douglass
Sworn to before me this 24th day of August, 1886.
           Newton Benedict

Applicant desires passport sent to following address :

도판 8. 프레더릭 더글러스의 1886년 여권 신청서.

근대 국가와 근대의 시민

실제로 19세기의 마지막 수십 년 동안 유럽 전역에 여권 강제가 약해지고 여행의 황금기가 시작되면서, 더글러스와 피츠는 여권에 구애 없이 여행을 떠날 수 있었다. 『순진한 사람들의 해외 여행기The Innocents Abroad』(1869)에서 마크 트웨인Mark Twain도 자신과는 닮은 데 없는 신체 특징 묘사가 기재된 남의 여권을 빌려서 여행했던 경험을 은근히 재미있어 하면서 설명한다. 남북전쟁 퇴역 선박을 타고 세바스토폴Sebastopol 항구에 가까워질 무렵, 그는 러시아 공무원에게 발각되어 즉결 처형을 당하는 상상을 하면서 "두려움과 떨림"으로 가득 찬다. 하지만 막상 도착하자마자 그는 "내 진짜 여권은 내내 머리 위에서 쾌활하게 휘날리고 있었다"는 사실을 깨닫는다. "보라, 그건 바로 우리 국기였다. 그들은 다른 건 전혀 요구하지 않았다."[26] 하지만 그로부터 15년이 더 지난 뒤에도 더글러스에게는 여권이 여전히 중요했다. 『프레더릭 더글러스의 생애와 시대The Life and Times of Frederic Douglass』(1892)에서 이 위대한 인물은 유럽으로 신혼여행을 준비하면서 여러 해 전의 일을 여전히 고통스럽게 회고했다. 조지 M. 댈러스는 "내가 미국 시민이 아니며, 또한 될 수도 없다는 이유로 여권 발급을 거절했다. 그 사람은 이미 사망했고 거의 잊혔으며, 나 역시 장차 그러할 것이다. 하지만 나는 어디에서나 미국 시민으로 인정받는 내 모습을 보기 위해서 이제껏 살아왔다."[27] 1886년에 더글러스가 난생처음으로 발급받은 여권은 힘들게 얻은 바로 그 지위를 확인하는 또 다른 증거였다.

여권이 여행의 필수품이라기보다 시민권의 상징이라는 사실조차 더글러스가 느끼는 자유를 조금도 해치지 못했다. 여권을 발급받은 과정을 서술한 다음, 그는 자신의 오랜 방랑벽에 대해서 감동적으로 썼다. "나는 어린 시절에도 여행에 대해 별난 꿈이 있었다. 노예 시절부터 남들에게 듣고, 책에서 읽었던 유명한 장소들을 언젠가는 반드시 보겠다고 생각했다."[28] 이제 새로운 배우자를 동반하고, 아울러 새로운 서류까지 소지한 그는 마침내 자신만의 그랜드투어를 시작하게 되었다. 더글러스는 여권 신청서에 목적지를 적는 항목을 빈칸으로 남겨 놓았는데, 이는 그 서류를 사용하지 않으려 한다기보다는, 오히려 여행 일정이 가변적이었기 때문이다. 그는 여러 해 전에 미국 공사 때문에 겪었던 실망을 다시 한 번 회고하면서 이렇게 썼다.

내가 더욱 만족스러웠던 까닭은 단지 프랑스를 방문해서 파리의 생활에서 뭔가를 볼 수 있도록 허가받았기 때문만은 아니었다. 찬란한 도시의 거리를 걷고, 매력적인 미술관에서 며칠 또는 몇 주를 보낼 뿐만 아니라, 장차 나의 여행을 다른 나라로 확장해 다른 도시를 방문할 수도 있게 되었기 때문이다. 이집트를 구경하고, 그곳의 가장 높은 피라미드 꼭대기에 올라가고, 옛 멤피스(Memphis)의 유적 사이를 걷고, 파라오의 죽은 눈을 들여다보고, 3000년 전에 이집트의 노동자들이 연마한 화강암 무덤의 매끄러움을 느껴볼 수도 있게 되었기 때문이다.29

더글러스는 파리에서 이집트 피라미드까지, 즉 당시로부터 거의 한 세기 뒤에 미라로 만들어진 람세스 2세의 유해와는 정반대 궤적으로 디종Dijon, 리옹Lyon, 아비뇽Avignon의 교황청을 거쳐 마르세유Marseille와 아를Arles의 원형극장을 방문했다. 그는 니스Nice와 제노바까지 동쪽으로 가다가 남쪽의 피사Pisa로 방향을 돌려 그곳의 사탑을 방문했다. 다음으로는 로마로 가서 건축물과 가톨릭교회의 종교의식 모두를 바라보며 감탄했다. 그는 베수비오산Monte Vesuvio과 나폴리를 보고, 배를 타고 수에즈 운하Suez Canal를 지나 카이로에 도착해서 파라오의 땅에 들어섰다가, 다시 이탈리아, 프랑스, 영국을 거쳐 고국으로 향했다. 『프레더릭 더글러스의 생애와 시대』에서 그는 여행이 그에게 어떤 영향을 끼쳤는지 생생하게 묘사한다. 그는 도시와 마을, 포도밭과 농장의 배치를 근거로 근대 유럽의 문화적 지리를 고찰했고, 성벽으로 둘러싸여 요새화된 도시와 유서 깊은 수도원과 성에 드러나는 과거의 충돌에 대해서 숙고했다. 또한 그는 남쪽과 동쪽으로 이동하면서 지역민의 용모와 피부색이 어떻게 변화하는지 관찰했고, 지중해 양쪽에 사는 사람들의 공통적 관습에 주목했다. 그러면서 자신이 구세계에서 본 것과 자신이 무척이나 잘 아는 미국의 이상, 가치, 야심과 거듭 비교했다. 그는 고대 이집트 문화의 경이로움과 신앙심 깊은 근대 무슬림들의 생활에 대해서 사색했다. 하지만 더글러스는 두 번 다시 자신의 여권에 대해 언급하지 않았다.

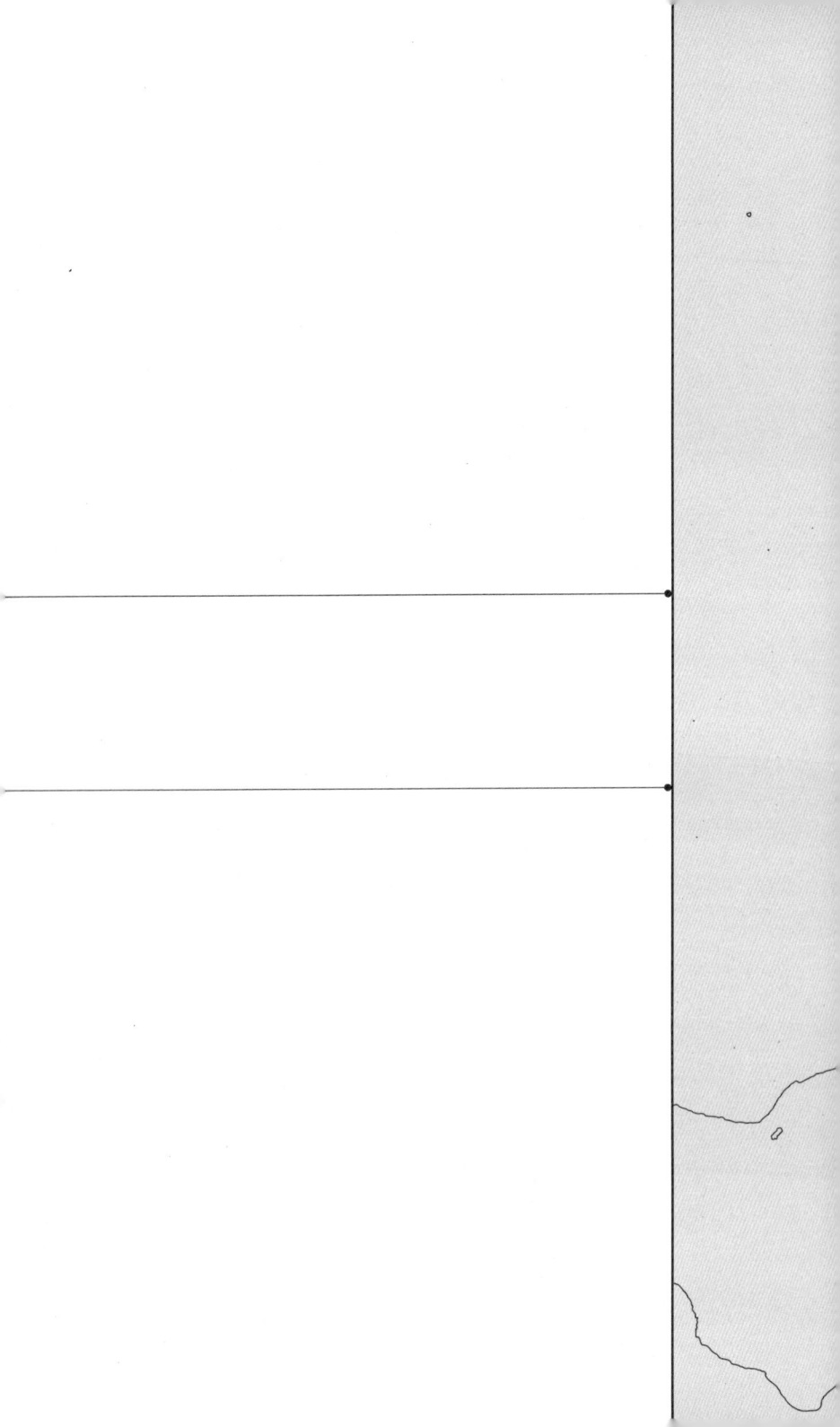

제2부

현대식 여권의 등장

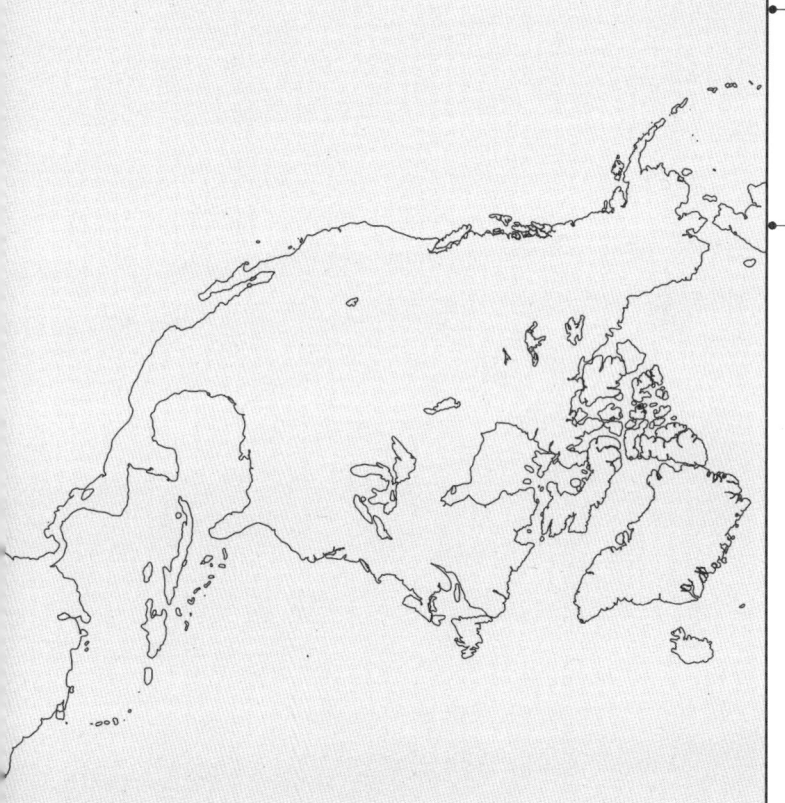

제4장

모더니스트와 투사

방랑자이자 망명자이며 난민인 제임스 조이스의 여권

갖가지 기묘한 세부 사항으로 가득 차 있는 방대한 모더니즘 소설 『율리시스^{Ulysses}』(1922)에 나온 한 가지 기묘한 세부 사항으로 이야기를 시작해보자. 이 소설은 1904년 6월 16일 더블린에서의 하루를 온갖 사소한 묘사로 무려 700페이지가 넘게 늘어놓고 있다. 그러니 이 책의 마지막 행까지 도달한 독자는 (물론 단번에 성공하는 독자는 극소수에 불과하지만) 갑자기 아일랜드의 수도로부터 한참 떨어진 지명이 등장하는 판권지를 발견하면 깜짝 놀랄지도 모른다. "트리에스테–취리히–파리, 1914-1921년." 이 간략한 여정에는 의외로 쏠쏠한 데가 있는데, 달리 보자면 작가의 세계시민주의 자격을 광고한다고 여길 수도 있다. 제임스 조이스는 이 걸작을 작업하는 7년이라는 길고도 다사다난했던 세월 동안 제목에서 가리키는 호메로스Homeros 서사시 『오디세이아Odysseia』의 주인공 오디세우스Odysseus와 매우 비슷한 방랑자였으며, 차이가 있다면 그가 소설에서 그토록 강박적으로 그려낸 더블린으로 두 번 다시 귀향하지 않았다는 점뿐이다. 『율리시스』 말미에 언급된 외국 도시들은 이 소설이 집필된 장소인데, 한때나마 자발적인 망명자였던 조이스는 제1차 세계대전 동안 의도치 않게 난민이 되었다가 마침내 국제적인 회합의 장소인 프랑스 수도에서 새로운 거처를 발견했기 때문이다.

이 획기적인 소설의 막바지에 지명과 연도로만 암시된 내용이, 조이스의 여권에는 국가 기록과 정부 관리의 권위를 통해 세부적으로 나와 있다. 이 여권은 조이스가 갓 꾸린 가족과 함께 트리에스테에서 탈출한 직후, 1915년 8월 10일자로 취리히 주재 영국 영사관에서 받은 것이었다. 어느 국가에 충성하는지 불분명한 외국인이었던 조이스는 당시 오스트리아—헝가리 제국의 일부였던 항구도시 트리에스테에서 더 이상 환영받지 못했으니, 마침 이탈리아가 삼국동맹에서 탈퇴하여 참전했기 때문이다. 교전이 시작된 처음 몇 주 동안 유럽 전역의 국민국가들은 시민과 비시민, 국민과 외국인 모두의 이동을 더욱 원활하게 규제하기 위해 유사시의 임시 대응책인 여권 통제를 재

도판 9. 조이스 가족의 1915년 여권.

도입했다. 조이스가 소지한 전시 서류(여권 번호 557)는 가로 34센티미터, 세로 54센티미터 크기에 하얀색과 분홍색이 가미된 양면 종이로, 이걸 접어서 생긴 칸 10개에는 다양한 비자와 갱신 날인이 여러 가지 색깔로 잔뜩 찍혀 있었다. 이 여권은 그의 부단한 이동과 왕성한 창작력의 세월에 관한 이야기며, 예술적 초연함을 위해 쾌적한 장소를 찾아내려는 그의 노력에 관한 이야기일 뿐만 아니라, 전시의 위험과 파괴에 대한 이야기이기도 하다. 이 여권과 더불어 그는 여러 국가에서 온갖 관료주의적 관리 절차를 통해 가족의 개인적인 소재를 등록하고, 국적을 확증하라는 지속적인 요구를 받았다.

개인의 자율성과 국민국가의 주권 사이의 갈등은 이 여권의 모든 칸에 뚜렷하게 나타난다. 물론 이 서류에는 이제는 친숙한 연령(33세), 출생 장소 및 날짜(1882년 2월 2일 더블린), 신장(5피트 10인치), 이마(보통), 눈(파란색), 코(보통), 입(보통), 턱(타원형), 머리색(짙은 갈색), 피부색(하얀색), 얼굴(타원형) 같은 표준적인 "소지자 특징 묘사"가 포함되어 있다. 하지만 이때는 1914년 8월 7일자로 '영국 국적과 외국인의 지위에 관한 법British Nationality and Status of Aliens Act'이 통과됨으로써 (영국은 그로부터 사흘 전에 참전했다) 여권에는 소지자와 이 여권의 보호 하에 여행하는 모든 가족 구성원의 사진을 의무적으로 실어야 했다. 오늘날 여권 사진은 엄격하게 표준화되어 있지만, 초창기인 당시까지는 절묘한 복식과 또 다른 형태의 개성적인 차림새나 연출을 할 기회가 있었다. 문제의 여권에는 조이스의 흑백사진이 부착되어 있는데, 코안경을 착용하고 (그는 "기타 특이사항"을 기입하라는 추가 특징 묘사 항목에 "안경 착용"이라고 적었다), 좁고 가지런한 콧수염을 기르고, 자못 진지해보이면서도 뭔가 멍한 표정을 짓고 있다. 조이스의 이 사진에서 가장 특징적인 모습을 보자면, 그의 망가진 중절모는 "소지자 특징 묘사"에서 "직업" 항목에 그가 적은 "영어 교사"에 더욱 적합하게 전체적으로 초라한 뭔가를 암시한다. (그는 트리에스테에서 영어 교습으로 가족의 생계를 유지했다고, 또는 유지하려 노력했다고 전한다.) 이 모자는 고도로 실험적인 (아울러 머지않아 격렬한 논쟁을 몰고 올) 모더니즘 소설을 발표할 야심만만한 작가라기보다는, 마치 그의 "보통"의 이마, 코, 입처럼 보다 평범한 뭔가를 암시하는데, 어쩌면 당국 영사관이나 국경 관리들의 불필요한 주목을 끌지 않기 위해서일 수도 있다.

여성이 자신의 여권을 가질 수 없던 시대

조이스의 여권 사진을 우리가 어떻게 이해하든, 이 서류의 정치적 성차별은 너무나도 명백하다. 가장인 남편이자 아버지는 독사진이고, 맞은편 칸의 단체사진에 옹기종기 모여 있는 아내와 아이는 마치 여행 중인 남성에게서 붙였다 떼었다 할 수 있는 장식품이라도 되는 듯하다. 이 단체사진에서 노라 조이스Nora Joyce와 두 아이 루치아Lucia와 조르조Giorgio는 각자 가장 좋은 옷과 멋진 모자를 착용하고 있다. 안경을 쓴 남자아이의 평온한 표정은 마치 맞은편 칸에 있는 아버지를 따라하는 듯하다. 이 가부장적 배치는 이 서류의 첫 칸에 새겨진 "여권 규정"에 의해 강화되었으니, 거기에는 "기혼 여성은 남편이 속한 국가의 국민으로 간주한다"고 나와 있다. 이때만 해도 여성이 자신의 여권을 소지하는 경우는 매우 이례적이었고, 어떤 경우든 기혼 여성이 남편 없이 여권을 사용할 수는 없었다. 하지만 이 여권이 "제임스 조이스 씨와 아내 노라 조이스 씨" 앞으로 발급되었다는 사실은 더 많은 사실을 암시하는데, 왜냐하면 관습에 얽매이길 지독하게 싫어한 제임스와 그에게 열성적으로 충성했던 노라는 사실 이때까지만 해도 결혼하지 않은 상태였기 때문이다. (두 사람은 1931년에야 비로소 법적으로 부부가 되었는데, 어디까지나 그녀의 재산 상속을 보장하기 위해서였다.) 조이스가 발급받은 가족 여권은 사회적 관습에 양보했다기보다는, 여행 서류를 획득하지 못할 수도 있던 시절에 관료주의적 편의의 문제였다. 더불어 여권을 하나만 발급받아서 개당 5실링이었던 발급 비용도 아낄 수 있었는데, 몇 년째 하루 벌어 하루 살던 이들 가족에게는 감지덕지한 일이었다. (이 여권은 2011년에 소더비 경매에서 무려 6만 1250파운드, 즉 9만 6000달러에 판매되었다.)

전쟁의 발발과 취리히에 모여든 망명자들

물론 1915년에 여권은 단순한 개인 신원이나 가족 위계의 확증 이상의 역할을 했다. 19세기부터 계속해서 치솟던 민족주의의 상승 조류가 전쟁의 발발과 함께 절정에 도달한 까닭에 여권은 국가의 공동체적 연대감을 주장하게 되었다. 교전 상대인 양국 모두 서로가 문명화되고 올바르고 비난의 여지가 없는 생활방식을 위협한다고 여겼다. 새로운 여권 제도는 더욱 침해적이고 포괄적인 서류라는 감시 수단으로 국경을 그 어느 때보다도 더 뚜렷하게 그려냄으로써 이른바 "우리"와 "그들"이라는 적대적인 사고방식이 지배한 이 시대에 기여했다.

여기서 또다시 조이스의 여권은 아담한 크기와 표준화된 형식을 통해 우리의 기대보다 더 미묘한 이야기를 전한다. 이 소설가는 "영국 태생의 국민"이자 "더블린" 출신이라고 신분을 맹세하고 나서야 비로소 여권을 얻을 수 있었던 것이다. 하지만 아일랜드 민족주의자들은 오래전부터 영국의 지배가 아일랜드인의 이익에 유해하다고 주장해왔으며, 1915년 여름에는 더블린을 중심으로 무장 봉기 계획을 세우고 있었다. 이 계획에는 추가적인 유인도 제공되었으니, 바로 영국 정부가 아일랜드에도 징병제를 도입해 젊은 아일랜드인을 참호로 보내서 영국의 대의를 위해 싸우다 죽게 만들지도 모른다는 두려움이었다. 조이스 가족의 여권 유효기간 중에 1916년의 부활절 봉기Easter Rising, 1918년의 분리주의 아일랜드 의회 구성, 1919년의 아일랜드 독립 전쟁Irish War of Independence과 이를 마무리하는 1921년의 영국-아일랜드 조약Anglo-Irish Treaty, 아일랜드 자유국Irish Free State의 수립이 있었다. 실제로 이 여권의 유효기간이 (무려 네 번의 갱신 끝에) 마침내 만료된 1923년 여름, "아일랜드"(아울러 더블린에서 태어난 사람들 모두)는 더 이상 "영국인"으로 간주되지 않았다.

모더니스트와 투사

조이스는 그 여권을 발급받기 10여 년 전에 처음으로 유럽으로 향했는데, 무엇보다 영국 제국주의와 아일랜드 민족주의의 이름으로 조국에 부과되던 사회적·문화적 제약으로부터 도망치기 위해서였다. 취리히에서 그는 유럽 전역에 만연한 폭력으로부터 피난처를 찾았을 뿐만 아니라, 예술적·정치적 국외자들의 공동체도 찾았는데, 이 공동체는 『율리시스』의 복잡하게 조직화된 구조와 조화를 이루는 배경 소음을 제공해주었다. 이러한 세계시민주의적인 환경은 톰 스토파드Tom Stoppard의 1974년 희곡 『희화화Travesties』에서 불손한 후각으로 포착되는데, 이 작품에서 조이스는 호반도시 취리히에 모여든 "갖가지 난민, 망명자, 스파이, 무정부주의자, 예술가, 급진주의자" 사이에 끼어 있다.[1] 이 희곡의 등장인물 중에는 이 아일랜드 소설가 외에도 러시아의 정치 이론가이자 혁명가인 블라디미르 레닌Vladimir Lenin과 루마니아의 다다이즘Dadaism 창시자인 트리스탕 차라Tristan Tzara도 포함되어 있지만, 정작 스토파드는 또 다른 중요한 인물을 빠트리고 말았으니, 그 사람은 상징적인 카페 오데옹Café Odeon에서 조이스와도 한 번 만난 적이 있는 오스트리아의 저명한 작가 슈테판 츠바이크Stefan Zweig였다. 오스트리아 정부에서 발급한 전시 여권으로 여행하던 츠바이크는 본격적인 반전反戰 희곡 『예레미야Jeremias』(1917)의 초연을 위해서 취리히에 머물고 있었는데, 이 작품은 중립국에서 일종의 민족문화 대리전을 벌이는 데 기여했다. 그 와중에 조이스는 영국 여권을 소지하고 있었기 때문에 영국 영사로부터 군 복무를 신청하라는 압력을 점점 더 많이 받았다. 이 때문에 머지않아 그가 충성을 예증하기 위해 또 다른 방법을 강구했지만 정작 그를 담당한 외교관들을 달래지도 못했으며, 나중에 가서는 『희화화』에서 상당한 웃음거리만 되었다. 왜냐하면 그는 취리히에서 극단을 설립하는 일을 돕기로 했는데, 명목상으로는 영국 희곡(아울러 친영 프로파간다)을 전적으로 다루겠다고 했지만, 이 극단 '영국 배우들The English Players'의 첫 공연은 아일랜드 극작가 오스카 와일드Oscar Wilde가 영국 빅토리아 시대의 사회상을 겨냥하여 영리하게 풍자한 『진지함의 중요성The Importance of Being Earnest』(1895)이었기 때문이다.

가발을 쓰고 턱수염을 민 레닌의 여권 사진

조이스가 전쟁 시기의 내부적 정치 대립을 피해서 (1918년에 본인이 선언했듯이 "모든 국가에 대항"하여 예술가의 소명을 추구할 수 있는 국가를 찾아) 취리히로 왔다면, 그의 동료 망명자인 레닌은 러시아 정치계로 의기양양하게 복귀할 준비를 하러 온 경우였다. 하지만 국가의 역할과 민족주의의 영향에 대한 이들의 태도는 생각만큼 상이하지 않았다. 조이스는 아일랜드에 살던 시절부터 사회주의에 공감대를 형성하고 발전시켰으며, 유럽 대륙 생활 초기에도 계속해서 유지해왔다. 그가 사회주의에 대한 명목상의 관심을 버린 뒤에도 아일랜드 역사의 변화를 대하는 그의 태도는 여러 해 동안 계속해서 사회주의적 발상을 따랐다. 그동안 레닌은 공동의 대의를 중심으로 여러 국가를 하나로 모을 프롤레타리아 운동을 위하여 국가의 장벽을 허물고 국가의 차별(레닌은 이를 마치 조이스가 했음직한 표현으로 "반동적 민족주의의 속물근성"이라고 지칭했다)을 근절하자는 국제사회주의적 관점을 제안했다. 스위스에서 레닌은 조이스만큼 열심히 글을 썼으며, 『제국주의, 자본주의의 최고 단계Imperialism, the Highest Stage of Capitalism』(1917)라는 논고와 수십 편의 기사와 에세이를 내놓으며, 제1차 세계대전을 야기하고 계급 지배를 영속시키는 과정에서 자본주의 경쟁과 부르주아 국민국가의 역할을 비판했다. 이 글들을 가명인 '레닌'(그의 본명은 블라디미르 일리치 울리야노프Vladimir Ilyich Ulyanov였다)으로 저술하며 정치 활동을 했는데, 여러 역사가들은 이 혁명가가 시베리아 동부에서 3년간의 유형을 마치고 1900년에 처음으로 러시아를 탈출할 때 소지했던 여권에서 이 가명이 비롯되었다고 본다.

  1917년 초에 러시아의 차르 니콜라이 2세Nicholas II가 권좌에서 물러나는 2월 혁명으로 임시정부가 수립되었다는 소식을 접한 레닌은 러시아로 돌아가서 볼셰비키의 지휘권을 장악하고 싶어 안달했다. 하지만 전쟁으로 인해 스위스에서 귀국하는 경로는 모두 막힌 상태였다. 궁지에 몰린 레닌은 위조 여권이나 도난당한 스웨덴 여권을 입수해 불필요한 시선을 끌지 않으면서 북쪽으로 독일을 거쳐 스웨덴으로 들어가는 것만이 최상의 행동 계획이라고 판단했다. 하지만 그는 스웨덴어를 전혀 할 줄 몰랐기 때문에, 국경 경비대에게 자신이 누군지 설명할 전략이 필요했다. 그리하여 레닌은 스톡홀름에 있는 동지에게 편지를 써서, 자신과 볼셰비키 보좌관인 그리고리 예브세예비치 지노비예프Grigory Yevseyevich Zinovyev와 닮은 스웨덴인 청각 장애인 두 명을 찾아내서 여행용 여권을 발급받아 달라고 부탁했다. 이 계획이 궁극적으로 불가능하다거나 터무니없다고 간주되었기 때문인지 모르겠지만, 레닌과 다른 여러 반정부 인사들은 애초의 계획 대신 "봉인 열차Sealed train"를 타고 전쟁 중인 독일을 비밀리에 지나서, 결국 페트로그라드Petrograd(현 상트페테르부르크St. Petersburg)에 있는 핀란드역Finland Station에 도착했다. 귀국한 망명자는 바로 그 자리에서 볼셰비키 지지자들을 향해 선동적인 그리고 머지않아 악명을 얻게 된 연설을 했는데, 제국주의적 야심을 품은 임시정부를 비난하고, 충성스러운 사회주의자들이 국제 프롤레타리아 혁명을 시작해야 한다고 호소했다.

하지만 레닌은 이후로도 가짜 여권으로 여행을 해야 하는 상황에 맞닥뜨렸다. 1917년 7월, 군인과 농부와 노동자의 무장 시위가 연이어 일어난 이후, 임시정부에서 간부 다수를 체포하고 레닌의 혐의를 발표하는 등 볼셰비키를 탄압하기 시작했기 때문이다. 생명의 위협을 느낀 볼셰비키 지도자는 서둘러 체포를 피할 계획을 세웠다. 그는 한밤중에 몰래 숲을 지나서 러시아와 핀란드 국경 근처의 작은 기차역으로 갈 예정이었다. 거기서 기차 화부로 가장하여 국경을 넘어 안전 가옥으로 향하려고 했다. 이 계획에는 "콘스탄틴 페트로비치 이바노프Konstantin Petrovich Ivanov"라는 가명으로 레닌을 숨겨줄 가짜 여권이 필요했으며, 창의적인 변장도 필요했다. 그의 유명한 대머리를 감추기 위해 가발과 노동자 모자를 썼고, 특유의 뾰족한 턱수염을 없애기 위해 면도까지 했던 것이다. 이 계획은 그해 봄에 취리히를 떠나려고 했을 때 그가 제안했던 또 다른 계획을 연상시킨다. 당시 레닌은 공모자에게 영국 여행에 필요한 서류를 구해달라고 부탁했다. 그러고 나면 자신이 가발을 쓰고 서류에 들어갈 사진까지 촬영해서 베른 주재 영사관에 가서 제출하면서 그 계획을 마무리하겠다는 것이었다. 이제 이와 유사한 계획을 실행할 때가 되자 레닌은 적절한 가발을 구하러 무대 분장 전문가를 찾아갔지만, 이 혁명가를 실제보다 훨씬 더 나이 들어 보이게 하는 은회색 가발 말고는 없었다. 가발 제작자는 고객의 외모가 오히려 못해보인다며 가발을 팔지 않으려고까지 했다. 하지만 레닌은 가발 덕분에 자신의 신원이 더 잘 감춰져서 기뻐했다. (물론 그는 가발의 용도를 가발 제작자에게 밝힐 수는 없었지만 말이다.) 그 효과는 놀라울 정도였다. 변장한 혁명가의 여권 사진은 현존하는 레닌의 턱수염 없는 유일한 사진으로, 사실상 그를 알아볼 수조차 없게 만들었다. 극성스럽고 박식한 볼셰비키 지도자가 아니라 오히려 (단 한 번뿐이었지만) 그가 그토록 열성적으로 대변했던 수수한 프롤레타리아의 일원으로 보였기 때문이다.

여권 사진과 국가권력의 이동 통제

사진은 여권을 더욱 강력한 국가 감시와 통제의 도구로 만들었다. 앞서 보았듯이 전쟁 발발 이후에 첩보, 선동, 방해 행위를 우려하여 여러 국가에서 사상 최초로 여권 소지자의 사진을 의무화했다. 베를린 주재 미국 대사관에서 훔친 미국 여권을 이용해서 영국으로 건너간 독일의 스파이 카를 한스 로디Carl Hans Lody를 체포한 이후, 영국도 모든 여권에 사진을 의무화하는 조치를 내렸다. 신원을 확증할 사진이 없는 서류(원래는 찰스 A. 잉글리스Charles A. Inglis라는 미국인에게 발급되었는데)의 신체 특징 묘사가 스파이와 충분히 맞아떨어져서 당국도 그만 속아 넘어갔던 것이다. 사진으로 말하자면, 기술이 발명된 직후인 1840년대부터 이미 범죄자의 신원을 확인하는 데에 사용되었으며, 당시에 이르러서는 여권과 여권 소지자를 더욱 확실하게 연관시킬 수 있다고 간주한 까닭에 전쟁 지원에도 사용되었다. 수전 손택Susan Sontag과 프리드리히 키틀러 Friedrich Kittler 같은 영향력 있는 매체 이론가들이 강조했듯이, 사진 이미지는 빛에 노출된 신체의 상像을 필름 위에 물리적으로 각인시킴으로써 개인을 표상할 뿐만 아니라 그 표상을 '보장한다'고 간주되었기 때문에 한때 절대적이라 할 만큼 신뢰를 얻었다. 예를 들어 의상과 가발 등으로 변장한 레닌의 이미지는 사진에 대한 믿음이 어떻게 이용당할 수 있는지 보여준다. 실제 인물이 여권 사진과 맞아떨어지기만 하면 당국도 굳이 의심하지 않았던 것이다. 따라서 사진이 여행 서류에 통합된 것이야말로 이런 물체가 (비록 전적으로 틀림없지는 않지만) '객관적인' 신원 확인 수단으로 간주했음을 뜻했다. 심지어 사진은 그 소지자를 졸지에 상징적이고 관료주의적인 통제 모두를 허락하는 '물체'로 변모시킨다고도 이해될 수 있었다.

우리가 잘 알고 있듯이, 제1차 세계대전 당시 유럽과 북아메리카 전역에 강제된 비상 통제 조치는 전쟁이 끝난 이후에도 사라지지 않았고, 당시와 흡사한 형태로 오늘날까지 우리 곁에 남아 있다. 분명히 여권은 국가권력이 어떤 동기로든 개인의 신원을 확인하고 이동을 감시하는 주된 도구로 전 세계에 빠르게 자리매김했다. 심지어 전후 조약으로 유럽의 지도가 다시 작성되는 와중에도, 영국과 독일은 자국 영토의 출입국을 통제하기 위해 전쟁 때의 조치를 신속히 확장했다. 미국은 전쟁이 끝나기 얼마 전에 (여행 통제법Travel Control Act 또는 여권법Passport Act이라고도 알려진) 전시 조치법Wartime Measure Act이 통과되면서, "유효한 여권을 소지하지 않은 미국 시민이 미국에 입국하거나 출국하는, 또는 출입국을 시도하면 불법"으로 간주했다.[2] 전쟁 직후에 미국은 전시의 여권 규제를 연장하는 한편, 입국할 수 없는 이주자의 출신 국가 목록을 확장함으로써 국제적인 노동 이주에 새로운 장벽을 세웠다.

이처럼 유사시 조치를 평시까지 확대함으로써 유럽과 북아메리카 정부는 새로운 권력의 무기고를 얻게 되었으며, 관료들도 이를 서슴없이 이용했다. 예를 들어 1918년 11월 휴전 협정 직후에 미국전국인종회의National Race Congress of America와 만국흑인진보연합Universal Negro Improvement Association, UNIA은 미국 흑인이 처한 곤경에 전 세계의 이목을 집중시키기 위해 파리평화회의Paris Peace Conference에 참석할 대표단을 선출했다.[3] 하지만 머지않아 이들 단체는 군사정보부MID의 수사 대상이 되었고, 급기야 국무부는 이들 대표단 모두의 여권 발급을 거부했다. 이후 연구에서 예증된 바에 따르면, 여권 발급을 거부한 정확한 이유는 이들 조직이 회담에서 "흑인 문제"를 제기하지 못하게 막기 위해서였다. 만약 그런 문제가 제기되면, 국제 중재자 역할을 맡은 미국 대통령 우드로 윌슨Woodrow Wilson이 굴욕을 당할 수밖에 없기 때문이었다. 이때 저지당한 대표단에는 탐사 언론인이자 민권운동 지도자인 아이다 B. 웰스바넷Ida B. Wells-Barnett도 있었다. 그녀는 미국에서 벌어지는 린치 행위에 이목을 집중시키려고 1890년대에 영국에서 순회강연을 다녔는데, 당시에는 여권이 없어도 해외여행을 갈 수 있었다. 그런데 이제는 여권이 없으니 자국을 떠날 수가 없었다. 심지어 사회학자이자 『흑인의 영혼The Soul of Black Folk』(1903)의 저자인 (아울러 전미유색인지위향상협회National Association for the Advancement of Colored People, NAACP의 공식 간행물인 《크라이시스Crisis》에 회담 소식을 게재할 예정이었던) 유명 작가 W. E. B. 듀보이스W. E. B. Du Bois조차도 마찬가지여서, 당시 전쟁장관의 흑인 문제 특별 보좌관으로 미국 정부에서는 가장 높은 직위를 차지한 흑인이었던 에밋 스콧Emmett Scott의 중재로 막판에 가서야 간신히 여권을 발급받았다.[4]

지드, 릴케, 파운드 등 예술가와 지식인들 분개하다

파리평화회의에서 윌슨 대통령이 내놓은 제안 가운데 국제연맹League of Nations을 창설하는 일이 무엇보다 중요했다. 국제연맹의 최초 결의 가운데 하나는 1920년 10월에 여권과 통관절차 및 철도 통과증을 위한 파리 회담Paris Conference on Passports

& Customs Formalities and Through Tickets을 개최하는 것이었다. 유럽의 다른 조직들이 전시 여권 조치가 지속되는 상황을 비난하며 이동의 자유를 되찾자고 주장했지만, 국제연맹은 여권과 그 처리에 국제 표준을 마련함으로써 여권 제도를 규정짓는 데 박차를 가했다. 모더니스트들은 비공식 모임에서 사적인 편지로 이를 불평했다. 프랑스 소설가 앙드레 지드André Gide는 오스트리아 시인 라이너 마리아 릴케Rainer Maria Rilke에게 "그 모든 여권 절차toutes les formalités des passeports" 때문에 한때 친구들이 국경을 넘어 서로를 방문할 수 있었던 자율성이 억압되었다고 한탄했다.[5] 미국의 방랑시인 에즈라 파운드Ezra Pound도 전쟁이 끝나고 여권을 갱신하는 과정에서 "지옥 같은 시간"을 겪었다고 투덜거렸다. 언제나 자기주장이 강했던 이 국외 거주자는 그런 어려움이 "농노를 모두 영토에 묶어두려는" 윌슨 대통령의 욕망 탓이라고 전했다.[6]

많은 사람이 성가시고 불편하다고 여길 뿐만 아니라, 국제관계와 경제력을 회복하는 데에도 심각한 위협까지 제기한 여권 제도를 폐지하는 대신, 국제연맹에서는 오히려 그 효율성을 향상시키기 위한 일련의 규정을 비준했다. 어쩌면 가장 중요한 점은 당혹스러울 만큼 다양한 형태, 크기, 형식에 직면하게 마련인 국경 관리들의 부담을 완화시키는 차원에서 사상 최초로 여권 책자에 대한 일반적인 지침을 승인했다는 것이다. 1920년에 작성되고 1926년에 일부 수정된 표준에 따르면, 여권은 크기가 가로 10.5센티미터에 세로 15.5센티미터가 되어야 했고, 총 32쪽 분량에 그중 28쪽은 비자 날인을 위한 공간이고, 나머지 4쪽에는 소지자의 신원 확인용 세부 사항, 발급 장소, 발급 날짜, 기타 공식 정보가 들어가야 했다. 이 모든 세부 사항은 발급 국가의 언어와 프랑스어 두 가지 언어로 작성되어야 했다. 마지막으로 여권의 표지는 판지로 제본하며 상단에는 발급 국가의 이름이, 중앙에는 국장國章이, 하단에는 '여권passport'이라는 단어가 기재되어야 했다. 미국의 문학 연구자 브리짓 초크Bridgette Chalk는 이렇게 지적했다. "여권의 형태를 표준화함으로써 국제연맹은" 다음 세기 동안 개인이 "국제적으로 인정받을 수 있는 형태로 국가 정체성을 유지하는 수단을 효율적으로 지시한 셈이다."[7]

지드, 릴케, 파운드 외에도 많은 예술가와 지식인이 개인의 자유를 규제하는 여권의 특질에 깊이 분개했다. 개인의 신원과 국가 정체성을 지시하면서 수반된 긴장은 전쟁 중에 대두한 이래 새로운 여권 제도가 확립되면서 그저 강렬해지기만 한 (폴 퍼셀의 말처럼) "근대적 감성"에 중요한, 심지어 핵심 요소가 되었다. 회고록 『어제의 세계The World of Yesterday』(1942)의 마지막 장에서 슈테판 츠바이크는 여권의 이러한 발달이 불러일으킨 상실감을 감동적으로 서술한다.

제4장

1914년 이전까지만 해도 땅은 모두의 소유였다. 사람들은 바라는 곳으로 가서 원하는 만큼 머물렀다. 허가도, 비자도 없었으니, 1914년 이전만 해도 유럽에서 출발해 인도를 거쳐 미국까지 가는 내내 여권 없이, 다른 사람의 여권도 본 적 없이 여행했다고 말해서 젊은 사람들이 깜짝 놀라는 모습을 보면 흐뭇해진다. 질문을 던지지도 받지도 않고 타거나 내렸으며, 오늘날 필수가 된 수많은 서류 가운데 단 하나도 작성할 필요가 없었다. 지금은 모두를 병적으로 의심하는 까닭에 철조망 장벽으로 바꿔놓고 세관원, 경찰과 민병대를 배치해둔 국경선도 그 당시에는 그저 상징적인 선에 불과해서, 마치 그리니치 자오선을 지나갈 때처럼 별 생각 없이 지나갈 수 있었다.

츠바이크가 보기에 민족주의라는 전염병이 확산된 시기는 어디까지나 전쟁이 끝나고 외국인 혐오증이 유행처럼 번진 이후였는데, 세계 각국의 정부와 시민들이 외지인을 점점 더 수상하게 생각하게 되었기 때문이다.

한때는 범죄자를 떠올렸을 때에만 상상할 수 있었던 굴욕이 이제는 여행 이전과 도중에 여행자에게도 부과된다. 얼굴 정면과 좌우 옆얼굴을 찍은 사진이 모두 있어야 하며, 귀가 보일 만큼 머리카락을 잘라야 한다. 지문도 찍는데 처음에는 엄지손가락뿐이었지만 나중에는 열 손가락을 모두 찍었다. 나아가 건강 증명서, 예방 접종 증명서,

범죄 기록이 없다는 경찰 확인서 등을 보여주어야 한다. 추천서도 필요하고, 어떤 나라를 방문할 수 있는 초청장도 확보해야 한다. 친지의 주소, 도덕적·재정적 보증서, 세 장 또는 네 장짜리 설문지 양식에 기입해야 하고, 이 서류뭉치에서 어느 한 장이라도 누락되면 그걸로 끝이다.⁸

츠바이크가 열거한 굴욕과 격하의 목록은 개인이 국가권력의 위력에 노출되어 자기표현 또는 자기표상의 기능을 꾸준히 감소시켜 왔음을 증언한다. 이런 합리화되고 관료주의적인 요구에 따라 만들어진 여권 사진은 개인의 예술적인 해석이나 심미적인 표현과는 반대되는 공식적인 신원 기록으로 기능한다. 그러면서도 조이스, 레닌이나 기타 동시대 사람들을 포함한 문화적·지적 명사들의 여행 서류는 오늘날 우리에게 근대적인 또는 더 나은 표현으로는 '모더니즘적' 감성에 대한 놀라운 사료를 제공한다. 비록 본인들은 이런 공식 기록에 의해 규정되기를 꺼렸지만 말이다. 만약 키틀러의 주장처럼 "죽은 자의 영역이 당대 문화의 저장 및 방출 능력과 동일한 범위를 가진다"면, 이 영역은 반드시 포함되어야 하는 사진이며 비자 날인 공간, 신원 확인 세부 사항과 츠바이크가 위에 열거한 기타 관련 서류까지 모두 갖춘 근대 여권의 도래로 인해 방대하게 확장되었다.⁹

엘뤼아르의 여권으로 파리에 둥지를 튼 에른스트

근대 여권 제도가 개인의 이동에 새로운 압력과 규제를 가했음에도, 이 서류에는 양차 대전 사이에 츠바이크가 증언했던 바로 그런 세계시민주의적 정신으로 여행을 계속한 사람들의 이야기도 담겨 있다. 종횡무진 여행하는 이들의 활동 범위는 광대했지만, 파리가 당시 예술가와 지식인의 가장 중요한 교차점으로 급부상했음은 부정할 수 없다. 조이스의 여권이 증언하듯이 그는 1920년에 파리로 갔는데, 동료인 에즈라 파운드가 경제적으로 곤궁한 이 소설가에게 『율리시스』의 출간을 교섭할 수 있는 최상의 장소가 바로 프랑스의 수도라고 설득했기 때문이다. 그럼에도 불구하고 여권에 찍힌 비자 날인에 드러난 것처럼, 조이스 가족은 어디까지나 잠시 파리의 거처("제7구, 본가rue de Beaune 9번지, 엘리제 호텔Hôtel Elysée")에 머물다가 런던으로 옮겨갈 예정이었다. 하지만 프랑스 수도에서 짧게 체류하려던 그들은 결국 20년 가까이 머물게 되었고, 그러다가 또 한 번 전쟁이 터지면서 일가는 다시 한 번 거처를 옮겨야 했다. 그 시기에 여권을 소지한 수많은 예술가와 작가가 저렴한 숙소, 훌륭한 포도주, 또 다른 창작 공동체와 더 나은 동료를 찾아 그 도시에 모여들었다. 당연히 양차 대전 사이 파리에 형성된 다양한 살롱, 동인, 모임에 관해서는 무척이나 많은 이야기가 전해오고 있다. 하지만 이렇게 모인 망명자와 이민자의 여권이라든지 개인의 신원, 국가의 공동체적 연대감, 세계시민주의적 감정과 관련하여 여권이 제기하는 의문에 관한 역사는 아직 정리되지 않았기에, 필자는 다음 내용으로 그 서사에 작게나마 일조하려 한다. 비록 여권이 이제껏 (물론 앞으로도 마찬가지이겠지만) 국민국가의 관료주의적 기능에 깊이 관여해왔음에도 불구하고, (어쩌면 의외일지도 모르지만) 소지자의 직업적 유대와 내밀한 관계에 대해서도 우리에게 전할 수 있다는 사실을 분명히 알게 될 것이다.

예를 들어 막스 에른스트Max Ernst와 폴 엘뤼아르Paul Éluard의 이야기를 살펴보자. 제1차 세계대전 중 서부전선과 동부전선 모두에 병사로 참전한 경험으로 충격에서 벗어나지 못한 채 귀국한 에른스트는 쾰른Cologne에서 작품 활동을 이어나갔으며, 오래 지속되지 못했지만 다다Dada 그룹을 결성하고 콜라주를 이용한 실험을 시작했다. 이 반항적인 젊은 예술가는 1921년 봄에 파리의 오상파레유 화랑Galerie Au Sans Pareil에서 자신의 콜라주를 처음 전시했지만, 정작 본인은 개막식에도 참석할 수 없었다. 전후 프랑스를 방문하려던 다른 독일인들과 마찬가지로 그 또한 필수적인 비자 발급이 거부되었기 때문이다. 그해 가을에 만든 그의 작품 중에는 〈전시회 포스터를 위한 디자인Design for an Exhibition Poster〉이라는 콜라주도 있는데, 자신의 작품을 사진으로 복제해 거꾸로 된 피라미드 형태로 구성한 다음, 그 맨 밑에 자신의 여권 사진을 배치했다. 여러 가지 조각, 덧칠 그리고 기타 콜라주로 구성된 이 이미지를 텍스트가 여러 줄로 에워싸고 있는데, 그중에는 다음과 같은 내용이 들어 있다. "막스 에른스트는 거짓말쟁이, 유산 사냥꾼, 험담꾼, 흥정꾼, 비방꾼 그리고 권투선수이다." 이 모두를 종합해보면, 이 복합적인 작품은 여권이 약속하는 고정된 신원의 일체성이 아니라, 오히려 자아의 유희적 다수성을 암시한다. 즉, "막스 에른스트"가 누구인가 하는 문제를 두고 단일한 진실보다는 오히려 일련의 허구를 제시한다.

1921년 가을, 에른스트는 엘뤼아르와 그의 아내 갈라Gala가 쾰른으로 찾아왔을 때부터 오래 지속될 우정을 쌓기 시작했다. 동료 다다이스트이자 초현실주의자인 이 프랑스 시인 덕분에 에른스트는 이듬해에 마침내 파리로 가게 (그리하여 그곳에서 예술가 동료인 트리스탕 차라와 앙드레 브르통André Breton과 합류하는 숙원을 성취하게) 되었으니, 엘뤼아르가 자신의 여권을 우편으로 이 독일인 화가에게 보내준 덕분이었다. 이들의 외모는 에른스트가 엘뤼아르인 척 국경을 넘을 수 있을 만큼 비슷했다. 프랑스 여권을 입수한 에른스트는 또 한 가지 페르소나를 자기 수집품에 더했으며, 실제로 일정 기간 동안 이 화가와 시인은 거의 서로의 분신이었다. 머지않아 두 사람은 공동 작업으로 콜라주와 시를 조합하여 삽화가 있는 책『불멸자들의 불운Les malheurs des immortels』(1922)을 제작했다. 이후 2년 동안 에른스트는 파리 교외의 생브리스Saint-Brice에서, 나중에는 오본Eaubonne 지역에서 엘뤼아르 부부와 한 가정을 꾸렸다. 화가는 낮이면 오본의 주택에 초현실주의 벽화를 그리고, 밤에는 한동안 부부의 침대에서 폴의 자리를 차지하고 갈라와 시간을 보내며 어느 정도 아늑한 삼자동거를 구축한 것이다.

거트루드 스타인의 『자서전』과 공식적인 여권의 관계

우리가 조이스와 그의 가족을 드러내는 여행 서류에서 처음 목격했듯이 삶과 예술, 여권과 예술 작품, 공식적인 신원과 대중적인 페르소나 사이의 이 긴밀한 관계는 모더니스트의 정전正典 전체에 걸쳐 발견된다. 또 다른 두드러진 사례로는 거트루드 스타인의 활동과 저술에서 고찰할 수 있는데, 플뢰뤼스가rue de Fleurus 27번지에 자리한 그녀의 유명한 살롱에는 양차 대전 사이의 상당 기간 동안 매주 토요일 저녁에 파운드, T. S. 엘리엇T. S. Eliot, 헤밍웨이, F. 스콧 피츠제럴드F. Scott Fitzgerald, 리처드 라이트Richard Wright, 파블로 피카소Pablo Picasso, 앙리 마티스Henri Matisse, 폴 로브슨 같은 손님들이 모여들었다. 스타인은 (파트너인 앨리스 B. 토클라스Alice B. Toklas와 함께) 세기가 바뀐 직후에 예술과 문학의 세계에서 새롭고도 유쾌한 모든 것을 찾아 나선 미국인들 중에서도 소규모 선발대로 파리에 거주하기 시작했다. 저술에서 폭넓은 독자(아울러 가뜩이나 거머쥐기 힘들었던 상업적 성공)를 얻기 위해 스타인은 이 시절의 뒷이야기를 『앨리스 B. 토클라스 자서전The Autobiography of Alice B. Toklas』(1933, 이하『자서전』으로 약칭)에 서술했는데, 이 책에서만큼은 그녀가 이전에 내놓은 실험적 언어 묘사보다는 훨씬 더 전통적인 접근법을 채택했다. 그럼에도 불구하고 이『자서전』은 장난기 가득한 책략이었으니, 외부자인 토클라스의 시점으로 언어적 매너리즘과 기발한 감성을 채택하여 스타인을 모자란 천재들 사이의 위대한 천재로 묘사했다. 결국 이 책은 약간 아이러니하지만 이른바 명성을 쌓아가는 확장된 활동으로 읽을 수 있다. 즉, 『자서전』은 글자 그대로 전기의 주인공이 실제로 어떤 사람인지 알려주겠다고 약속하는 생애 서술의 일반적인 관습을 우스꽝스럽게 풍자한다.

그 장난기 가득한 책략에 걸맞게 『자서전』은 양차 대전 사이 유럽의 환경도 역시나 전혀 틀에 박히지 않은 태도로 서술한다. 진정한 신원이라는 개념을 조롱하는 방법 중 하나로 스타인, 토클라스 그리고 이들의 살롱을 거쳐 간 거의 모든 사람의 특성을 묘사할 때마다 (고유명사가 아님을 드러내기 위해 소문자로 적은) 국적 표시에 의존한다. 즉, "헝가리인hungarians 다수, 독일인germans 상당수, 민족이 혼합된 사람 몇 명, 미국인americans이 아주 조금 있었고, 영국인english은 사실상 없었다"고

표현하는 식이다.[10] 스타인과 같은 다다이즘 동료들이 전후 몇 년간 그랬듯이, 그녀는 민족주의의 부조리에 주목하도록 만든다. 단지 특정 국경 안에서 태어났다는 우연이 졸지에 "조국"을 위해서 죽고 죽이는 이유로 변모했기 때문이다. 이런 상황을 한층 더 부조리하게 보이게끔 만든 대표적인 사건이 바로 독일, 러시아, 오스만, 오스트리아-헝가리 제국의 잔재 전반에 걸쳐 새로운 국민국가들의 경계를 설정한 전후의 조약이었다.

아울러 스타인은 여권 제도가 최근 대두된다는 사실에 주목함으로써 이 모두의 독단성을 부각시킨다. 전쟁 전에 그녀와 토클라스가 돌아다녔을 때의 편리함을 ("우리는 아무런 서류도 소지하지 않았고, 그 당시에는 아무도 서류를 소지하지 않았다.") 전쟁 중에 두 사람이 여행하며 직면했던 관료주의적 파렴치와 대조한 것이다.[11] 예를 들어 『자서전』 가운데 두 사람이 마요르카Mallorca에서 긴 휴가를 즐기고 파리로 돌아오려 하면서 마드리드 주재 미국 영사와 만났던 일을 자세히 설명한다. "그는 우리 여권을 들여다보고, 길이를 재고, 무게를 달고, 거꾸로 뒤집어보더니 마침내 자신이 보기에는 이상 없는 것 같지만 확신은 못 하겠다고 말했다." 미국 영사는 부관에게 권한을 이임했고, 부관은 스타인과 토클라스에게 프랑스 영사를 찾아가보라고 말함으로써 아예 다른 국민국가에 권한을 위임

했다. "두 분께서는 프랑스로 가실 예정이고 파리에 거주하시니, 만약 프랑스 영사께서 이상 없다고 하시면 당연히 서명도 그분이 해주실 겁니다."[12] 당시 이 여행자들은 미국 영사의 직무 유기에 격분했다. 하지만 몇 년 뒤에 이 사건을 서술하면서 토클라스인 척하는 스타인은 그의 행동이 어쩌면 비공식적인 국제 합의의 일부였을 수도 있으며, 그리하여 특정 여권 소지자가 프랑스에서 환영받을지 여부를 프랑스 영사가 결정하게 했을 수 있다는 의견을 제시했다.

생애 서술을 독특한 방식으로 접근함으로써『자서전』은 실제 여행 서류에 나타난 스타인과 토클라스의 이미지와 놀랍도록 병치된다. 충분히 예상할 수 있지만, 이 책은 제목에 언급된 인물의 출신에 관해 설명하며 시작된다. "나는 캘리포니아주 샌프란시스코San Francisco에서 태어났고 (······) 아버지께서는 폴란드의 애국자 집안 출신이셨다."[13] 토클라스가 (항상 스타인과 함께) 전쟁 중과 전쟁 직후에 작성한 여권 신청서 여러 건을 검토해보면, 두 사람이 이러한 자기소개를 얼마나 면밀히 반영하고 있는지 깜짝 놀라게 된다. 예를 들어 1921년의 여권 신청서를 보자. "본인은 1877년 '4월 30일'에 '캘리포니아' (······) '샌프란시스코'에서 태어났고, 부친 '페르디난드 토클라스Ferdinand Toklas'는 '폴란드 켐펜Kempen'에서 태어났으며 (······) 이에 엄숙히 맹세하는 바입니다." 토클라스와 스타인이 미국 국무부에 제출한 공식적인 서류를 모두 합하면 『자서전』의 개요에 해당하는 내용이 나온다. 비록 우리는 출생지, 거주지, 여행 및 관련 날짜를 비롯해서 신체적 외양에 대한 세부 내용만 거의 전적으로 언급하지만 말이다. 아울러 우리는 서류철에 들어 있는 (마치 체포한 범인을 식별하기 위한 머그샷과도 특성이 동일한) 여권 사진을 피카소가 전쟁 전에 그린 스타인의 유명한 초상화, 또는 (이보다 더 낫게는) 이 작가가 파리의 아파트에서 초상화 앞에 앉아 찍은 유명한 사진과도 비교할 수 있다. 이렇게 널리 유포된 화상畫像들 덕분에 스타인은 괴짜 모더니스트 지도자라는 자신의 이미지를 널리 알릴 수 있었다. 반면 여권 신청서는 내면의 본질이나 개인적 표현보다는 오히려 관료주의적인 규약으로 관리되고 국가의 권위에 의해 부과되는 언어적·시각적 구성체로서의 신원을 기록한다.

설령 그렇더라도, 우리가 조이스의 가족 여권에서 알아낸 것처럼, 이 공식적인 서류는 개인이 자신의 신원 구성체를 관리하거나 조작하려 개입할 일말의 가능성을 최소한이나마 드러낸다. 이와 동시에 여권은 스타인이 자신의 경력을 널리 알리기 위해 널리 배포한 이미지와 서사보다도 훨씬 더 개인적인 것으로 간주할 수 있는데, 왜냐하면 이 서류는 그녀가 우리에게 보여줄 의향이 없던 내용을 제공하기 때문이다. 이 기묘한 친밀감이 그 서류에 나름의 호소력을 부여한다는 데에는 의심의 여지가 없다. 예를 들어 스타인은 "장기 해외 체류를 해명하고 국적 이탈 추정을 회복하기 위한 진술서"를 제출하라는 강제적인 요구를 받자 다음과 같이 증언했다.

> 본인은 문학 연구를 마무리하고 집필 자료를 수집하기 위해 프랑스에 갔습니다. 1917년 11월에 본인은 프랑스인 부상자를 위한 미국기금(American Fund for French Wounded, AFFW)과 함께 전쟁 지원 활동을 수행했습니다. 1919년 7월까지 이 단체를 위해 본인 소유의 차량을 운전했습니다. 프랑스 정부로부터 "프랑스 인증 훈장(Médaille de la Reconnaissance Française)"을 받았습니다. 본인은 1919년 7월부터 다시 저서 집필에 착수했습니다.

스타인이 연합국의 대의에 봉사했다는 점을 강조한 (아울러 전위 예술가들이나 기타 수상한 유형의 사람들과 교제하는 자신의 성향은 편리하게도 생략한) 이 짧은 회고는 나름대로 효과가 있었던 모양이다. 미국 부영사 M. L. 세베르 M. L. Severe 가 그 진술서를 읽고서 마음에 들었던지, 관료주의적 문학 비평가처럼 "진술서 수신 담당관의 의견"을 내놓았기 때문이다. "본인은 여기에 서술된 사실들이 기존 규정에 의거하여 그녀가 미국 시민으로서 보호받을 자격이 충분하다고 사료함."

하지만 이보다 훨씬 덜 조심스러운 접근법을 취한 『자서전』

을 통해서 독자들이 나중에 알게 된 사실에 따르면, 스타인과 토클라스가 AFFW에 가입하게 된 것은 어디까지나 파리의 피라미드가rue des Pyramides에서 이 단체가 사용하는 차량을 보고 충동적으로 내린 결정이었을 뿐이다. 게다가 이전까지는 천재였을지 모를 스타인도 이 단체를 위해 운전을 배우면서 재난을 거듭 경험했는데, 한번은 샹젤리제Champs-Élysées에서 기름이 떨어져서 소동을 일으키기도 했다. 하지만 여권 신청서(아울러 서류에 담겨 있는 관료주의적인 형태의 생애 서술)에서 발견할 수 있는 가장 주목할 만한 부분은 기록보관소를 차지하고 있는 분량 그 자체다. 자신의 여권을 소지한 여성이 극히 드물었던 시대에, 이 비범한 해외 거주자들은 상당히 많은 여권 신청서를 축적시켰다. 미국 국립기록보관소에는 1907년부터 1921년까지 토클라스가 제출한 여권 신청서가 최소한 8건이나 있고 스타인이 제출한 여권 신청서도 8건이나 있는데, 그중에는 그녀가 매사추세츠주 케임브리지의 래드클리프 대학Radcliffe College에 다니던 1896년에 첫 해외여행을 가려고 신청했던 것도 포함되어 있다. 각각의 신청서는 그들이 공유한 관료주의적 전기의 각 장章을 나타낸다.

헤밍웨이의 네 가지 여권

이른바 '잃어버린 세대Lost Generation'(대부분 전후 파리로 모여든 젊고 야심만만했던, 또 한편으로 상처를 입고 방향을 상실했던 미국 작가들)조차 여권이 없었더라면 "잃어버린" 상태도 될 수 없었을 것이다. 갓 결혼한 어니스트 헤밍웨이는 1921년 12월 8일에 파리로 출항하면서, 풋내기 기자라는 꼬리표를 떼어내고 (그는 여권에 신원을 "언론인"이라고 적었다) 캐나다의 주간지 《토론토 스타 위클리Toronto Star Weekly》의 해외 특파원으로, 나아가 자신이 상상한 "진정한" 작가로 변모하고자 했다. 이때 그는 자신에게 발급된 여권으로 "아내를 동반하여" 여행했다. 헤밍웨이와 관련된 다른 여러 문서와 함께 존 F. 케네디 도서관 John F. Kennedy Library에 소장(케네디 대통령이 이 소설가의 열혈 팬이었다)되어 있는 이 여권에는 어딘가 어리둥절한 표정이면서도 어쩐지 화난 듯하고, 고집스러우면서도 천진난만해보이고, 자신감 넘치는 젊은 남자의 사진이 들어 있지만, 정작 신부의 사진은 (심지어 사진이 들어갈 자리조차) 없다. 엘리자베스 해들리 헤밍웨이Elizabeth Hadley Hemingway는 (결혼 전의 성姓은 리처드슨 Richardson이었다) 남편의 이력 세부 내용에 짤막하게 언급만 되고 만다. 그녀가 유럽을 여행하거나 미국으로 돌아갈 수 있는 자격이 전적으로 그 문서에 (따라서 지나치게 제멋대로인 남편의 변덕에) 달려 있음에도 불구하고 말이다.

그해 겨울, 파리에 도착한 어니스트는 소설을 집필하는 한편, 경력을 진작시킬 (또는 최소한 자기 작품에 대해 토론하며 함께 술을 마실) 수 있는 사람들을 만나는 데에 몰두했다. 머지않아 그는 스타인, 파운드, 조이스와 그 밖의 여권을 소지한 다른 문인들과 어울렸지만, 해들리는 남편을 따라갈 때 항상 환영받지는 못했다. 1922년 가을에 어니스트는 그리스-터키 전쟁을 취재하기 위해 콘스탄티노플로 떠났고, 이후 로잔회의Lausanne Conference를 취재하러 스위스로 간 뒤에야 조금 외롭고 소외감을 느껴 해들리에게 공용 여권을 부쳐서 자신이 머무는 로만디Romandie로 불러들였다.[14] 그런데 해들리는 이 운명적인 여행이 시작되자마자, 심지어 파리의 기차역을 떠나기도 전에 어니스트가 프랑스에 머물며 써놓았던 소설 원고가 모두 (심지어 사본까지) 들어 있는 여행 가방을 잃어버리고 말았다. 부부는 이 불운을 한동안 견뎌냈으며, 1923년 12월에 발급된 이들의 다음 여권에는 이제 "작가"로 직업을 밝혔고, "아내 해들리와 미성년인 아들 존 H.John H.를 동반"한 "어니스트 밀러 헤밍웨이"의 가족사가 간결하게 기록되었다. 기록보관소에 있는 이번 여권에는 헤밍웨이 부인이 편하게 찍은 사진도 포함되었는데, 고통스럽다고까지는 할 수 없지만 어딘가 찡그린 미소를 짓고 있다. 안타깝게도 1926년 초에 어니스트가 다시 여권을 신청했을 때에는 혼자만을 위한 (나중에 가서는 아들을 포함하도록 수정했지만) 서류였는데, 왜냐하면 해들리가 남편과 자신의 절친 폴린 마리 파이퍼Pauline Marie Pfeiffer의 외도를 알아낸 직후였기 때문이다. 비록 해들리는 이 시점부터 헤밍웨이 여행 서류의 기록보관소에서 모습을 감추었지만, 케네디 도서관에는 파이퍼 여사의 여권 역시 소장되어 있다. 그 발급 날짜는 1926년 12월 10일, 그러니까 파이퍼가 헤밍웨이의 두 번째 부인이 되기 겨우 몇 달 전이었다.

그로부터 몇 년 뒤, 꽤 재미있는 오자誤字 때문에 헤밍웨이는 작가로서의 권위가 자신의 여권으로 인해 제약되고, 왜곡되고, 심지어 박탈되는 느낌이 어떤 것인지 알게 된다. 1931년에 여권 신청서를 작성하면서 그가 답변을 너무 급하고 엉성하게 휘갈겨 썼던 탓인지, 이 서식을 처리하던 담당 공무원이 당시 유명해진 "writer(작가)" 어니스트 밀러 헤밍웨이를 미처 알아보지 못하고 그의 직업을 "waiter(웨이터)"라고 오인했던 것이다. 『태양은 다시 떠오른다The Sun Also Rises』(1926)와 『무기여 잘 있거라』의 자랑스러운 저자는 이 오류를 정정해야겠다고 생각했다. 여권 발급처 앞으로 보낸 편지에서 그는 만약 자신의 신원이 보잘것없는 식당 직원으로 확인되면 "여행할 때마다 심각한 불편"을 겪을 것이라고 항의했다. 자신의 공적 이미지(아울러 소지자의 신원을 고정하는 여권의 강력한 역할)에 예민했던 그는 다음과 같이 거만하게 단언했다. "저의 진짜 직업은 'WRITER(작가)' 또는 'AUTHOR(저술가)'입니다."[15]

모더니스트와 투사

가족이 지워진 피츠제럴드의 여권

1924년에 F. 스콧 피츠제럴드가 갓 꾸린 가족과 함께 자신의 문학적 영광을 추구하며 미국 금주법 시대에 술이 자유롭게 넘쳐흐르는 프랑스로 건너갈 때, 여권 형식이 갱신되어 온 가족의 사진을 첨부해야 했다. 사진 칸에는 세로로 위에서부터 헝클어진 머리에 더 헝클어진 눈동자의 스콧, 당시 유행하던 플래퍼flapper 헤어스타일에 약간 놀란 표정의 젤다Zelda, 짧은 단발머리에 재미있다는 듯 미소를 띤 두 살짜리 딸 프랜시스 스콧Frances Scott(일명 "스코티Scottie")의 사진이 차례로 붙었다. 그의 초기 소설 『낙원의 이편This Side of Paradise』(1920)과 『아름답고도 저주받은 사람들The Beautiful and Damned』(1922)의 성공(특히 『아름다운 것과 저주받은 것』은 이들 부부가 함께 경험한 뉴욕의 카페 소사이어티café society의 생활을 바탕으로 했다) 덕분에 스콧과 젤다는 프랑스에 갈 때 이미 재즈시대의 젊은 상징이 되어 있었다. 여권 사진은 이들 앞에 세계가 열린 순간, 즉 모든 일이 가능해보이던 때를 포착한 셈이었으며, 이제 "저술가"(여권의 "직업" 항목에 그렇게 기입되어 있었다)이자 가장은 가족의 맨 꼭대기에 자리를 잡고서 그들 가족의 삶에서 다음 장章을 저술할 준비를 하고 있었다. 물론 스콧은 술잔치를 벌이며 유럽 전역을 돌아다니는 동안 자신들의 화려한 대중적 이미지를 유지하려 했다. 하지만 불과 몇 년 뒤에 '광란의 20년대(재즈시대)'가 실망스러운 막바지에 가까워져서 발급된 그의 다음 여권에는 (비록 원숙해지지는 않았더라도) 더 나이 든 한 남자의 모습으로 등장했는데, 그사이 겪은 시련과 고난이 외모에 뚜렷이 새겨져 있었다. 스콧은 이제 더 살이 붙고, 눈은 더 차분하고, 입술은 굳게 다문 채였다. 그의 사진 아래로는 편안하게 미소 짓는 젤다와 스코티의 사진이 따로따로 붙어 있었다. 하지만 몇 년 뒤 어느 시점에 젤다와 스코티의 사진에 펜으로 사선이 여러 줄 그어졌으니, 어머니와 딸이 이제 각자 서류를 소지했기 때문에 굳이 피츠제럴드 씨와 동행하지 않아도 여행할 수 있다는 뜻이었다.

엄밀히 이야기하면 이것은 해방이 아니었다. 1930년 여름에 결혼생활과 정신건강 모두 한계점에 도달한 젤다는 프랑스를 떠나 스위스로 갔고, 제네바 근처의 프랑쟁 병원Prangins Clinic에 입원해서 이후 1년 넘게 정신과 치료를 받았다. 그동안 그녀를 면회할 수 없었던 스콧은 인근 여러 도시를 돌아다니고, 아내와 의사 앞으로 애원하는 (종종 조종하려는) 편지를 썼다. 젤다의 입장에서는 새로운 개인 여행 서류에서 비롯된 통렬한 기념품을 남편에게 남긴 셈이었는데, 스콧은 당시의 편지에서 다음과 같이 묘사했다.

그 여권 사진에서 슬픔에 잠긴 당신의 얼굴을 본 순간 내 기분이 어

모더니스트와 투사

땠는지 당신도 충분히 상상할 수 있을 거야. 하지만 당신도 충분히 상상할 만한 일을 거치고 나서 그 사진을 들여다보고 또 들여다보니, 내가 알고 또 사랑했던 얼굴이라는 걸, 프랑스에서 보낸 지난 2년간의 모습과는 다르다는 걸 깨달았어……

그 사진이야말로 내가 가진 전부야. 내가 비몽사몽 중에 정신없이 당신 꿈을 꾸다가 깨어나는 아침부터, 내가 당신에 관해서며 죽음에 관해서 생각하는 한밤중의 마지막 순간까지 그 사진은 나와 함께 있어.[16]

이때 스콧은 젤다의 이미지를 (나중에 장편소설 『밤은 부드러워 Tender Is the Night』(1932)에서 시도했던 것처럼) 소설 속에 만들 수도 재구성할 수도 없었고, 단지 편지를 통해서 이해하려 했다. 이 여권 사진은 두 사람의 불안한 관계, 그 관계가 두 사람 모두에게 야기한 고통, 아울러 (당시에는 아무리 희박하다 하더라도) 그녀가 새로 발견한 자율성을 상기시켰다. 아침부터 저녁까지 이 사진을 붙들고서, 스콧은 더 이상 함께할 수 없는 그들의 삶에서 어떤 방식으로든 그녀를 끌어안으려 했다.

여권 서류의 기록은 소지자의 행적 추적기

그렇다면 여권 사진은 관료주의적인 기능을 하면서 형식 또한 점점 더 표준화되었음에도, 눈에 띄는 친밀성과 과도한 개인적 중요성까지 겸비하게 된 셈이다. 사생활 노출을 극도로 꺼린 윌라 캐더는 자신의 개인적인 문서와 사진을 대부분 없애버렸기 때문에, 이 소설가가 40년 가까이 동반자였던 이디스 루이스Edith Lewis와 함께 찍은 사진은 현재 딱 한 장만 남아 있다. 하지만 이들의 여권 서류에는 이들의 오랜 동반자 관계에 관한 감동적인 기록이 남아 있다. 1920년 봄에 『나의 안토니아My Ántonia』(1918)가 긍정적인 반응을 얻고 계속해서 명성이 높아지자, 캐더는 루이스와 함께 유럽으로 장기 여행을 떠날 계획을 세웠다. 이 작가는 서부전선의 전장(아울러 그곳에서 전사한 사촌 G. P. 캐더의 무덤)을 방문하고, 제1차 세계대전에 관한 소설 『우리 중 하나One of Ours』(1922)의 집필을 마무리할 예정이었다. 일주일 사이에 캐더와 루이스는 1912년 가을부터 줄곧 살아온 뉴욕 시에 여권을 신청했다. 두 여성은 신청서에 각자 동일한 목적지와 동일한 목적을 기입했다. "프랑스(방문 국가), 잡지 업무(방문 목적), 이탈리아(방문 국가), 잡지 업무(방문 목적)." 캐더의 신청서에는 루이스의 서명이 들어간 선서 진술서가 첨부되어 있는데, 거기에는 "20년 동안 윌라 사이버트 캐더Willa Sibert Cather와 알고 지냈으며" 이 작가가 "버지니아주 윈체스터Winchester 인근에서 미국인 부모에게서 태어났다"고 증언하고 있다. 검토 과정에서 담당 공무원은 (필적으로 미루어 동일인으로 추정된다) 각각의 서류 맨 위에 "single(단독)"이라고 적어 놓았는데, 이는 여성 신청자가 독자적으로 여권을 신청할 수 있다는, 여행 서류에 "아무개의 부인"이라고 신원이 확인될 필요가 없다는 뜻이었다.

더 놀랍게도 여권 사진의 공식적인 기준이 아직 상당히 변형을 허용하던 시기에, 캐더와 루이스의 이미지는 기록보관소의 서류철에 제각기 들어 있으면서도 암묵적으로 그들의 유대를 증명하고 있다. 두 여성 모두 왼쪽에서 조명을 받아 얼굴 오른쪽으로 극적인 그림자가 드리워지고, 목둘레선 바로 밑에서 배경이 흐려지는 구도로 타원형 이미지 주위의 사진 가장자리가 하얗게 희미해진다. 즉, 두 사진이 똑같은 사진관의 작품임은 상당히 자명하며, 아마 같은 날에 찍었을 가능성이 높다. 이 사진들의 전반적인 효과는 마치 대리석 흉상처럼 고전적이며, 이들의 공통된 모습은 (비록 서로 떨어져 있지만) 이들을 한데 이끌어서 암묵적으로 커플의 사진을 만든다. 어쩌면 이 관계는 (실제보다 더 멋있게 보이는 조명과 구도의 효과와 더불어) 언론의 요청이 늘어나면서 캐더가 배포용으로 여권 사진의 사본을 많이 만들었다는 사실과도 관련이 있어 보인다. 스타인, 헤밍웨이, 피츠제럴드의 여권 사진은 어디까지나 이들이 사망한 이후에야 비로소 널리 확산되어서, 처음에는 책 표지에 등장하기 시작했고 나중에는 심지어 여러 웹사이트에 등장하게 되면서, 관료주의적 시선에 내맡겨진 모더니스트들의 상징을 엿볼 수 있게 되었다. 하지만 특이하게도 캐더는 자신의 여권 사진을 매우 좋아했으며, 심지어 조카딸 헬렌 루이즈 캐더Helen Louise Cather에게 가장 좋아하는 사진이라고까지 말했다. 실제로 캐더는 이 이미지를 워낙 좋아해서, 공식적인 기대와는 달리 1923년 3월에 다음 여권을 신청할 때에도 사용했는데, 이번에는 파리 외곽에 사는 친구 이사벨과 얀 함부르크 부부Isabelle and Jan Hambourg를 방문하기 위해서였다.

흑인 시인 랭스턴 휴스의 여권

만약 여권이 국가 소속 측면에서 비교적 안정된 상태로 고국을 떠난 여행자와 해외 거주자들의 개인 신원과 관련해서조차 어려운 질문을 야기한다면, 그러한 공동체적 연대에 의심을 불러일으키는 여권의 역량은 어쩌면 훨씬 더 강력할지도 모른다. 더구나 사회에서 소외된 사람들의 경우, 조국의 국경 너머 먼 곳으로 이동하는 과정에서 국적은 그 어느 때보다도 절박해진다는 사실 또한 암시한다. 랭스턴 휴스는 18세에 불과했던 1920년 7월에 첫 여권을 발급받았는데, 미국에서 경험한 뿌리 깊은 인종차별주의를 피하려고 멕시코로 이주한 아버지를 만나러 가기 위해서였다. 프레더릭 더글러스가 조지 M. 댈러스로부터 여권 발급을 거절당한 지 수십 년이 지난 뒤였지만, 분리주의적인 미국에서 흑인 남성이나 여성이 그런 서류를 얻기란 여전히 쉬운 일이 아니었다. 휴스의 여권 신청서만 해도 진술서가 두 가지나 필요했는데, 그중 하나는 그의 어머니가 아들은 미주리주 조플린Joplin에서 태어난 미국 "태생 시민"이라고 맹세하고 서명한 진술서였다. (당시에는 흔한 일이었지만, 흑인 아이의 출산 때에는 의사가 옆에 있더라도 굳이 출생증명서를 작성하지 않았으며, 시 당국에서도 굳이 관련 기록을 남겨두지 않았다.) 이 여권 신청서에는 젊은 휴스가 짙은 양복과 넥타이를 착용하고 자신감 넘치는 표정으로 정면을 바라보는 인상 깊은 사진도 들어 있는데, 마치 미국으로 돌아오는 즉시 컬럼비아 대학Columbia University에 입학하겠다는 야심을 암시하는 것처럼 보인다. 하지만 휴스는 대학에 입학하기도 전에 대표적인 시 가운데 하나인 「강을 이야기하는 흑인The Negro Speaks of Rivers」을 저술하게 되는데, 바로 그해 여름에 기차를 타고 남쪽으로 여행하며 본 풍경에서 영감을 얻은 것이었다.

멕시코 여행은 방랑벽을 부추기기만 해서, 휴스는 교수진과 동급생의 인종차별을 피해 일찌감치 대학을 그만두고 어느 상선의 선원 일자리를 알아보게 되었다. 결국 그는 낡은 증기화물선 말론호S.S. Malone에 일자리를 얻었고, 충동적으로 샌디후크Sandy Hook 연안에 자신의 책을 거의 모두 던져버린 다음, 아프리카 서부 연안을 따라 오르내리는 6개월 동안의 항해를 시작했다. 1924년 봄에 그는 뉴욕에서 로테르담Rotterdam까지

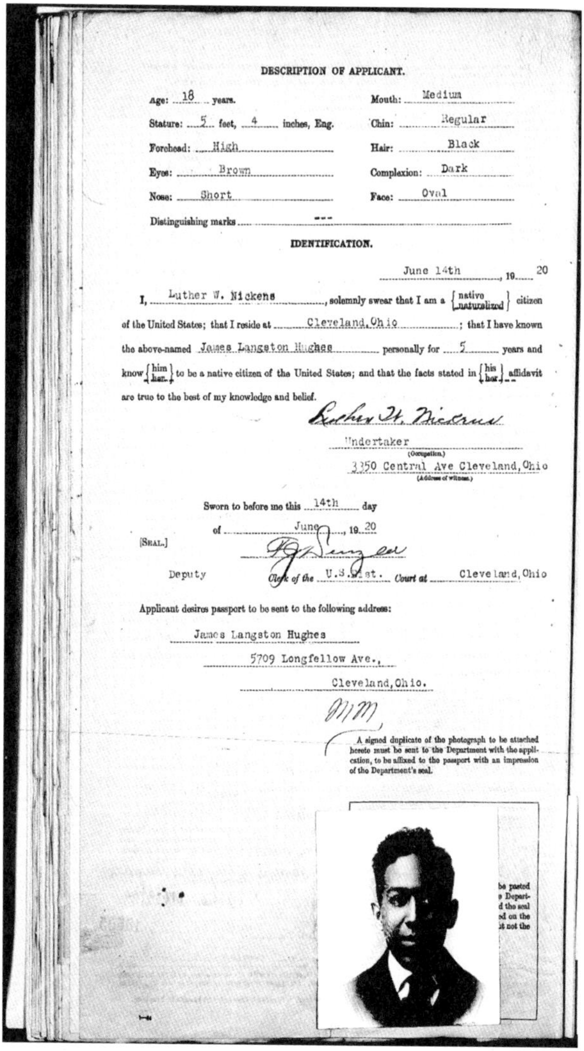

DESCRIPTION OF APPLICANT.

Age: 18 years. Mouth: Medium

Stature: 5 feet, 4 inches, Eng. Chin: Regular

Forehead: High Hair: Black

Eyes: Brown Complexion: Dark

Nose: Short Face: Oval

Distinguishing marks ---

IDENTIFICATION.

June 14th, 1920

I, Luther W. Nickens, solemnly swear that I am a {native / naturalized} citizen of the United States; that I reside at Cleveland, Ohio; that I have known the above-named James Langston Hughes personally for 5 years and know {him / her} to be a native citizen of the United States; and that the facts stated in {his / her} affidavit are true to the best of my knowledge and belief.

Luther W. Nickens

Undertaker
(Occupation.)

3350 Central Ave Cleveland, Ohio
(Address of witness.)

Sworn to before me this 14th day

of June, 1920

[Seal.]

Deputy Clerk of the U.S. Dist. Court at Cleveland, Ohio

Applicant desires passport to be sent to the following address:

James Langston Hughes

5709 Longfellow Ave.,

Cleveland, Ohio.

A signed duplicate of the photograph to be attached hereto must be sent to the Department with the application, to be affixed to the passport with an impression of the Department's seal.

도판 10. 랭스턴 휴스의 1920년 여권 신청서.

힘든 항해를 견뎌냈으며, 이후 하선하여 파리로 가는 기차에 오름으로써 그 도시를 방문하는 오랜 꿈을 실현했다. 머지않아 그는 몽마르트르Montmartre의 한 나이트클럽에 일자리를 얻었고, 돈도 인맥도 많지 않은 채로 해외에서 어렵게 생활했지만 전쟁의 참화 이후에도 불구하고 다시 부상하고 있던 문화의 매력을 만끽하기 시작했다.

바로 이 시기에 클로드 맥케이Claude McKay와 그웬돌린 베넷Gwendolyn Bennett 등 다른 미국 흑인 작가들이며 예술가들도 파리로 모이기 시작했다. 휴스는 이 도시에서 운 좋게도 앨런 로크Alain Locke와 만나게 되었다. 로크는 미국 흑인 작가의 놀라운 선집인 『새로운 흑인: 해석The New Negro: An Interpretation』(1925)을 간행하면서 이른바 할렘 르네상스Harlem Renaissance를 출범하려 준비하고 있었다. 이 운동의 주도적인 인물 두 명이 할렘이 아닌 파리에서 처음 만났다는 사실은 그 세계시민주의적 야심을 말해주는 셈이다. 로크는 옥스퍼드 대학에서 지원하는 대학원 장학금 제도인 로즈 장학금Rhodes scholarship을 받은 최초의 미국 흑인이었으며, 나중에는 베를린에서 유학생활을 거친 뒤 하워드 대학Howard University에서 재직했는데, 당시에는 마침 휴가를 얻어 연구를 수행하면서 옛 지인과의 연락 겸 새로운 만남을 위해서 유럽에 온 참이었다. 이 여행 때 그의 여권은 그의 세계시민주의적인 기풍을 상징하는데, 마치 교향

악 공연이나 화랑 전시회를 찾는 듯이 스리피스 양복에 윙 칼라 셔츠, 나비넥타이를 갖춰 입은 세련된 학자의 모습이 사진에 담겨 있다. 1년 가까이 휴스와 편지를 주고받은 로크는 자신의 선집 프로젝트에 대해 논의하기 위해서 (또 어쩌면 친밀한 관계를 맺기 위해서) 파리에 있는 이 젊은 시인을 만나러 왔던 것이다. 인맥 넓은 교수는 젊은 시인을 오페라코미크 〈마농Manon〉에 초대했으며, 부유한 미술품 수집가 앨버트 C. 반스Albert C. Barnes와의 만남을 주선했고, 미술상이자 수집가인 폴 기욤Paul Guillaume이 소유한 아프리카 조각 수집품을 관람하게 해주었다. 훗날 로크는 "색깔의 여권passport of color"이라는 은유적 개념을 발전시켰는데, 이는 유색인의 공통된 경험을 통해서 세계 각지의 사람들을 연결하는 것이었다. 1924년 늦여름에 이탈리아 북부에서 두 사람은 마치 이전 세대의 그랜드투어 여행자처럼 베로나Verona와 베네치아의 풍경을 감상했으며, 이때 나이 많은 학자 로크는 르네상스 미술과 건축에 대한 자신의 방대한 지식을 조숙한 동행인 휴스와 공유했다.

휴스와 그의 여권에 관한 이야기는 심지어 국경을 초월한 문화적 맥락에서까지도 전후 기간에 국가의 공동체적 연대를 확인하고 국가적 감정을 유지하는 데에 이 서류가 점점 더 두드러진 역할을 했다는 점을 강조한다. 조이스의 여권에 아일랜드의 사회적·문화적 삶의 규제로부터, 아울러 독립 직전인 국가의 공동체적 연대로부터 거의 비극적으로 단절된 세계시민주의적인 초연함이 기록되어 있다면, 휴스의 여권은 이보다 훨씬 더 복잡한 정서의 조합을, 훨씬 더 긴장된 양가감정을 생성했다고 말할 수 있다.

'색깔의 여권'마저 도둑맞은 시인

자서전 『커다란 바다 The Big Sea』(1940)에서 휴스는 여러 해 전의 어느 9월에 로크와 함께 이탈리아 북부를 횡단해 돌아오는 기차를 탔을 때의 일을 회고한다. 그는 어린 시절 할머니에게 배운 대로 귀중품을 외투 주머니에 넣고 핀으로 고정해두었다. 하지만 피곤한 여행자가 북적이는 3등 객차에서 잠들었다 깼을 때는, 누군가가 그의 돈과 여권을 모두 훔쳐간 뒤였다. 여행 서류가 없으면 휴스는 프랑스로 다시 입국할 수가 없었다. 결국 제노바에서 기차를 내려 미국 영사를 찾아갔더니, 해줄 수 있는 일이 전혀 없다고 친절하지만 너무 대수롭지 않게 대답했다. 그래서 휴스는 콜럼버스의 고향에서 떠돌이 신세가 되고 말았다. 배고프고 자포자기한 그는 이제 유일한 선택지라곤 붐비는 제노바 항구에서 미국으로 돌아가는 선박에 취직하는 것뿐이라고 결정했다. 하지만 며칠 동안 백인 선원들이 손쉽게 채용되는 와중에도 휴스는 거듭해서 퇴짜를 맞거나 무시당했다.

바로 이런 상황에서 (고향에서 멀리 떨어진 곳을 배회하면서, 여권도 없이, 피부색 때문에 귀향길조차도 막힌 채로) 휴스는 자신의 작품 가운데 가장 오래 기억되는 시 「나 역시I, Too」를 썼다. 이 짧은 시는 미국의 풍요로운 잔치로부터, 아메리칸드림이라는 치장으로부터 자신이 배제되어 항의하지만, 결국에는 인종분리와 인종차별에 직면한 자신의 미국인으로서의 신원을 강렬하고도 고통스럽게 주장하며 마무리된다.

내일,

동료가 오면

나는 식탁에 앉으리라

그러면

누구도 감히

"부엌에서 먹으라."

내게 말하지 못하리라

대신

그들은 내가 얼마나 아름다운지 깨닫고

부끄러워하리라

나 역시 미국이니까

제3부

현대식 여권의 시대

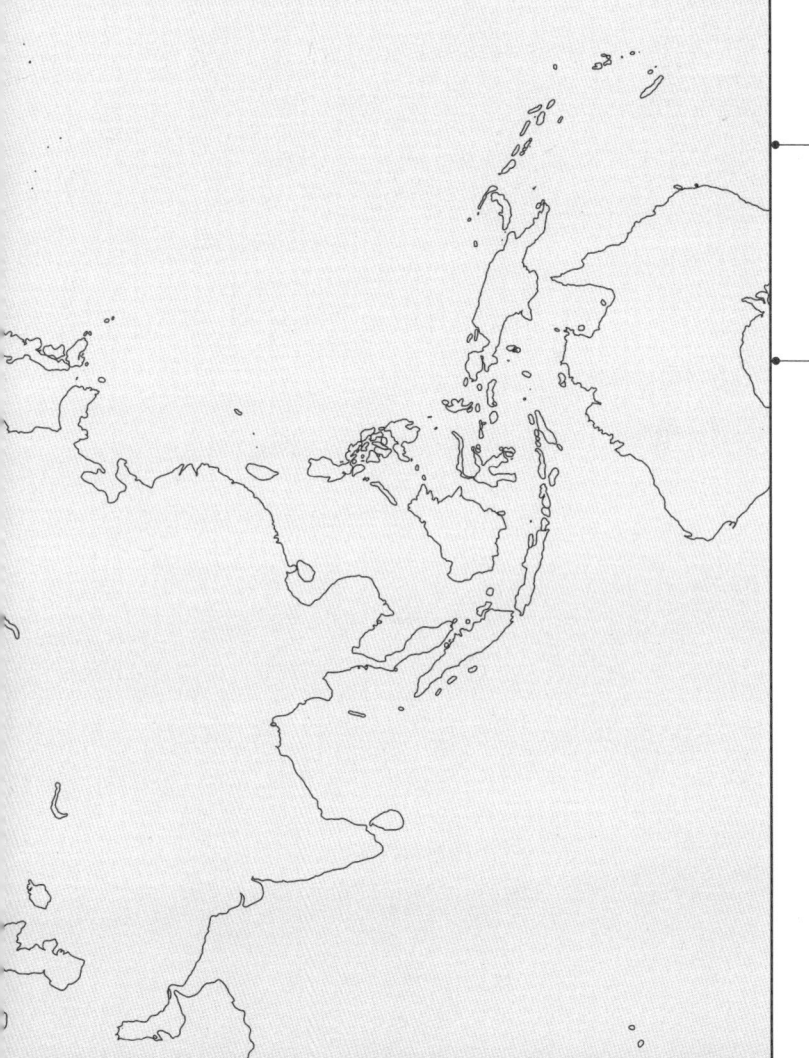

제 5 장

추방자와 무국적자

러시아의 농노와 여권

마르크 샤갈의 흑백 동판화 〈시골 파출소장 앞의 여권 없는 남자L'homme sans passeport devant le Capitaine-Ispravnik〉(1923)는 그 대상을 충분히 명확하게 묘사하고 있다. 전면에는 파출소장이 우리를 등지고 서 있는데, 양손을 군용인 듯한 외투 뒤로 뒷짐을 지고 (이 자세야말로 상대에 대한 그의 권위를 상징적으로 보여준다) 있으며, 머리는 치켜들어서 그의 모자 위쪽만 보인다. 파출소장 앞으로는 여권 없는 남자가 서 있는데, 몸에 맞지도 않는 튜닉을 (기묘한 끈으로 허리를 어색하게 졸라매어) 걸치고 축 늘어진 어깨에 고개를 숙이고 있어서, 마치 그가 파출소장에게 뭐라고 중얼거리는 듯이 살짝 벌린 입속의 검은

도판 11. 마르크 샤갈의 〈시골 파출소장 앞의 여권 없는 남자〉(1923).

얼룩과 공허한 눈빛만 알아볼 수 있다. 이 모두는 거친 소재에 안성맞춤인 샤갈 특유의 의미심장하게 어색한 형태로 그려져 있다. 사실 이 장면은 러시아의 지방 생활에 대한 피카레스크 풍자소설인 니콜라이 고골Nikolai Gogol의 『죽은 혼Dead Souls』(1842)에서 유래했는데, 그렇다고 해서 그 이야기 속 실제 사건은 아니다. 오히려 이 장면은 소설의 주인공 파벨 이바노비치 치치코프Pavel Ivanovich Chichikov가 탈주 농노 무리에게 (사실은 탈주 농노들의 이름이 적힌 목록을 보면서) 겁을 주려고 우스꽝스럽게 장황한 방식으로 묘사한 상상 속 각본에서 비롯되었다. 고골의 『죽은 혼』 서사의 토대가 된 발상에 따르면, 괴상한 러시아 세법 때문에 교활한 치치코프 같은 사람에게는 ("혼"이라는 별칭으로도 일컬어지는) 농노가 설령 죽었더라도 살아 있을 때만큼 가치가 있다는 것이다. 그가 농노에게 저지른 학대야말로 1861년의 농노 해방령 이전의 러시아 사회의 악습을 보여주는 상징과도 같다.

당시 상황에서는 국내 여권 제도가 중요한 역할을 했다. 미국 노예와 마찬가지로 러시아 농노는 사실상 본인들이 일하는 농지 소유주의 사유재산이었다. 따라서 러시아 농노 역시 미국 노예와 마찬가지로 마치 가축처럼 사거나 팔거나 담보로 잡힐 수 있었으며, 생산 및 재생산[번식] 능력을 착취당했지만 정치적 참여에서는 배제되었다. 같은 시기에 미국에서 사용되던 노예 통행증이나 자유 문서와 유사하게, 러시아에서 사용된 국내 여권은 개인의 신원과 그 소지자의 적절한 위치를 증명했다. 이름, 인종 집단, 결혼 여부, 주소, 범죄 기록이 기재된 공식 서류가 없을 경우, 러시아 노동자는 아무런 법적 지위도 가질 수 없었다. 그렇다면 탈주한 농노 역시 체포와 학대의 위험이 끊이지 않는다는 점에서 도망 노예나 불법 이민자와 유사한 셈이다. 치치코프가 도망자 청중에게 잔혹하게 상기시키듯이, 소유주의 영역을 벗어나서 배회하는 농노는 경찰관의 요구에 따라 서류를 제시해야 했다. 실제로 농노 해방 이후에도 차르 치하의 러시아는 농민들에게 국내 여권 제도를 강제했으니, 이들의 이동을 규제하는 동시에 계절별 이주를 제한하기 위해서였다. 필요한 서류 없이 적발된 사람은 도망자나 부랑자로 간주되어 가혹한 처벌을 받았는데, 예를 들어 시베리아에 강제 재정착을 당할 수도 있었고, 오른쪽 팔뚝에 알파벳 머리글자 B라는 고통스러운 낙인이 찍힐 수도 있었다. 여기서 B는 러시아어로 각각 "도망자бродяга, brodjága"와 "부랑자беглец, beglets"의 머리글자이기 때문에, 결국 이들의 지위가 지울 수 없이 신체에 새겨지는 셈이었다.

여권 없는 유대인 화가, 마르크 모이셰 샤갈

『죽은 혼』의 삽화를 작업하던 1923년에 샤갈 자신도 여권 없는 남자가 될 위험에 (다시 한 번) 처했다. 1887년에 벨라루스Belarus의 유대인 상인 가문에서 모이셰 샤갈Moishe Shagal이라는 이름으로 태어난 그는 유년기를 보내던 시골을 떠나 미술을 공부하러 비텝스크Vitebsk로 갔으며, 나중에는 상트페테르부르크로 갔다. 당시 유대인은 국내 여권이 없으면 러시아의 수도에 들어갈 수가 없었기 때문에 (즉, 그가 회고록『나의 삶My

Life』(1923)에서 말한 것처럼 "그 유명한 허가"가 있어야 했기에), 비텝스크에 사는 친구에게 여권을 빌린 끝에야 그 유명한 제국예술장려협회Imperial Society for the Protection of Fine Arts에 다닐 수 있었다.[1] 1910년에는 더 자유로운 환경에서 화가 경력을 쌓기 위해 파리로 이주했으며, 그곳에서도 계속해서 동유럽 유대인의 모티프를 회화적으로 탐구하여 야수파며 입체파 화가들과 어깨를 나란히 했다. 그는 프랑스의 수도에서 샤갈Chagall이라는 이름을 사용하기 시작했으며, 바로 그곳에서 파란 소, 붉은 말, 하늘을 나는 사람, 지붕 위의 초록 바이올린 연주자까지 모두 자신이 성장한 배경이었던 민속 전통을 연상시키는 방식으로 표현하는 특유의 화풍을 발전시켰다. 몇 년에 걸쳐 승승장구한 끝에 샤갈은 1914년에 비텝스크로 돌아와 연인인 벨라 로젠펠트Bella Rosenfeld와 결혼했는데, 이후 제1차 세계대전이 발발하며 국경이 폐쇄되자 러시아에 그대로 갇히고 말았다. 새 신부와 함께 파리로 돌아갈 여권을 발급해달라는 마르크의 요청을 당국이 거절하자, 샤갈 부부는 유럽을 휩쓴 전쟁과 이후 벌어진 러시아 혁명과 내전 기간 내내 상트페테르부르크에서, 나중에는 모스크바에서 기다릴 수밖에 없었다. 급기야 화가는 소비에트미술위원회Soviet artistic committees와 일련의 미학적·이념적 논쟁을 겪게 되었으니, 저쪽에서는 유대인 민속 문화와 모더니즘적 혁신이 독특하게 혼합된 그의 작품을 좋아하지 않았기 때문이다. 개인적인 경제 문제와 러시아의 전반적인 식량 부족으로 화가 부부는 점점 더 고통을 겪었으며, 1920년대 초에 이르러서는 궁핍한 상태로 살아갔다.

샤갈은 덜 괴로운 환경에서 예술을 추구할 수 있는 파리로 돌아가기를 필사적으로 원했다. 하지만 여권은 1922년이 되어서야 발급받을 수 있었고, 그나마도 고위직 지인(계몽 담당 인민위원인 아나톨리 루나차르스키Anatoly Lunacharsky)의 도움을 받은 덕분에 가능했으니, 소비에트 정권이 이주를 엄격하게 제한하기 시작했기 때문이다. 이후 1923년에 샤갈은 파리로 향하기 전에 베를린을 경유했고, 이 과정에서 프랑스 비자가 필요하다는 사실을 알게 되었다. 하지만 베를린 주재 프랑스 영사는 처음에 비자 발급을 거부했다. 화가는 전쟁 이전 파리에서 지낼 때에 받았던 파리 경찰청장의 확인서를 제출한 다음에야 비로소 파리의 합법적인 거주자로 인정받아서 여권에 비자 날인을 받았다. 이 이주 예술가가 러시아 시민으로서 여행한 것은 이때가 마지막이었다. 프랑스로 돌아오자마자 마르크와 벨라와 아직 어린 딸 이다Ida는 사실상 무국적자가 되었기 때문이다.

난민과 무국적자와 인권의 위기

이 예술가 가족 말고도 무려 150만 명이 넘는 다른 러시아인들도 비슷한 처지에 놓였으니, 이들은 내전과 기근의 시대에 고국을 떠났고, 이후 여러 해에 걸쳐 유럽 각지며 세계 전역으로 흩어졌기 때문이다. 아감벤의 지적처럼, 이 시기야말로 세계 역사에서 "난민이 대규모 현상으로 처음 등장한" 시기였다.[2] 전후 몇 년에 걸쳐서 러시아, 오스트리아-헝가리, 오스만 제국이 해체되면서 수십만 명의 백계 러시아인, 아르메니아인, 불가리아인, 그리스인, 독일인, 헝가리인, 루마니아인이 고국에서 쫓겨났고, 그중 다수는 유효한 여권조차 없었다. 이와 동시에 국가 주권을 요구했기 때문에 떠난 이들의 귀화와 국적을 박탈하는 새로운 조치가 등장하게 되었으며, 무척이나 오랫동안 당연시했던 출생과 국적의 연계를 사실상 단절시켜버렸다. 새로 건설된 러시아 소비에트 공화국은 볼셰비키 정부가 이주를 규제했을 뿐만 아니라, 1921년 12월에 전 러시아 중앙집행위원회의 법령 발표를 통해서 일부 특별한 경우를 제외한 모든 망명자와 이주자의 시민권을 박탈해버렸다. 제1차 세계대전 이후 국제적인 여권 통제 제도가 확립되면서 무국적자의 지위도 확인되었는데, 이들은 여행 서류가 거부되거나 무효화됨과 동시에 출신 국가와의 법적 유대도 단절되는 경우가 많았다.

독일계 유대인 철학자인 해나 아렌트는 오랫동안 무국적으로 살았던 경험으로 과거 사건들을 회고하면서, (아감벤과 기타 동시대의 정치 사상가들에게 깊이 영향을 준 태도로) 출생국과 연계가 끊어지는 것이야말로 인권에 엄청난 위기라고 주장했는데, 왜냐하면 무국적자는 갑자기 공인되는 법적·정치적 지위가 없는 상태가 되기 때문이다. 모든 인간이 "가족국가"에 속한다는 편리한 허구는 더 이상 개인의 보편적 권리와 국가의 주권적 주장 사이에서 암묵적인 균형을 유지할 수 없었다. 아렌트는 다음과 같이 후술했다. "결국 인간의 권리가 '양도 불가능한' 것으로 정의되었던 이유는 정부와 별개라고 여겨졌기 때문이다. 하지만 인간에게 정부가 결여되어 최소한의 권리에 의존해야 하는 순간, 그들을 보호할 권위도 전혀 남지 않고, 그들을 기꺼이 보장할 제도도 전혀 없음이 드러났다."[3] 20세기에 수백만 무국적자의 운명은 독립된 개개인으로서 그들의 지위가 아니라, 그들이 법적 지위를 회복시킬 역량을 지닌 어떤 종류의 정치 공동체에 속하는가에 달렸다. 이제 자신의 기본권을 주장하기 위해서는 공식 서류와 확인증을 소지하고, 이들 서류를 가까이 안전하게 유지하는 것이 그 어느 때보다도 더 중요해진 것이다.

난센여권의 등장과 스트라빈스키

국제사회는 이러한 우려에 대응하기 위해 초기에 이른바 난센여권Nansen passport을 만들었는데, 실제로는 양차 대전 사이에 무국적자에게 발급된 각종 신원 증명 및 여행 서류 전체를 가리킨다. 이 기간 동안 난센여권을 인정한 53개국 정부에서 50만 개에 가까운 여권을 발급했는데, 그 형식은 나라마다 제각각이었으나 다만 이를 공식화하는 "난센 날인"으로 서로 연관되었다. 이 여권은 노르웨이의 동물학자이자 해양학자, 탐험가, 역사가이며 대학 교수 출신으로 훗날 인도주의자이자 정치인이 된 프리드쇼프 난센Fridtjof Nansen의 이름에서 따왔다. 그는 1921년에 국제연맹 산하 난민 담당 고등판무관 직위를 맡은 직후에 초국가적 여권에 대한 발상을 제안했다. 모험심 가득한 난센은 1890년대에 힘겨운 북극 탐험을 여러 차례 수행했으며, 이후 북대서양에서 해양 항해에 여러 차례 참여하면서, 시베리아 내륙의 상업 항로를 탐사하고 러시아인들과 긴밀하게 접촉하기도 했다. 그는 무국적 러시아인과 유럽 전역의 여러 난민을 위해 노력한 공로 덕분에 1922년에 노벨평화상을 수상했다. 난센의 이름이 붙은 여행 서류는 전후에 대두한 새로운 국민국가로부터 떨어져 나온 사람들에게 일종의 구명줄을 제공해주었다. 또한 여러 학자와 언론인은 이 여권에 구체화된 각국 정부 간 협력의 형태로부터 국제 난민법이 등장했음을 확인했다.

난센여권 덕분에 수많은 해외 거주 러시아 예술가, 작곡가, 저술가가 양차 대전 사이에도 활동을 지속했지만, 무국적 상태에서 비롯되는 시련은 항상 남아 있었다. 샤갈과 마찬가지로 이고르 스트라빈스키Igor Stravinsky도 전쟁 전에 파리의 예술계에서 명성을 얻었는데, 특히 1913년 급진적 전위 발레 작품인 〈봄의 제전The Rite of Spring〉의 초연이 결정적이었다. 하지만 샤갈과 달리 이 작곡가는 상트페테르부르크의 문화생활에서 두드러진 지위를 누리던 유력한 예술가 가문 출신이었다. 또한 샤갈과 달리 그는 전쟁 발발 직전에 고국을 떠나 스위스의 제네바 호숫가에서 전쟁이 끝나길 기다리면서 자신만의 복잡한 불협화음과 리듬을 발전시켜나갔다. 마찬가지로 샤갈과 달리 스트라빈스키는 한때나마 차르 지지자로 분류될 수 있었기 때문에, 1917년에 러시아 혁명이 일어나자 고국으로 돌아갈 수도 없고, 돌아가고 싶지도 않은 상황에 처했다. 볼셰비키가 승리를 거두자, 그는 사랑했던 고국을 완전히 상실한 셈이었다. 1922년에 스트라빈스키는 난센여권을 발급받았으며, 이와 동시에 러시아 작곡가라는 자신의 신원을 버리고 "내 생득권의 제한된 전통에서 벗어나는" 대신에 그 어떤 국가의 공동체적 연대로부터 분리된 상태로 "순수 음악"을 작곡해야 한다고 확신하게 되었다.[4] 다시 프랑스에서 살게 되자, 이 시기 그의 활동에는 새로운 여권이 중요해졌다. 벨기에, 덴마크, 독일, 이탈리아, 폴란드, 미국 등지에서 지휘자이자 피아노 연주자로 그가 첫 순회공연을 시작했기 때문이다. 우물쭈물하던 이 작곡가에게는 시의적절하게도, 난센여권을 이용한 순회공연 생활 덕분에 그는 아내를 가족과 함께 비아리츠Biarritz에 남겨둔 상태로 애인인 베라 드 보세Vera de Bosset와 오랫동안 연애를 지속할 수 있었다.

소비에트 정부의 귀화권 박탈과 나보코프의 난센여권

난센여권 소지자 모두가 이 서류로 큰 이득을 얻었다고는 할 수 없다. 『롤리타Lolita』(1955)로 국제적인 명성을 얻기 한참 전인 1917년 가을, 젊은 블라디미르 나보코프Vladimir Nabokov와 그의 가족은 (이들은 유서 깊은 귀족 혈통이었다) 혁명의 폭동으로 인해 삶이 위협을 받자 상트페테르부르크를 떠나 크림반도에 있는 친구의 집으로 도피했다. 1919년에 진군하는 붉은 군대를 피해 다시 한 번 도피를 떠난 나보코프 일가는 영국에 재정착했으며, 블라디미르와 동생 세르게이Sergey는 케임브리지 대학에 입학했다. 이듬해에 나머지 가족은 다시 한 번 베를린으로 이주해서 대규모 러시아 망명자 공동체의 일원이 되었다. 바로 이 시기에 소비에트 정부는 나보코프 가족을 비롯한 해외 거주자 다수에 대해서 귀화권 박탈 조치를 실시했다. 블라디미르는 방학 때 독일에 있는 가족을 찾아갔고, 1922년에 학교를 졸업하고 나서는 아예 베를린으로 이주했다. 이 젊은 작가는 훗날 회고처럼 "물질적 빈곤과 지적 사치"의 환경에 놓인 동료 해외 거주자들 사이에서 처음으로 시와 단편을 발표하기 시작했는데, 영향력 있는 아버지와 혼동되지 않도록 V. 시린V. Sirin이라는 필명을 사용했다.[5] 하지만 가족의 상황은 더 악화되고 말았으니, 나보코프의 아버지가 입헌민주당의 망명 지도자 파벨 밀류코프Pavel Milyukov를 보호하려다가 우익 암살자에게 살해되었기 때문이다.

모국과 아버지 모두를 잃은 블라디미르는 크나큰 충격을 받았다. 혁명 이후 가족과 함께 이주하는 동안, "우리에게 냉랭하게 정치적 피난처를 제공했던 이 나라나 저 나라에 우리가 물리적으로 온전히 종속되었다는 사실은 쓰레기 같은 어떤 '비자'나 악랄한 어떤 '신분증'을 취득하거나 연장해야 할 때마다 고통스럽게도 자명해졌다." 1925년에 그는 유대계 러시아인 망명자 베라 예브세예브나 슬로님Vera Yevseyevna Slonim과 결혼했다. 무국적자인 이들 부부는 공동생활을 시작하면서 더 나은 미래가 주어질지도 모른다는 기대로 (그와 정반대일 수 있다는 두려움에도 불구하고) 난센여권을 신청했다. 그의 첫 소설 『메리Mary』(1926)에 나보코프는 이런 정서의 흔적이 담긴 장면을 집어넣었다. 파리에 가면 삶이 더 나아지리라 생각한 어느 나이 많은 러시아 시인은 베를린을 떠나기로 작정하고, 필요한 여권을 발급받기 위해서 줄 서기와 인파와 고약한 냄새의 관료주의적 의례를 가까스로 통과하지만, 그 하루가 다가기도 전에 그 서류를 잃어버리고 만다.

이 젊은 러시아 소설가가 보기에 난센여권을 소지한다는 것은 딱히 혜택이라고 할 수 없었다. 그는 자서전『말하라, 기억이여Speak, Memory』(1951)에서 난센여권을 "병약한 초록색에 아주 질 낮은 서류"라고 언급했다. 또한 "그 소지자는 가석방 범죄자보다 딱히 더 나을 것도 없어서, 한 나라에서 다른 나라로 여행하고 싶을 때마다 가장 끔찍한 시련을 겪어야 했으며, 나라가 더 작을수록 더 요란법석이었다." 이 소설가에게는 물론이고 여권을 검사하는 이들에게도 난센여권은 그가 무국적자라는 사실을 항상 상기시켰다. 즉, 마뜩찮아 하는 수용 국가의 조건부 환대에 의존하고, 그 서류를 제시해야 할 때마다 사방에서 좁혀 들어오는 "탐욕스러운 관료주의의 지옥"에 노출될 수밖에 없는 입장이었던 것이다.[6] 이러한 난센여권과 관련된 불안에는 그만한 이유가 있었다. 비록 국제사회와 그 대표 기구인 국제연맹이 무국적자를 보호하기 위해 노력했지만, 이들은 또한 무국적 상태와 시민권의 합법적 의미에 대해서, 배제와 포함의 결정에 대해서, 국민국가 체제의 외부에 존재한다고 간주되는 사람들의 관리에 대해서 세계적 독점을 주장했기 때문이다.

이런 골치 아픈 규제에도 불구하고, 1933년 1월에 아돌프 히틀러Adolf Hitler가 독일 총리가 된 이후로 나보코프 가족의 상황은 훨씬 더 악화되었다. 이들 부부가 베를린에서 사는 동안, 베라는 블라디미르의 뮤즈이자 믿음직스러운 서기였고 개인 문학 비평가가 되어주었으며, 여러 해 동안 그의 주된 경제적 원천이었음은 두말할 것도 없었다. 하지만 나치 정권이 대두하면서 속기사이자 번역가로 그녀가 생계를 유지하기는 점점 더 위험해졌다.

히틀러를 가까스로 피한 나보코프 가족의 프랑스 탈출

새로운 나치 독일 정부는 일련의 반유대주의적 조치를 빠르게 도입했다. 3월에는 첫 번째 강제수용소를 설립했고, 4월에는 유대인 사업체에 대한 불매 운동을 조직했으며, 6월에는 독일 유대인의 신원을 확인하고 이들의 이동을 감시하기 위해 특별 인구 조사를 실시했다. 위협과 통제라는 정교한 행정 기법은 독일 주민 가운데 독일제국에 위협이 된다고 간주된 다른 무리들로 신속하게 확장되었다. 예를 들어 집시, 흑인, 동성애자, 장애인은 물론이고 정부에 이의를 제기하거나 더 나쁘게는 "퇴폐적entartet"이라고 간주되는 작품을 내놓은 수많은 예술가, 작가, 지식인도 포함되었다. 머지않아 반유대주의가 공식적인 국가 정책이 되면서, 슈테판 츠바이크의 책은 화형당했고, 마르크 샤갈의 그림은 금지되었으며, 젊은 해나 아렌트의 학계 경력은 전망 없이 소멸되었고, 그사이에 해외 각국의 영사관 밖에는 비자와 이민 서류를 얻으려고 수천 명이 줄지어 늘어섰다.

이런 배경 아래, 나치당은 독일에 사는 유대인을 주변부로 몰아내는 추가 조치를 실시했다. 그중에서도 중요한 조치는 "귀화 취소 및 독일 국적 박탈에 관한 법률Gesetz über den Widerruf von Einbürgerungen und die Aberkennung der deutschen Staatsangehörigkeit" 이었는데, 이로써 나치 정부는 제1차 세계대전이 끝난 뒤부터 귀화한 사람들 모두에게서 독일 시민권을 박탈할 수 있게 되었다. 1935년 9월에 이르러 나치당은 이 문제에 대한 악명 높은 법률을 두 가지나 더 내놓았는데, "독일의 혈통과 독일의 명예"를 보호한다는 미명으로 독일 태생 유대인을 시민권에서 배제하는 내용이었고, 이 모두를 합쳐 뉘른베르크 법Nürnberger Gesetze이라고 일컬었다. 훗날 아렌트가 강조했듯이, 전체주의 정부는 주권의 원리를 워낙 타락시켰기 때문에, 이른바 "순수한" 인종이나 국가와 "다르다"고 간주된 사람들을 추방할 "권리"마저 주장할 수 있었다. 이런 집단의 시민권을 박탈하는 과정에서 나치 정부가 내놓은 법률은 인간과 시민, 출생과 국적 사이의 유대를 효과적으로 단절시켰을 뿐만 아니라, 과거의 시민을 강제수용소로 보내는 길을 열어놓았다. 강제수용소에서 과거의 시민은 "정상적인" 사법 질서가 제공하는 모든 법적 보호를 빼앗긴 채 "벌거벗은 생명"의 영역에 놓였다.

예외 상태가 규범이 된 셈이었다. 1936년에 베를린의 상황이 갈수록 더 적대적으로 변해가며 베라의 근로 허가서가 인종 문제로 인해 취소되자, 이제 어린 아들 디미트리Dimitri까지 더해진 나보코프 가족은 이듬해에 난센여권을 이용해 프랑스로 이주했다. 칸Cannes, 망통Menton, 물리네Moulinet, 앙티브Antibes를 전전하던 가족은 마침내 파리의 러시아 망명자 공동체에 자리를 잡았으며, 잠시 조금이나마 경제적 안정과 신체적 안전을 얻었다. 실제로 이 시기에는 나치 정권의 악랄한 정책으로부터 피난처를 찾는 예술가와 지식인이 또 한 차례 프랑스 수도로 홍수처럼 밀려들었다.

하지만 1939년 9월에 프랑스가 독일에 전쟁을 선포하면서부터 모든 상황이 바뀌기 시작했다. 이후 8개월에 걸친 교전 없는 가짜 전쟁Phoney war이 끝나고 1940년 여름, 독일의 침공과 비시Vichy 정권의 수립으로 인해 프랑스의 러시아 망명자의 지위가 갑자기 국가에 봉사하며 빚을 진 사람들로, 이른바 '노역의무자prestataire'로 바뀌었다. 『VN: 블라디미르 나보코프의 생애와 예술VN: The Life and Art of Vladimir Nabokov』(1986)에서 앤드류 필드Andrew Field는 이런 새로운 상황을 다음과 같이 설명했다.

어느 누구도 그 법령을 이해할 수 없었지만, 그 잠재적인 위험은 누구에게나 명백했다. 난센여권은 굉장히 번거롭기는 했어도 (해외여행 신청서는 출발일로부터 최소한 3주 전에 제출해야만 했으며, 이 여권을 소지했다고 해서 자동으로 근로 허가를 받을 수 있는 것도 아니었다) 망명을 취소당할 대상이 아니었으며, 일반적인 상황에서는 그 소지자도 추방당하지 않았다. 그런데 이제는 고발이 이어지고 사람들이 체포되었다. 러시아인은 파시스트 망명자들과 반동주의자들로 이루어진 위원회에 소환되어서 유대인 혈통인지 심문을 당했다.7

이런 사태가 자신의 아내와 아들에게 어떤 의미인지 짐작한 나보코프는 진군해오는 독일군보다 먼저 프랑스에서 탈출하려고 정신없이 서둘러 준비했지만, 이들 가족에게는 여행할 돈도 거의 없었고, 골치 아픈 난센여권만으로 출국과 입국을 모두 확보해야만 하는 실정이었다. 다행히도 스탠퍼드 대학Stanford University에서 그를 러시아 문학 강사로 초빙하겠다고 제안한 덕분에 이 작가는 가족을 위한 미국 입국비자를 확보했으며, 돌아가신 아버지의 친구가 운영하는 유대인 구조 조직인 히브리인이민지원협회Hebrew Immigrant Aid Society, HIAS의 도움으로 대서양 횡단도 가능해졌다. 물론 비타협적인 프랑스 관료주의와 협상하여 '출국비자visas de sortie'를 얻어내는 문제가 남아 있었지만 말이다. 당시 이보다 더 중요한 서류는 또 없었다. 몇 달에 걸쳐 관공서마다 찾아가 애원하고, 급기야 "마지막 쥐구멍 속의 마지막 쥐"에게 적절한 뇌물을 건넨 뒤에야 비로소 원하던 결과가 나왔다.[8] 히틀러가 프랑스를 침공하기 불과 며칠 전인 1940년 5월 말에 나보코프는 아내와 어린 아들을 데리고 뉴욕으로 향하는 배에 올랐다. 그의 동생 세르게이는 나치 정권 하에서 동성애자들이 직면한 위험에도 불구하고 파트너인 헤르만 티메Hermann Thieme와 함께 유럽에 남는 쪽을 선택했다. 훗날 세르게이는 체포되어서 독일 북부의 강제수용소인 노이엔가메Neuengamme로 이송되었는데, 하필이면 나치 과학자들이 수감자들을 대상으로 끔찍한 의학 실험을 하는 곳이었다. 그는 1945년 1월에 그곳에서 사망했다.

츠바이크, "무국적자를 위한 여권"을 신청하다

무국적 상태로 권리를 박탈당한 채 계속해서 도피하고, 외국 정부의 변덕은 물론이고 당연히 환대에도 의존하는 경험은 1930년대와 1940년대 사람들에게 만연한 특징이었다. 이런 상황을 그 누구보다도 더 통렬하게 상술한 작가는 아마 슈테판 츠바이크일 터인데, 그 역시 1940년에 결국 뉴욕으로 갔다. 나보코프와 마찬가지로 츠바이크는 20세기의 비범한 작가 가운데 한 명이었고, 또한 마찬가지로 수차례 격변을 겪은 시대적 측면에서 그는 가장 전형적인 삶을 살았다. 본인의 말처럼, "오스트리아인이자 유대인이며 작가이자 인도주의자이며 평화주의자"인 츠바이크는 "항상 지진이 가장 격렬했던 바로 그 지점에 서 있었다."⁹ 1934년에 그의 책이 베를린에서 화형 당하고 ("애국심이라는 반주에 맞춰 커다란 모닥불 속에서 잿더미로 변했다") 오스트리아 공화국도 파시스트 정권의 오스트리아 연방국으로 변모하자 (급기야 그의 자택을 강제 수색까지 하자), 츠바이크는 잘츠부르크Salzburg를 떠나 런던에서 장기 체류하게 되었다.¹⁰ 정치로부터 "멀리 떨어져 있다"고 느낀 런던에서 그는 한동안 상당히 만족스럽게 살아갈 수 있었다.¹¹ 하지만 나치 독일이 오스트리아를 합병하고, 1938년에 츠바이크의 여권 만료 날짜가 임박하자, 그는 영국 정부에 또 하나의 "무국적자를 위한 여권"인 "긴급 백서白書"를 신청했다.

처음에 츠바이크는 이 새로운 필수품이 단순히 형식적인 것에 불과하며, 심지어 기념할 만한 일이라고 생각했는데, 왜냐하면 자신의 "세계시민주의적인 몽상" 속에서 그는 종종 "어느 나라에도 의무를 지지 않으며, 바로 그 이유 때문에 구분 없이 모든 나라를 애착할 수 있는 무국적자가 된다는 것이야말로 얼마나 아름다울지, 나의 내밀한 생각과 얼마나 진정으로 조화로울지 상상해보았기" 때문이다.¹² 하지만 그는 자신의 여권을 외국인 증명서로 교환하려고 어떤 관료의 대기실에 있는 민원 신청자 대기석에 앉아 기다리는 동안, 다른 느낌이 들기 시작했다.

오스트리아 여권은 내 권리의 상징이었다. 오스트리아 영사, 공직자 또는 경찰관은 누구든 내가 버젓한 시민의 입장에서 요구하면 내 앞으로 여권을 발급할 의무가 있었다. 하지만 나는 영국 증명서를 간청해야 하는 상황이었다. 이것이야말로 나로서는 반드시 얻어내야 하는 호의였을 뿐만 아니라, 어느 순간에든 철회될 수 있는 호의였다. 하룻밤 사이에 나는 스스로가 한 단계 더 낮아졌음을 깨달았다. 어제까지만 해도 나는 해외에서 온 방문객이었고, 말하자면 국제적인 소득을 소비하고 세금을 납부하던 신사였지만, 이제는 이민자, "난민"이 되고 말았다.

츠바이크는 무국적자의 곤경에 빠진 상태였으며, 양도 불가능한 법적 권리나 정치적 지위를 전혀 가지지 못했다는 이유에서 아렌트가 그토록 애처롭게도 묘사한 비인격체 가운데 하나가 되었던 것이다. 이후 그는 새로운 여행 서류에 찍히는 비자를 위해 번번이 특별 청원을 해야만 하는 입장이 되었다. 즉, "법의 보호를 받지 못하는 사람 가운데 하나로서, 나라 없는 사람 가운데 하나로서" 그는 사사건건 의심과 불관용에 직면했다. 왜냐하면 너무 오래 머물러서 눈총을 사더라도 딱히 그를 추방할 만한 곳도, 그를 받아들일 의무가 있는 고국도 없었기 때문이다. 이런 상황에서 츠바이크는 여러 해 전에 (마치 샤갈, 스트라빈스키, 나보코프와도 유사) 어느 러시아인 망

제5장

명자가 자신에게 했던 말을 계속해서 떠올렸다. "이전까지만 해도 사람은 단지 신체와 영혼만 가지고 있었습니다. 하지만 지금은 여권도 필요하며, 그게 없으면 사람대접을 받지 못할 겁니다."[13] 시민권을 포기하고 체류하는 국민국가의 환대에 전적으로 의존하게 되자, 츠바이크는 "인간은 자신이 주체가 아니라 객체이며, 만사가 공무상의 은혜에 의한 호의 말고 자신의 권리는 전혀 없다고 느끼게 되었다"고 절실히 자각하게 되었다.[14]

영화 〈그랜드 부다페스트 호텔〉의 무국적자

웨스 앤더슨Wes Anderson의 2014년 영화 〈그랜드 부다페스트 호텔The Grand Budapest Hotel〉에서도 이와 같은 감정적 요소가 일부 포착되는데, 엔딩 크레디트에 나온 것처럼 이 영화는 "슈테판 츠바이크의 저술에서 영감을 얻은" 결과물이다. 가슴 저미는 절망과 충격적인 폭력의 순간들을 이용해 앤더슨 특유의 변덕을 억누르는 이 영화의 배경은 전쟁 직전인 1930년대 가상의 중유럽 국가인 주브로브카Zubrowka 공화국이다. 정교하게 디자인된 주브로브카 화폐, 경찰 제복, 우표, 여행 서류는 모두 영화적인 환상을 만들어내는 역할을 한다. 한편, 동명의 호텔에 적용된 건축양식은 20세기 중반 할리우드 영화와 고산 휴양지를 묘사한 포토크롬 인쇄물에서 착안하여, 현실에서는 결코 존재한 적 없었던 세련되고 매력적인 세계에 관한 세계시민주의적인 환상을 제시한다. 하지만 유겐트슈틸 양식Jugendstil(독일의 아르누보 양식)으로 꾸며진 그랜드 부다페스트 호텔의 로비 너머로는 한창 대두하는 파시스트 정권과 임박한 세계 분쟁의 위협이 서서히 모습을 드러낸다.

이러한 위협은 영화가 시작되고 15분쯤 만에 명백해진다. 말쑥한 호텔 지배인 귀스타브Gustav(레이프 파인스Ralph Fiennes 분)와 "로비 보이Lobby Boy"인 제로 무스타파Zero Moustafa(토니 레볼로리Tony Revolori 분)는 친숙한 호텔을 급히 떠나서 기차에 올랐다가, 회색 제복을 입은 민병대 소속 병사들로부터 검문을 받는다. 바로 직전 장면에 "10월 19일, 국경 폐쇄"라는 어딘가 수수께끼 같은 자막도 나타나지만, 병사 가운데 한 명인 프란츠Franz가 두 여행자의 서류를 보자고 요구하면서 이제는 어떤 상황인지 명백해진다. 귀스타브는 쾌활한 농담으로 여권 의례를 신속히 통과하지만, 병사는 제로가 내놓은 너덜거리는 서류를 훨씬 더 오랫동안 들여다본다. 상황의 미묘함, 심지어 위험함을 감지한 귀스타브는 태연하게 끼어든다. "프란츠, 그건 3등급 근로자용 이민 비자입니다. 이 친구는 저희 직원이에요." 그럼에도 충돌은 격화되고 병사들이 여행자들을 거칠게 체포하자, 이전까지만 해도 흥분하지 않았던 귀스타브도 격노해서 소리를 지른다. "이 더럽고 저주받을 곰보투성이 파시스트 멍청이들아! 우리 로비 보이를 건드리지 마!" 그때 현장에 도착한 지휘관인 헨켈스Henckels(에드워드 노턴Edward Norton 분)가 귀스타브를 알아보면서 비로소 상황이 진정되는데, 이 장교가 여러 해 전에 "외로움 타는 꼬마"였을 때 그랜드 부다페스트 호텔에 머무는 동안 지배인이 자신을 "매우 친절하게" 대해주었기 때문이다. 병사들을 물린 헨켈스는 제로에게 임시로 자유롭게 이동할 수 있는 허가증을 써주더니, 귀스타브에게 이렇게 덧붙인다. "선생님의 동료는 무국적 상태입니다. 개정된 특별 이동 허가증을 신청해야 할 텐데, 솔직히 말씀드려서 지금 시점에서는 그걸 얻기가 매우 힘들 겁니다." 품위 있는 지배인이 보기에는 헨켈스의 중재야말로 "한때 인류라고 일컬어졌던 이 야만스러운 도살장에도 아직까지 문명의 희미한 깜박임이 남아 있었다"고 암시하지만, 그의 성급하면서도 어울리지 않게 속된 결론은 "하, 지랄"이다. 그는 방금 헨켈스가 한 말을 도무지 믿을 수가 없는 것이다.

영화의 후반부에 전쟁이 발발하면서 ("루츠 블리츠Lutz Blitz의 시작"이라고 자막으로 나온다) 이 막연한 착각을 더 이상 유지할 수가 없게 된다. 이제 침공군이 고산 도시를 점령하고, 호텔 깊숙이까지 침투해서 로비를 졸지에 적군 최고 지휘부의 집회장으로 만들고, 벽에다가는 SS를 연상시키는 깃발을 걸어놓는다. 서사가 "점령 21일째, 주브로브카 독립국이 공식적으로 존재하지 않게 된 날 아침"의 결말로 향하는 동안, 귀스타브와 제로는 (새색시 아가사Agatha와 함께) 다시 한 번 기차에 오르고, 이제는 SS 양식의 제복을 입어서 훨씬 더 위협적인 군인들에게 다시 한 번 붙들린다. 이전과 마찬가지로 귀스타브는 비록 블랙유머가 깃들기는 했지만 뭔가 가벼운 농담으로 긴장된 상황을 풀어보려 한다. "저희로선 난생처음으로 공식 암살단과 정식으로 인사를 나누게 되었군요. 안녕하십니까? (……) 플뤼 사 샹주Plus ça change(변해 봐야 거기서 거기), 이게 맞나요?" 하지만 로비 직원의 서류가 의심을 사고, 긴장이 고조되는 상황에서도, 이번만큼은 상황을 진정시킬 "문명화된" 지휘관이 나타나지 않는다. 대신 우리는 군인이 소총으로 제로의 머리를 가격하고, 귀스타브도 제복 차림의 다른 군인들과 몸싸움을 하는 모습을 보게 된다. 나중에 가서 훨씬 나이 든 (이제는 그랜드 부다페스트 호텔의 소유주가 되어 오래전의 이 불운한 사건을 회고하는) 제로(F. 머리 에이브러햄F. Murray Abraham 분)의 내레이션이 안타까운 듯 우리에게 설명한다. "한때 인류라고 일컬어졌던 이 야만스러운 도살장에도 아직까지 문명의 희미한 깜박임이 남아 있었다. (……) 그는 그중 하나였다." 우리는 또한 귀스타브가 나중에 점령군의 총에 맞아 죽었으며, 결국 그 깜박임도 완전히 사그라졌음을 제로를 통해 알게 된다.[15]

영국 여권 때문에 적국인이 된 조이스 가족

앤더슨이 만든 가상의 유럽사에서 묘사한 이런 곤경이야말로, 제2차 세계대전 초기에 서류를 발급받으려고 필사적으로 발버둥 치던 나보코프와 츠바이크 같은 사람들에게는 현실 그 자체였다. 제임스 조이스는 1939년 3월에 독일이 체코슬로바키아를 침공한 사건 때문에 자신이 무려 17년의 세월(양차 대전 사이의 기간 대부분)을 들여서 집필해 출간이 임박한 『피네간의 경야Finnegans Wake』(1939)에 세계가 관심을 두지 않게 될 수도 있겠다며 (반쯤 농담으로) 한탄하기도 했다. 하지만 전쟁의 잔혹한 현실이 삶을 꾸준히 침해하면서, 이 작가는 머지않아 자신의 신작보다 더 큰 걱정거리를 얻게 되었다. 1940년 5월에 독일이 프랑스를 침공하면서, 조이스는 여전히 소지하던 영국 여권 때문에 갑자기 "적국인"이 되었던 것이다. 그 와중에 군대에 갈 나이가 된 그의 아들 조르조는 독일에 억류되거나, 아니면 프랑스군에 징집될 상황에 놓였다.

전쟁의 공포가 점차 커져가면서 친구들이 하나둘 도시를 떠나자, 이들 가족도 덩달아 이미 한 해 전에 파리를 떠나 생제랑르퓌Saint-Gérand-le-Puy라는 작은 마을로 거처를 옮긴 상태였다. 한때 이 아일랜드인 소설가가 산책을 다녔던 제7구 거리를 이제 나치 병사들이 순찰하게 되자, 조이스는 제1차 세계대전 당시처럼 가족을 데리고 중립국 스위스의 취리히로 돌아가 현재의 충돌이 끝날 때까지 기다리려고 다급히 백방으로 노력했다. 하지만 국경을 넘어 알프스의 나라로 가는 일은 25년 전만큼 쉽지가 않았다. 게다가 이번에 조이스는 조현병을 앓았다고 알려진 딸 루치아도 걱정이었다. 그는 리옹 주재 스위스 영사관에 비자를 신청했지만 거부당했는데, 나중에 친구를 통해 알아보니 그가 유대인으로 간주되었기 때문이었다. 이 작가의 문학적 평판이 워낙 자자하여, 영사관 관계자 가운데 누군가가 그의 대표작 『율리시스』의 주인공인 유대인 레오폴드 블룸Leopold Bloom을 조이스 본인으로 오해한 모양이었다. 두 번째 비자 신청은 받아들여졌지만, 이 소설가가 스위스의 고위 공직자 여러 명을 동원해 신분을 보장받고, (취리히에 사는 친구가 지불해야 하는) 상당한 금액의 경제적 보증도 내세우고, 자신의 추가 자산에 대해서도 약간은 의심스럽지만 설득력 있는 진술서를 작성하고 난 뒤의 일이었다.

또한 조이스는 가족의 출국비자를 확보하기 위해 프랑스에 있는 영향력 있는 친구들(소설가 장 지로두Jean Giraudoux, 미술사가 루이 질레Louis Gillet, 랑콤 화장품의 설립자로 당시에는 비시 정부의 공직자였던 아르망 프티장Armand Petitjean 등을 망라했다)에게 지원을 부탁했다. 그는 상당한 노력 끝에 본인과 노라와 루치아의 출발 허가를 얻어냈지만, 군대에 갈 나이가 된 조르조는 아직 허가가 나지 않은 상태였다. 출국비자의 시한이 다 되어

가는 상황에서 이 청년은 1940년 12월의 어느 날, 생제랑르퓌 밖으로 나갔다가 발각되면 체포당할 수 있는 상황이었음에도 인근 도시 라팔리스Lapalisse까지 정신없이 자전거를 달려 이해심 많은 공직자 덕분에 간신히 여권에 날인을 받았다. 이 모든 일의 원인은 애초에 그의 아버지가 (당시 중립국이었던) 아일랜드 여권을 발급해주겠다는 제안을 일언지하에 거절했기 때문이었으니, 그 여권만 있었어도 이들 가족은 어려움 없이 프랑스를 떠났을 터였다. 이 소설가의 추론은 (비록 일을 그르칠 뻔했지만) 대략 자신의 개인적 독자성과 예술가의 자율성에 대한 원칙에 따른 다음과 같은 주장으로 요약된다. "평시에도 원하지 않았던 뭔가를 전시에 받아들일 수는 없다."[16]

에른스트, 프랑스와 게슈타포 양쪽에서 쫓기다

조이스 가족이 소신을 지키는 와중에도, 다른 사람들은 프랑스를 떠날 수 있는 수단이라면 뭐든지 찾아 나섰다. 지금부터 소개할 몇 가지 이야기가 반복해서 증명하듯이 모든 일은 적절한 여행 서류를 소지하는 데에 달려 있었다. 적절한 여행 서류야말로 전시 유럽이라는 시련에서 벗어나 대서양 너머의 안전을 발견할 수 있는 유일한 수단이었고, 무국적 상태의 온갖 위험을 극복하고 국민국가의 마지못한 환대에 접근할 수 있는 유일한 수단이었다. 프랑스가 독일에 전쟁을 선포한 직후인 1939년 9월, 프랑스 당국은 막스 에른스트를 "독일제국의 시민"(아울러 1936년 10월 17일자로 파리에서 발급된 독일제국 여권 제003185호 소지자)이라는 이유로 파리에서 체포했다. 무력 충돌로 인한 위기 상황에서 프랑스 정부가 마련한 억류수용소에서는 "국가 안보"를 지킨다는 구실로 사실상 법치가 유예되었다. 전쟁의 위협에 직면한 상황에서는 손님에게 더 이상 국민국가의 환대가 연장되지 않았다. 체류 국가 내에서 이동할 자유 역시 곧바로 철회되었다. 에른스트는 머지않아 엑상프로방스Aix-en-Provence의 레밀Les Milles로 이송되었으며, 타일 공장을 개조한 악명 높은 수용소에 억류되어 수백 명의 다른 독일인 예술가와 지식인과 함께 좁은 감방에서 지내게 되었다.

 20여 년 전처럼 이번에도 폴 엘뤼아르가 에른스트를 돕기 위해 나섰으며, 이 화가를 대신해 미사여구를 동원해 쓴 편지를 프랑스 대통령 알베르피에르 사로Albert-Pierre Sarraut에게 보냈다. 하지만 에른스트는 억류에서 풀려났다가 석방 결정문을 받기도 전에 다시 체포되었고, 결국 또다시 탈출했다. 도피 중에 그는 걸작 〈비 내린 후의 유럽Europe after the Rain〉(1942)의 작업을 어찌저찌 시작했는데, 이 작품은 앞으로 다가올 종말론적 세계를 엿볼 수 있는 초현실주의 풍경화였다. 독일의 프랑스 침공 이후, 사실상 전국적으로 법치가 유예되자 이번에는 게슈타포가 그를 퇴폐적인 화가이자 제국의 배반자로 추적하면서 에른스트는 이전보다 더 큰 위험에 처하게 되었다.

예술가와 지식인 난민 구조를 위해 나선 "미국의 쉰들러"

그리하여 에른스트는 또 다른 협력자의 놀라운 위업에 의존할 수밖에 없었다. "미국의 쉰들러American Schindler"라고 일컬어지기도 하는 배리언 프라이Varian Fry는 의외의 영웅이었다. 프라이는 하버드 대학Harvard University에서 고전학을 공부하며 《사냥개와 뿔피리Hound & Horn》라는 문예지를 창간했으며, 나중에는 인기 잡지 《리빙 에이지The Living Age》에서 해외 특파원으로 일했다. 1935년 여름에 《리빙 에이지》의 의뢰로 베를린으로 취재에 나선 그는 반유대인 폭동을 직접 목격하고, 반나치 조직을 위한 모금 활동을 돕게 되었다. 독일의 프랑스 침공 이후, 그는 더 직접적인 행동을 취하기로 마음먹었다. 1940년 6월 말, 프라이는 뉴욕에 사는 200여 명 넘는 저명한 문화계 인사와 손잡고 긴급구조위원회Emergency Rescue Committee, ERC를 설립했으며, 머지않아 영부인 엘리너 루스벨트Eleanor Roosevelt의 도움으로 미국 긴급 입국비자를 다수 얻어냈다. 8월 초부터 그는 비밀 구조 임무에 착수했으니, (한쪽 다리에 묶어 보관한) 현금 3000달러와 (대부분 유대인 예술가와 지식인으로 게슈타포에게 체포될 위험에 직면한) 저명한 난민의 명단을 가지고 마르세유에 도착했던 것이다.

프랑스 영토에 들어서자마자 프라이는 동료들을 모아 비밀조직을 구성할 필요성을 절감했다. 미국인원조센터American Relief Center, ARC는 유럽에서 나치의 위협을 피해 탈출하는 사람들을 "구조rescue"하는 실제 임무를 감추기 위해 외관상 인도주의적 "원조relief"를 하는 척했다. (ARC의 프랑스어 이름은 'Centre américain de secours'였는데, 'secours'는 "구조"와 "원조" 모두를 뜻한다.) 항상 협조적이지는 않은 미국 국무부와 교섭하여 비자를 얻어내는 업무 외에도, 프라이는 다양한 비밀 활동을 통해 난민 의뢰인들을 도왔다. 그는 독일인 해외 거주자(이자 저명한 경제학자)인 알베르트 오토 히르슈만Albert Otto Hirschman의 도움으로 위조 여권과 기타 서류 및 해외 영사관(칠레, 쿠바, 중국, 파나마 등)에서 입수한 해외 비자를 구입했고, 이를 통해 난민에게는 없어서는 안 될 스페인과 포르투갈의 경유 비자를 얻을 수 있었다. 급기야 프라이는 전담 위조자를 직접 고용하기에 이르렀는데, 모국인 오스트리아를 떠나 빌 프라이어Bill Freier라는 가명으로 활동 중인 젊은 유대계 정치 만화가 빌헬름 스피라Wilhelm Spira였다. 의뢰인들을 보호하기 위해서 프라이는 마르세유 외곽에 있는 살짝 낡은 저택인 빌라 에르벨Villa Air-Bel을 임대해서 도피 중인 사람들에게 임시 거주지로 제공했다. 사람들을 프랑스 밖으로 구출해주는 미국인에 관한 소문은 빠르게 퍼졌고, 유럽의 상황이 계속해서 악화되자 수백 명의 작가, 화가, 음악가를 비롯해서 면직된 정부 공직자와 그 밖의 필사적으로 안전을 찾아 나선 사람들이 그의 사무실로 직접 찾아오거나 편지를 보내서 지원을 간청했다.

에른스트의 그림이 에른스트를 구하다

에른스트도 프라이를 찾아간 이들 중 한 명이었는데, 프랑스로부터 억류되었다가 두 번째로 탈출한 직후에 빌라 에르벨로 찾아왔다. 이때 그는 자신의 그림도 여러 점 들고 왔다. 그 저택에 머무는 동안, 에른스트는 프라이와 ARC의 활동을 논의하러 마르세유로 찾아온 미국의 부유한 상속녀이자 예술 후원자 페기 구겐하임Peggy Guggenheim과 연애를 하게 되었다. 그사이 프라이는 이 화가가 미국 긴급 방문비자를 얻도록 주선했다. 마침 에른스트가 미국에 연고가 있어서 그 과정도 원활히 진행되었는데, 예를 들어 당시 뉴욕 현대미술관에서 일하던 그의 아들 지미Jimmy(독일 이름은 울리히Ulrich)가 자신의 상사에게 지원을 호소하기도 했다. 하지만 프라이조차도 출국비자는 쉽사리 입수할 수가 없었다. 서류가 끝내 도착하지 않을 경우를 감안하여, 프라이는 에른스트에게 상당한 위험을 감수하더라도 일단 비자 없이 리스본으로 가서 구겐하임과 만나 선편으로 뉴욕에 가라고 권고했다. 프랑스를 빠져나가 스페인 국경을 넘으려던 화가는 가뜩이나 감시가 강화되고 극도로 위험한 그곳에서 서류 미비로 담당관에게 붙들리고 말았다. 그런데 에른스트가 마침 챙겨간 자신의 그림 가운데 몇 점을 보여주자, 담당관의 마음이 움직였다. 급기야 그는 에른스트에게 프랑스로 돌아가야 한다고 말하면서도, 정작 손으로는 마드리드행 열차를 가리키면서 저걸 타야 한다고 슬그머니 알려주었다. 그로부터 몇 주 뒤에 에른스트는 구겐하임과 함께 안전하게 뉴욕에 도착했다.

비시 정권을 간신히 벗어난 샤갈

적절한 서류를 소지하는 것이 그 어느 때보다도 중요했지만, 프라이의 명단에 오른 사람들 일부는 상황이 너무 늦어버릴 때까지 미처 그 중요성을 파악하지 못했다. 마르크 샤갈과 그의 가족은 프랑스에 거주한 지 여러 해가 지난 1937년에야 비로소 프랑스 시민으로 귀화했다. 하지만 이 화가는 여권 때문에 계속해서 어려움을 겪었는데, 그가 한 편지에서 밝혔듯이 이미 여러 해 동안이나 "마르크 (본명: 모이세Moïse) 샤갈"이라는 이름으로 신원 증명 서류를 발급했던 프랑스 공직자들이 어떤 알 수 없는 이유로 인해 나중에 "'마르크'를 누락"시켰기 때문이다. 이는 '마르크 샤갈'로 세상에 알려진 이 유명한 화가가 더 이상은 그 이름으로 여행할 수 없다는 뜻이었고, 여차하면 그 신원에 수반되는 법적 보호도 잃을 위험이 있다는 뜻이었다. 아울러 나치의 위협과 널리 퍼진 반유대주의의 맥락에서 보자면, 이제는 그의 서류가 걱정스러울 만큼 유대인 혈통을 강조한다는 뜻이기도 했다. 샤갈은 앞서 시민권 취득을 도와주었던 프랑스 친구들에게 한 차례 더 도움을 요청했다. "자네가 당국에 힘을 써서, 마치 탐정소설처럼 커져버린 이 사소한 문제를 해결하도록 도와주면 무척이나 고맙겠네."[17]

하지만 1940년 늦봄부터 시작된 독일의 점령 이후에도 샤갈과 그의 가족은 비시 프랑스에 남아 있었으며, 반유대주의 법률이 도입되고 프랑스 유대인들이 게슈타포 요원들에게 쫓겨도 이들은 아랑곳하지 않았다. 바로 이즈음에 그의 작품은 독일의 미술관 벽에서 철거되어 공개적으로 불태워졌다. 샤갈에게 위험이 닥쳐오고 있음을 잘 알고 있던 프라이의 조직은 그에게 떠나라고 연이어 간청했는데, 이 화가는 게슈타포에게 체포될 위험에 직면한 예술가와 지식인 명단에 애초부터 포함되어 있었기 때문이다. 프라이는 심지어 1940년 가을에 샤갈이 뉴욕 현대미술관에서 열리는 전시회에 참석할 수 있게끔 (필수 서류인 미국 입국비자와 함께) 초청장까지 준비했지만, 이 화가는 새로 얻은 프랑스 시민권을 포기하기가 두려웠던지 그 제안을 받아들이기를 망설였다.

어쨌든 샤갈은 비시 프랑스의 새로운 반유대주의 법률에

따라 머지않아 시민권을 박탈당했다. 1941년 3월에 프라이는 마르세유 주재 미국 총영사 해리 빙엄Harry Bingham과 함께 고르드Gordes에 있는 샤갈의 작업실에 주말 내내 머물면서 프랑스를 떠나 미국으로 가라고 화가를 설득했다. 결국 화가 부부는 출발을 앞두고 마르세유의 어느 호텔에 투숙했는데, 경찰이 급습하는 바람에 체포되어 구금되어 버렸다. 최악의 상황을 우려한 벨라는 프라이에게 도움을 요청했고, 이 미국인은 곧바로 경찰서장에게 전화를 걸어서 이 저명한 화가의 구금 소식을 《뉴욕 타임스》에서 보도하면 경찰은 물론이고 비시 정권 전체에도 망신살이 뻗칠 것이라며 위협했다. 이 책략이 효과를 발휘해서 샤갈 부부는 풀려났지만, 이제는 그 또한 상황의 엄중함을 부정할 수 없게 되었다. 4월 초에 비시 정부는 추가 법령을 제정하여 프랑스 유대인들을 공직과 교직에서 내쫓았으며, 이후 그들의 시민권과 재산권도 박탈하는 조치에 돌입했다. 출국 방법을 물색하던 샤갈 부부는 프랑스 시민권을 상실하면서 생애 두 번째로 무국적 신세가 되었다. 심지어 이번에는 여차하면 강제수용소로 끌려갈 위험까지도 임박했다. 점점 더 위급해지는 상황에 프라이조차도 이들 부부를 위한 출국비자를 얻을 수는 없었지만, 대신 스페인 국경을 넘어 포르투갈에서 대서양 너머로 떠나는 비밀 수송 작전을 펼칠 수는 있었다. 샤갈 부부는 1941년 5월에 리스본에 도착했고, 그로부터 한 달이 조금 지나서 뉴욕에 도착함으로써 마침내 전쟁에서 벗어나 안전해졌다.

"언젠가 유명해질" 아렌트, 뉴욕으로 탈출하다

프라이와 ARC는 최대 4000명에 달하는 사람들을 나치 정권에서 구출했다. 하지만 세계적인 전쟁, 갑작스러운 시민권 박탈, 무국적 상태의 수많은 위험 등에 직면하다 보니, 이 조직이 할 수 있었던 일도 딱 그 정도까지였다. 작은 책자 하나에 따라 일시적으로 극복할 수도, 영구적으로 악화될 수도 있는 취약성에 대한 의식이 만연해졌다. 이는 결국 이전과는 근본적으로 다른 종류의 ("인간"과 "시민"의 개념이 붕괴되는 것을 넘어선) 정치가 대두했다는 뜻이었으며, 이에 관해 처음으로 상술한 사람들 가운데 한 명이 바로 해나 아렌트였다. 1933년 2월에 제국의회의사당 화재 사건이 터지자, 그녀는 나치당에 대한 공개적인 비판이나 시오니스트 집단과의 비밀 협력 등 그동안 자신이 해온 활동을 감안하면 독일을 떠나야 한다고 생각했다. 아렌트는 여권이나 기타 여행 서류의 혜택조차 없이 무작정 해외로 떠났다. 이후 10년이 넘도록 그녀는 무국적 상태였으며, 처음에는 프라하와 제네바에 머물렀고, 나중에는 파리에 머무르면서 여러 유대인 난민 조직을 위해서 일했다. 전쟁이 발발하자 아렌트는 프랑스 남부의 귀르스 수용소 Camp de Gurs에 "적국인"으로 억류되었지만, 프랑스의 패배로 인한 혼란을 틈타 비시 지역으로 탈출했다. 이때 수용소에서 도망치지 못한 사람들 대다수는 훗날 독일에 있는 여러 절멸수용소로 이송되었다. 이 혼란스러운 시기에 아렌트는 아이러니한 당시 상황을 숙고하면서 훗날 자신의 최초 주저가 될 『전체주의의 기원The Origins of Totalitarianism』(1951)을 조금씩 저술하기 시작했다. 1943년에 그녀는 다음과 같이 썼다. "[우리는] 새로운 종류의 인간이다. 즉, 적에 의해 강제수용소에, 친구에 의해 억류수용소에 수감되는 종류의 인간이다."[18]

다른 수많은 사람과 마찬가지로, 아렌트와 그의 남편인 시인 하인리히 블뤼허Heinrich Blücher는 미국행 비자를 찾아서 마르세유로 갔다. 1940년 10월에 두 사람은 프라이를 찾아가 도움을 요청했지만, 당시까지만 해도 알려지지 않은 작가였던 그들은 프라이의 예술가와 지식인 명단에는 들어 있지 않았다. 그 명단에 저명하지 않은 사람은 극소수였기 때문이다. 프라이의 오른팔인 히르슈만의 중재 덕분에 (그는 블뤼허와 개인적으로 아는 사이였으며, 아렌트에 대해서는 "언젠가 유명해질 여자"라고 단언했다) ARC는 미국 국무부의 지시를 어기면서까지 이들 부부가 필요한 서류를 얻을 수 있도록 자원을 제공했다. 그 서류란 바로 "여권 대용 신원 보증서," 프랑스어로 된 "신원 및 여행증명서," 미국 긴급 입국비자였다.[19] 1941년 1월

도판 12. 해나 아렌트가 1938년에 발급받은 "독일 출신 난민을 위한 신원 및 여행증명서(Certificat d'identité et de voyage pour les réfugiés provenant d'Allemagne)."

에 비시 정부는 출국 허가 정책을 잠시 완화해서, 아렌트와 블뤼허가 기차를 타고 리스본으로 떠날 수 있도록 허락했다. 이후 HIAS의 도움으로 두 사람은 뉴욕행 여객선에 탈 수 있었다. 그리하여 아렌트는 끔찍한 경험을 통해서 익명의 무국적자가 얼마나 취약해질 수 있는지 알게 되었으며, 나중에 "시민권의 상실은 사람들에게서 보호만이 아니라, 명백하게 확립되고 공식적으로 인정되는 신원조차도 모조리 박탈했다"고 고찰했다. 이런 상황에서는 "오로지 명성"("이름 없는 방대한 군중으로부터 한 사람을 구조해줄 만큼 탁월한")만이 안전을 회복하는 데에 도움이 되었다. "유명한 난민의 처지가 향상될 가능성이란, 그저 일반적인 떠돌이 개에 비해 품종견의 생존 가능성이 더 높은 것과도 마찬가지이다."[20]

발터 벤야민, 스페인 국경을 넘지 못하고 자살하다

저명하지 않은 난민 다수는 아렌트나 블뤼허처럼 탈출하지 못했다. 비범한 작가이자 사상가인 발터 벤야민Walter Benjamin도 마찬가지였다. 문화 이론가이자 사회학자이며 철학자이자 유대교 신비주의자인 그의 저술은 지난 80년 동안 인문학과 사회과학의 여러 부문에 영향을 미쳤다. 벤야민은 베르톨트 브레히트Bertolt Brecht와 가까운 친구였고, 1930년대에는 프랑크푸르트학파의 명예회원으로 연구 지원을 받으며 테오도어 아도르노Theodor Adorno와 막스 호르크하이머Max Horkheimer 등과도 교류했다. 또한 그는 파리에서 아렌트와 가까운 친구로 지냈으며, 그녀와 마찬가지로 나치 독일을 떠났고, 게슈타포에 의해 시민권을 박탈당했다. 벤야민은 아렌트와 마찬가지로 파리에서 불안한 삶을 이어나갔으며, 나중에는 한동안 프랑스의 수용소에 억류되어 있었다. 하지만 그는 아직 유명하지 않았고, 적절한 근거 자료를 가지고 프라이의 조직을 찾아가지도 못했다. 독일 침공 당시에 그는 이미 7년째 망명 중이었으며, 유럽의 이곳저곳을 전전하며 최소한 28회 이상 주소를 바꾸었다. 그러니 벤야민이 1940년 6월 초까지 (개인적으로나 직업적으로나 크나큰 의미가 있는 장소인) 파리에 머무르겠다고 고집하다가, 독일군이 샹젤리제를 행군하기 딱 하루 전에야 비로소 프랑스 수도를 떠난 것도 그다지 놀랄 일은 아니다. 몇 차례 지연된 끝에 그 역시 난민의 도시 마르세유로 찾아왔으며, 아렌트를 만나 타자기로 친 「역사철학 테제Über den Begriff der Geschichte」의 원고를 건네주었다. 그녀는 훗날 이 원고를 아도르노와 호르크하이머에게 전달했는데, 두 사람은 이미 몇 년 전에 유럽을 떠나 뉴욕에서 (원래 '망명대학University in Exile'이라고 일컬어졌던 대학원의 교수진으로) 사회 연구를 위한 뉴스쿨New School for Social Research을 운영하고 있었다.

물론 벤야민이 안전을 확보하고 미국에 있는 동료들과 만나기 위해서는 프랑스 체류 허가서, 프랑스 출국비자, 스페인을 거쳐 포르투갈로 가는 경유비자 그리고 당연히 미국에 입국하기 위한 또 다른 비자까지 각종 공식 서류가 필요했다. 그는 친구들의 도움으로 미국 영사에게 긴급비자를 얻었지만, 수많은 동료 난민과 마찬가지로 출국비자는 결국 손에 넣지 못했다. 출국비자가 없다면 다른 서류도 소용이 없었다. 하지만 프랑스 당국에 출국비자를 신청할 경우, 독일인 난민이라는 자신의 지위를 알리는 꼴이 되어서 게슈타포로부터 원치 않은 주목을 받게 될 터였다.

1940년 9월, 출국비자를 끝내 얻지 못할지도 모른다는 두려움에 벤야민은 피레네산맥Pyrénées을 넘어서 스페인의 포르트보우Portbou까지 걸어가려는 소수의 다른 난민들과 몰래 프랑스를 떠나기로 운명적인 결정을 내렸다. 산맥 횡단은 가벼운 산책과는 거리가 멀었는데, 해발 550미터의 산길을 지나고, 무려 16킬로미터가 넘는 울퉁불퉁한 산지를 걸어야 했기 때문이다. 전쟁 중에 이 여정을 나섰던 난민들은 대부분 억류수용소에 오래 머물렀거나, 게슈타포를 피해 여러 달 동안 숨어 지내며 제대로 먹고 자지 못했던 까닭에 체력이 약한 상태였다. 행동가가 아니라 문필가였던 벤야민은 성인이 된 뒤로 줄곧 허약했으며, 여러 해 동안 망명생활을 거치면서 이제는 천식과 심계항진까지 앓고 있었다. 그럼에도 불구하고 9월 말에 그는 또 다른 구조 활동가 리사 피트코Lisa Fittko의 안내를 받아 마르세유에서 만난 다른 난민 두 명과 함께 국경을 넘기로 했다. 그는 여행 내내 몇 번이나 뒤처지며 악전고투했는데, 자신의 기록물이 담긴 무거운 검정색 여행 가방을 고집스럽게 챙겨 가느라 더욱 힘들 수밖에 없었다. 여행 가방에는 미국 외무국에서 발급한 여권, 추가 서류 여러 장, 추가 서류에 사용하려던 여권 사진 여섯 장은 물론이고, 피트코의 말에 따르면 벤야민이 본인의 목숨보다도 훨씬 더 가치가 있다고 여긴 듯한 미확인 원고도 들어 있었다.

산맥 횡단의 어려움에도 벤야민은 다른 사람들과 함께 9월 26일에 포르트보우에 도착하는 데 성공했지만, 불과 하루 전

제5장

에 프랑스의 출국비자가 없는 사람들의 국경 통과를 금지하는 조치가 내려졌다는 소식을 접하게 되었다. 가뜩이나 힘겨운 여정으로 지친 상태였던 벤야민은 극심한 절망에 빠졌으니, 프랑스로 송환되면 십중팔구 독일군의 손에 넘겨지게 되리라고 생각한 까닭이었다. 그날 늦은 저녁, 프랑스 국경에 있는 작은 호텔 방에서 이 저술가는 몇 달 전에 파리를 떠나면서부터 들고 다니던 모르핀 알약 한 줌으로 스스로 목숨을 끊었다. 이후의 경찰 조사에 따르면, 그의 여권과 원고가 들어 있는 여행 가방이 방 안에 놓여 있었다고 하지만, 그 물건들은 머지않아 역사에서 사라지고 말았다. 가장 잔인한 아이러니는 벤야민이 자살한 바로 다음 날에 스페인 당국은 국경 통과를 다시 허가했으며, 덕분에 나머지 동행자들은 포르투갈과 안전을 향해 계속 나아갈 수 있었다는 점이다.

오늘날까지 계속되는 난민 위기와 "권리를 가질 권리"

전시 유럽의 위험으로부터 난민이 탈출할 수 있었다는 사실은 그들의 인권이나 너그러운 정부의 보호와는 사실상 아무 관련이 없었다. 오히려 우연에 의존하는 경우가 너무 잦았다. 누군가는 마음이 변한 공무원의 손짓에 따라 기차에 올라탈 수도 있었고, 또 누군가는 헌신적인 활동가의 지원을 받을 수도 있었다. 하지만 또 다른 누군가는 정부 기관이나 국경 수비대의 변덕 때문에 탈출이 막힐 수도 있었다. 과연 무국적자는 그들을 보호하는 국민국가가 없는 상태에서 어떤 양도 불가능한 권리를 가질 수 있었을까?

그로부터 10년 뒤, 미국에 도착해 안전해진 아렌트는 이 모든 일로 귀결된 조건에 대한 자신의 해설을 발표했다. 『전체주의 기원』의 주요한 장에서 그녀는 난민으로서 자신이 경험하며 알게 된 무국적자의 지위란, 더 이상 어떤 주권 국민국가의 시민이라고 주장할 수 없는 새로운 계급의 인간이라고 숙고한다. 인간의 "양도 불가능한" 권리를 누려야 마땅함에도 불구하고, 난민은 오히려 이 개념의 급진적인 위기를 구체화했다. 시민권을 잃은 사람은 이와 동시에 고용, 교육, 이동의 자유, 심지어 인간의 가장 기본적인 권리인 생존권조차도 잃는다. 아렌트는 이 상황을 간결하면서도 통렬한 공식화로 요약한다. 즉, 무국적자는 "권리를 가질 권리"조차도 부정 당한다.[21] 이 표현은 나치 정권과 제2차 세계대전이라는 격변이 초래한 난민 위기에 반향을 일으켰으며, 금세기 지정학적으로 규정된 또 다른 난민 위기에도 계속해서 공명하고 있다. 우리는 계속해서 끔찍한 논리를 견지하고 있는 셈이다.

크리스티안 페촐트Christian Petzold의 영화 〈트랜짓Transit〉(2018)은 설득력 있는 가상역사적 각색으로 이런 쟁점의 지속성을 포착한다. 아나 제거스Anna Seghers의 1944년 동명 소설이 원작인 이 영화는 파리에서 체포당할 위기를 가까스로 피해 마르세유로 향하는 게오르크Georg(프란츠 로고브스키Franz Rogowski 분)라는 독일 난민의 이야기이다. 그가 프랑스를 떠나려면, 자신이 손에 넣은 서류의 소유자이자 최근 사망한 작가 바이델Weidel로 행세하는 것이 관건이다. 이 소설의 세부 내용 가운데 많은 부분은 제거스 본인의 경험이 바탕이 되었는데, 앞서 설명한 여러 난민과 마찬가지로 1940년대 초에 그녀는 남편과 함께 바로 그 항구도시 마르세유를 통해 프랑스에서 탈출하려 했다. 하지만 영화는 이 세부 내용의 배경을 현대로 옮겨 놓는다. 즉, 2010년대 말에 프랑스를 독일군이 휩쓸고, 유럽인들이 전쟁의 위험을 피해 탈출하려고 필사적으로 노력한다. 이런 시대적 변화에 발맞춰서, 이 영화는 현대의 난민 위기 또한 암시하고 있다. 마르세유에 도착한 게오르크는 죽은 친구들 가운데 한 명의 아내인 멜리사Melissa(마리암 자레Maryam Zaree 분)와 그 아들 드리스Driss(릴리엔 바트만Lilien Batman 분)를 만나게 되는데, 이들은 그곳에서 불법으로 살아가는 중동 이민자이다. 영화의 상당 부분은 북적이는 영사관 여러 곳에서 게오르크가 죽은 작가의 신원 증명 서류를 이용해서 출국비자를 얻으려는 내용이 포함된다. 이 과정에서 게오르크는 죽은 작가와는 소원한 관계였던 그의 미망인을 몇 번이나 우연히 만나는데, 그녀 역시 게오르크와 같은 목적으로 그 도시에 온 것이다. 결국 게오르크는 프랑스를 떠날 기회를 미망인에게 양보하지만, 그녀가 탄 선박이 출발 직후에 적군의 어뢰 공격을 받고 침몰해서 승객이 모두 사망했다는 사실을 전해 듣게 된다. 뒤죽박죽이 된 신원과 게오르크에게 제안된 탈출 그리고 그의 관대함이 불러온 비극적 결과까지 모두 난민 상황에서 우연의 역할, 여권과 비자에 의해 좌우되는 세계의 불확실성을 역설한다. 그 와중에 현대적 배경, 멜리사와 드리스의 존재는 이런 상황이 제2차 세계대전의 종전 이후로도 오랫동안 우리 곁에 남아 있었음을 상기시킨다.

제6장

이주자와 마르크스주의자

아이웨이웨이, 여권 통제 의례를 신랄하게 패러디하다

세계의 난민 위기를 다루어 여러 상을 수상한 아이웨이웨이의 다큐멘터리 〈유랑하는 사람들Human Flow〉(2017)에는 여권 통제 의례의 이례적인 사례가 하나 등장한다. 이 장면에 앞서 영화는 너무 많은 승객을 태우고 레스보스Lesvos 해안으로 천천히 떠밀려오는 고무 구명보트의 선단, 카메라 드론을 띄워 내려다본 이라크 황량한 사막의 난민 수용소, 유럽 본토로 가는 거대한 여객선에 밀려드는 난민들, 풍경을 가로질러 서쪽으로 헝가리 국경을 향해 걸어가는 이민자들의 끝없는 행렬, 시리아와 요르단 국경의 황량한 무인지대에 있는 대규모 난민 수용소 등을 보여준다. 이 모든 장면은 〈유랑하는 사람들〉이 촬영될 당시에 기근, 기후 변화, 전쟁으로 인해 전 세계 6500만 명 이상이 고향을 떠날 수밖에 없었던 난민 위기의 규모가 얼마나 거대한지 느끼게 한다. 지나치게 방대하고 지나치게 비극적이어서 사실상 온전히 이해하기조차 불가능한 위기를 기록하려다 보니, 이들 장면은 우리에게 거리감, 조용한 관망, 심지어 미화美化까지 전달한다. 하지만 이런 방대한 장면들 사이에는 보다 친밀한 광경도 삽입되어 있다. (아이웨이웨이가 직접 진행하기도 한) 인터뷰도 그중 하나로, UN 직원과 국제앰네스티 인권침해감시단, 정부 공직자, 요르단의 다나 피라스Dana Firas 공주는 물론이고, 이주자도 여러 명 등장해서 고국은 안전하지 않고 다른 모든 곳에서는 원치 않는 추방자가 된 각자의 지위에 대해 숙고한다.

영화의 중반부에 이 중국의 반골 미술가 출신 다큐멘터리 제작자는 그리스와 마케도니아 국경의 이도메니Idomeni에 있는 난민 수용소에 들어가고, 그의 카메라는 신체적인 생존을 위한 의례적인 일상을 목격한다. 남자들은 작은 나일론 천막에 들어가 비를 피하고, 엄마와 아이들은 온기를 유지하려고 서로를 꼭 끌어안고, 수용소의 주민들은 임시로 지핀 모닥불에 요리를 하고, 또 다른 사람들은 울타리 근처에서 장작과 야생 구근을 모으고 있다. 마이크에는 진흙 바닥을 터벅거리며 걷는 발소리며 아랍어로 빠르게 대화하는 소리, 비와 안개와 추위 속에서 고통스러워하는 사람들의 거친 기침소리가 뒤섞여 포착된다. 아이웨이웨이는 수용소를 이리저리 돌아다니며 대화를 나누고, 다른 일상생활을 촬영한다. 그러다가 장면은 한 이주민 남성의 웃는 얼굴을 보여준다. 그 주위에는 다른 이주민도 여럿 모여 있고, 모두 비를 피하려고 후드를 뒤집어썼는데, 몇몇은 환하게 미소를 짓고, 몇몇은 그냥 멍한 표정이다. 남자가 두꺼운 외투의 지퍼를 열기 시작하자, 화면 밖에서 아이웨이웨이가 이렇게 말한다.

아이웨이웨이: 제 중국 여권을 보여드리죠. 저도 여권이 있습니다.
마흐무드　　 : 그래요. 여권을 교환합시다.
아이웨이웨이: 저는 시리아인이 되고, 당신은 중국인이 되는 겁니다. 그렇죠?
마흐무드　　 : 예. 그러면 좋겠네요.
아이웨이웨이: 내 여권이 어디로 갔나? 아, 여기 제 여권이 있네요. 그러면 이제 당신은 중국으로 가고, 저는······.
마흐무드　　 : ······시리아로 가는 거죠.
아이웨이웨이: 맞아요, 맞아요, 맞아요. [두 사람은 서로에게, 이어서 카메라를 향해 여권을 보여준다.] 당신은 이걸 갖고, 저는 그걸 갖는 거죠.
마흐무드　　 : 정말 감사합니다!

아이웨이웨이: 그러면 제 새로운 이름이 뭔가요?

마흐무드　　　: 마흐무드.

아이웨이웨이: 마흐무드?

마흐무드　　　: 예.

아이웨이웨이: [여권에 적힌 인적사항 페이지의 내용을 읽으며] 마흐무드. 압둘라 마흐무드.

마흐무드　　　: 제 천막도 드릴게요.

아이웨이웨이: 제 이름은 아이웨이웨이입니다. 그렇다면 다음번에는 당신이 아이웨이웨이이고, 저는······.

마흐무드　　　: 마흐무드인 거죠. 만나서 만갑습니다. 혹시 제 천막을 갖고 싶으시다면. 그것도······.

아이웨이웨이: [여권을 주머니에 집어넣는 척하며] 당신 천막도요? 그러면 당신은 베를린에 있는 제 작업실을 가지셔야겠군요. 베를린에 제 작업실이 있거든요.

마흐무드　　　: [여권을 도로 내밀며] 고맙습니다. 정말 고맙습니다.

아이웨이웨이: 저는 당신을 존중합니다. 존중해요······.

마흐무드　　　: 우리는 반드시 존중해야 하죠······.

아이웨이웨이: ······여권을요. 저는 당신도 존중합니다.

이 교환은 여권 통제 의례를 신랄하게 패러디한 장면으로, 여권 소지자가 체류할 국민국가에 위협이 되는지 판정하기 위

제6장

도판 13. 〈유랑하는 사람들〉(2017)에서 미소를 짓는 압둘라 마흐무드(왼쪽)가 아이웨이웨이와 여권을 교환하고 있다.

해 서류를 검사하고 소지자를 심문하는 대신, 아이웨이웨이는 자신의 여권, 자신의 신원, 자신의 시민권이라는 형태로 급진적인 환대를 표현한다. 물론 우리는 이 패러디 장면이 벌어지는 배경이 난민 수용소라는 점을 무시할 수 없다. 아감벤이 고찰했듯이, 심지어 인도주의 조직이 운영하는 시설조차도 난민의 정치적 존재를 인정하고 그들의 입장에서 정치적 행동을 취하기보다 그들을 신성한 또는 "벌거벗은 생명"으로 대하며 입히고 먹이는 한, 억압적인 국가권력과 공모할 수 있다. 이런 의미에서 수용소는 예외 상태가 영구적으로 합의된 장소이며, 이는 다른 곳에서 여권이 제공할 수 있는 그 어떤 보호도 이곳에서는 아무런 영향도, 아무런 힘도 없다는 뜻이다. 마흐무드와 다른 이주자들은 법률로부터 내버림을 당한 공간에 있는 상태이다. 이들은 "가족국가"로부터 의절 당해 고아가 되었고, 이제는 어떤 국민국가에서 황송하게도 그들을 초청할 때까지 (물론 그런 일이 실제로 일어날 가능성은 적지만) 이 수용소, 저 수용소를 전전하며 하루하루 살아남아야 할 운명이다.

따라서 수용소라는 배경은 아이웨이웨이와 마흐무드의 대화 장면에 애처롭다 못해 비극적이라고까지 할 수 있는 분위기를 더한다. 만약 누군가의 신원, 누군가의 소속, 누군가의 법 앞의 지위가 그토록 손쉽게 다른 사람에게 이전될 수만 있다면. 만약 세계적으로 유명한 미술가가 절박한 이주자의 자리를 대신할 수만 있다면. 만약 이들이 중국이나 시리아에서 출생했다는 우연을 맞바꿀 수만, 되돌릴 수만 있다면. 만약 이주자의 삶을 둘러싸고 있는 국경과 국가라는 허구가 또 다른 허구로 재구성될 수만 있다면. "그렇다면 다음번에는 당신이 아이웨이웨이이고, 저는…… 마흐무드인 거죠."[1] 나는 당신의 가치 없는 여권을 가질 테니, 당신은 내버려진 이주자이자 외면 받는 난민의 운명에서 벗어나 인정과 이동성 그리고 미래를 부여하는 여권을 가지라는 것이다.

어떤 종류의 여권을 갖고 있는가

아이웨이웨이가 카메라 앞에서 보여주는 이 짧은 장면은 이민자의 상황과 그의 시리아 여권의 지위를 노골적으로 무시한다고 보기 쉬울 (어쩌면 합당할) 것이다. 하지만 이러한 관점은 상황을 잘못 해석하는 셈이다. 이 장면은 현재 난민 위기의 잔혹한 우연성을 명백히 부각시킨다. 제2차 세계대전 당시 유럽에서와 마찬가지로, 오늘날 한 사람의 운명은 어떤 종류의 여권을 갖고 있는지와 밀접하게 연관된다. 여권은 그리스와 마케도니아 국경의 난민 수용소에 들어가게 할 수도 있고, 베를린에 있는 예술 및 제작을 위한 대형 스튜디오로 가게 할 수도 있다. (실제로 수용소의 많은 거주민은 독일을 자신들의 목적지이자 도피처라고 밝혔는데, 그야말로 1930년대와 1940년대에 유랑하는 사람들과는 냉혹하리만치 아이러니한 역전인 셈이다.) 하지만 아이웨이웨이가 자신의 예술적 근거지를 베를린에 두고 있다는 사실은 근대성을 지배하게 된 퇴거에 관한, 국가 통제에 관한, 일반화된 예외 상태에 관한 또 다른 역사를 말해준다. 〈유랑하는 사람들〉에 관한 언론 인터뷰에서 그가 기록한 이주자나 난민과 자신의 관계에 대해 질문을 받았을 때, 아이웨이웨이가 거듭 주장한 내용은 그들과 자신이 동일하며, 유명한 예술가라는 자신의 목소리를 이용해 세계무대에서 그들에게 목소리를 부여하고 싶다는 것이었다. 또한 그는 관객(그리고 전 세계 정부)을 향해 이주 위기의 윤리적 위험을 고려해달라고 거듭 호소했다. 다시 말해, "인류를 하나로 생각"해야 하며,

누군가의 권리가 침해되면 모두의 안녕이 위험에 처한다는 것이다.

아이웨이웨이는 이 인터뷰에서 정치적 유배자로 살았던 자신의 유년기 이야기도 했다. 그가 겨우 한 살이었던 1958년에 그의 아버지이자 유명 시인이었던 아이칭艾靑은 마오쩌둥毛澤東의 지식인 탄압 운동인 반우파 운동으로 인해 중국 공산당에서 숙청되었고, 온 가족이 헤이룽장성黑龍江省에 있는 노동 수용소인 제853호 국립농장에 억류되었다. 3년 뒤에 당 고위층에서는 이들 가족을 카자흐와 몽골의 국경 근처 머나먼 지역인 신장위구르자치구新疆维吾尔自治의 작은 사막 마을로 유배했다. 아이칭은 "인민의 적"으로 낙인찍혔고, 매일 또 매년 공동 화장실을 청소하는 등 고된 노동을 해야만 했다. 아이웨이웨이는 차별과 굴욕이 끊이지 않는 환경에서 어린 시절을 보냈다고 묘사했다. 미래의 예술가와 그 가족은 이런 환경에서 20년 가까이 살았으며, 1976년에 마오쩌둥이 사망한 뒤에야 탄압도 끝나서 베이징으로 돌아올 수 있었다. 그리하여 아이웨이웨이는 인간의 존재가 벌거벗은 생명으로 전락하고, 사회의 맨 가장자리로 밀려나고, 국가의 시민이 누리는 권리를 부정 당하는 수용소 경험을 자신의 영화에 나온 이주자들과 공유한 셈이다. 또한 그는 정상적인 사법 질서 바깥의 예외적인 공간으로 추방되는, 자신의 생명에 대한 주체성을 모조리 박탈당하는 경험을 공유한 셈이다. 그래서 그는 〈유랑하는 사람들〉을 촬영하면서 "그들에게 자연스럽게 다가갈 수 있었다"고 주장할 수 있었다. "나는 그들의 일부이고, 나는 그들을 너무도 잘 이해하고, 같은 언어로 말하고, 우리 사이에는 아무런 경계도 없기 때문이다."[2]

"여권 압수"라는 감옥

아이웨이웨이는 자신의 경력 가운데 상당 부분을 베이징의 현 정권을 비판하는 데 바쳤으며, 이로써 동 세대에서 가장 유쾌한 중국 예술가로 세계적인 주목을 받는 동시에 지칠 줄 모르는 솔직함으로 중국 정부로부터 원치 않은 주목도 함께 받았다. 그는 2009년에 〈기억하기Remembering〉라는 설치미술 작품으로 대중과 당국 모두의 주목을 받았는데, 이는 2008년 쓰촨성四川省 대지진 당시 부실하게 지어진 학교 건물이 붕괴해 사망한 5000명이 넘는 어린이들을 포함하여 8만 명 이상의 중국인 사망자들을 기리는 내용이었다. 뮌헨Munchen에 있는 현대미술관Haus der Kunst에서 단독 전시회를 할 때 내놓은 설치미술 작품 중 하나인 〈기억하기〉는 지진 이후 해당 건물에서 발견된 것과 똑같은 책가방을 9000개 이상 사용해서 미술관의 전면을 가로지르며 (표준 중국어로) 다음과 같은 메시지를 적어놓았다. "她在这个世界上开心地生活过七年(그 소녀는 이 세상에서 7년 동안 행복하게 살았다.)" 중국 당국은 이 비극과 관련된 정보를 은폐하려 했지만, 아이웨이웨이는 사망한 아이들의 이름을 알아내 소셜미디어와 다른 전시회에서 그들의 이름을 열거했다. 또 다른 작품은 〈곧게Straight〉(2012)라는 무게 38톤의 조각상으로, 쓰촨성의 무너진 건물에서 나온 망가진 철근을 가져다가 여러 장인의 도움으로 곧게 편 다음, 전시실 바닥에 물결 모양으로 늘어놓은 것이다. 더 직접적으로 공격하면서도 쾌활하게 시치미를 떼는 또 다른 그의 작품은 '차오니마Caonima, 草泥马'라고도 부르는 알파카 봉제 인형으로 자신의 성기만 가리고 벌거벗은 채 공중으로 뛰어오르는 아이웨이웨이의 사진이다. 이 이미지의 제목인 〈차오니마당종양草泥马挡中央〉을 직역하면 "가운데를 덮은 풀과 진흙을 섞어 먹는 말"이라는 뜻이지만, "풀과 진흙을 섞어 먹는 말草泥马"이라는 뜻의 '차오니마cǎonímǎ'가 "니미 씨팔 놈肏你妈"이라는 뜻의 표준 중국어 '차오니마cào nǐ mā'와 동음이의어이기 때문에, "니미 씨팔 놈의 공산당중앙위원회"로도 해석할 수 있다.

중국 정부는 그의 이러한 예술적 항의에 가혹하게 대응했다. 2011년 봄, 아이웨이웨이는 홍콩행 비행기에 타려고 베이징 수도국제공항에 있었는데, 국가안전부 요원들이 나타나서 그를 체포하더니 머리에 검은 두건을 씌우고는 위치 불명의 감옥 시설로 데려갔다. 요원들은 여권도 압수했다. 처음에 중국 매체에서는 이 미술가가 "출국 절차에 미비점"이 있어 억류되었다고 보도했지만, 나중에 외교부에서는 탈세 혐의로 조사를 받고 있다고 주장했다. 국가 당국은 아이웨이웨이를 정식으로 구속하거나 기소하지 않았으며, 그를 억류하는 데에 "법적 근거"가 전혀 없다고도 시인했지만, 그러면서도 그를 자기네가 원하는 대로 처리할 수 있다고 했다. 여기에는 하루 24시간 동안 가로 4미터, 세로 4미터 크기의 독방에 감금하는 것도 포함되어 있었는데, 제복 차림의 헌병 두 명이 항상 그를 감시했다. 나중에 아이웨이웨이는 이 비밀 감옥에서 자신이 처했던 상황을 재현한 놀라운 소규모 모형 시리즈를 만들어냈다. 81일 후에 "보호관찰" 조건으로 그를 석방한 이후에도, 정부는 아무런 법적 타당성이나 반환 기약도 없이 여권을 압수함으로써 지속적으로 압력을 행사했다. 그리하여 국제적인 항의와 본인의 반복된 요청에도 불구하고, 아이웨이웨이는 관료주의의 지옥에서 모든 활동이 중단되었다. 그는 베이징에 있는 자신의 스튜디오인 페이크 디자인FAKE Design에 가택 연금을 당했고, 해외에서 개최되는 자신의 전시회나 다른 업무에 참석하지도 못했다.

그 기간 동안 아이웨이웨이는 늘어나는 절망을 〈꽃과 함께 With Flowers〉라는 또 다른 저항 미술 작품으로 변모시켰다. 매일 아침, 그는 스튜디오의 커다란 철문 밖에 있는 자전거 바

이주자와 마르크스주의자

구니에 꽃다발을 풍성하게 꽂아 놓았는데, 그의 일거수일투족을 감시하는 정부 요원들을 향한 신랄한 환대의 몸짓이었다. 가택 연금이 길어지면서 그는 신선한 꽃다발로 하루하루를 표시했으며, 이 의례를 소셜미디어 플리커Flickr에 기록했다.

"왜 나에게 라벨이 붙어야 한단 말인가?"

아이웨이웨이는 무려 4년 넘게 기다려서 결국 여권을 돌려받았다. 2015년 7월 21일에 그는 짙은 갈색 서류를 치켜든 자신의 사진을 인스타그램에 올리면서 간단한 설명을 덧붙였다. "今天,我拿到了护照(오늘 내 여권을 받았다.)" 중국 정부는 서류를 돌려준 이유를 밝히지 않았지만, 그렇다고 해서 아이웨이웨이의 만족감이 줄어들지는 않았다. 그는 《가디언Guardian》과의 인터뷰에서 이렇게 말했다. "여권을 돌려받았을 때, 마음이 평온해졌습니다. 기뻤습니다. 꼭 필요했던 일이니까요." 아이웨이웨이는 이렇게 덧붙였다. "여행할 권리를 빼앗겼을 때에는 깊이 좌절했습니다만, 이제는 제 상황이 훨씬 더 긍정적으로 느껴집니다."[3]

하지만 이 시점에 중국 정부는 중국의 인권 변호사와 운동가에 대한 공세를 펴고 있어서, 이들은 체포되어 사라지기도 했고, 일부는 계속해서 억류 상태로 남아 있기도 했다. 머지않아 아이웨이웨이는 베를린으로 거처를 옮겼는데, 그 즈음 베를린은 조국에서 벌어진 전쟁을 피해 도망친 500만 명에 가까운 시리아인 대다수의 목적지이기도 했다. 그곳에서 그는 대형 스튜디오를 설립하고 인권과 세계적 이주 위기라는 쟁점을 더 폭넓게 주목하며 새로운 단계의 작품 활동을 시작했다. 이 과정에서 아이웨이웨이는 또한 "중국인" 예술가라는 자신의 정체성[신원]으로부터 거리를 두게 되었다. "왜 나에게 라벨이 붙어야 한단 말인가? 나는 자동차 판매업자가 아니다. 그 무엇도 자유를 대체할 수 없고, 그게 바로 도전이며, 나는 그럴 준비가 되어 있다."4

그렇다면 압둘라 마흐무드와 아이웨이웨이의 쾌활한 대화를 이런 관점에서 바라보아야 마땅할 것이다. 즉, 이 장면이야말로 이민자를 무시하거나 이용하기는커녕, 오히려 수용소와 여권에 관련된 고통스러운 경험을 했던 누군가로부터 우러난 진심 어린 몸짓이었다. 이 미술가는 난민을 존중하는 척했던 것이 아니었다. 생애 초기부터 이동의 자유를 제한했던 중국을 떠난 이후로 아이웨이웨이는 더 세계시민주의적으로, 더 국제적으로, 더 포괄적으로 예술을 변모시키며 "국적 없는 사람"이라는 자신을 위한 정체성[신원]을 만들어내는 도전을 받아들인 것이다.5

레온 트로츠키 추방과 암살자의 이중 여권

아이웨이웨이의 이야기는 여권을 국가권력을 남용하는 도구이자, 개인적·정치적 이의를 제기하기 위한 수단으로 간주해온 기나긴 서사에서 최근 사례에 불과할 뿐이다. 우리는 레프 다비도비치 브론슈타인Lev Davidovich Bronstein의 이야기에서 또 다른 주목할 만한 사례를 찾을 수 있다. 그는 레온 트로츠키Leon Trotsky라는 이름으로 더 잘 알려져 있는데, 시베리아 유배에서 1902년에 탈출할 때 이용한 위조 영국 여권에 적은 이름이었다. 아울러 이는 차르 치하 러시아의 농민과 노동자를 대표한 혁명 활동 혐의로 그가 수감되었던 오데사Odessa 감옥의 간수 가운데 한 명에게서 빌려온 이름이기도 했다. 이후 몇 해 동안 이 반골 러시아인은 진정 나라 없는 사람이었다. 트로츠키는 런던, (시베리아로 두 번째 유배를 가기 전까지) 상트페테르부르크, 빈, 제네바, 뮌헨, (스페인으로 추방되기 전까지) 파리, (미국으로 추방되기 전까지) 마드리드, 뉴욕에서 저술가이자 언론인으로 일했다. 1917년 초에 2월 혁명이 일어나자 그는 다시 러시아로 돌아갔고, 볼셰비키당의 서열에서 빠르게 승진을 거듭해서 내전 동안에는 붉은 군대를 지휘하게 되었다. 하지만 1924년에 레닌이 사망하자 트로츠키는 정치국과 공산당에서 추방되는데, 이오시프 스탈린Iosif Stalin이 그의 허를 찌르면서 전임자가 남긴 지도력의 공백을 메워버렸기 때문이다. 스탈린과의 경쟁으로 인해 트로츠키는 1928년에 카자흐스탄으로 유배되었으며, 이후 1929년에 새로 출범한 소련에서 완전히 추방되고 말았다. 트로츠키는 끝내 고국으로 돌아가지 못했다. 1930년대 초에 처음에는 터키, 다음으로는 프랑스에서 피난처를 발견한 트로츠키는 자서전 『나의 생애My Life』(1930)와 세 권짜리 『러시아 혁명사History of the Russian Revolution』(1930)를 비롯한 그의 주요 저술 가운데 일부를 출간하는 한편, 스탈린주의와 세계 자본주의를 모두 전복하기 위해 새로운 마르크스주의 제4인터내셔널을 형성하려 했다.

그 기간 내내 이 혁명가는 체류 국가의 호의에 의존할 수밖에 없었다. 1935년 봄에 독일 공산주의자들에게 끼치는 트로츠키의 영향력을 위협으로 여긴 나치당의 압박이 거세지자 프랑스 정부는 결국 그를 추방했다. 이후 노르웨이에서 그와 가족에게 도피처를 제공해주었으니, 다시 말해 한 주권국으로부터 또 다른 주권국이 보호해준 셈이었다. 하지만 소련으로부터 외교적 압력이 강해지자 노르웨이 정부는 1936년 여름에 그를 가택 연금할 수밖에 없었다. 이후 이른바 모스크바 재판에서 스탈린이 트로츠키에 대해 유죄판결 및 사형선고를 내리자, 그는 사실상 '호모 사케르'의 근대적 화신이 되었다. 이제 그는 국가 공동체의 보호로부터 내쫓겼으며, 그가 (희생까지는 아니고) 살해당하더라도 그 살해자는 처벌이나 대가를 치르지 않기 때문이었다.

　이때 다소 의외의 장소에서 도움의 손길이 나타났으니, 저명한 벽화가이자 한때 멕시코 공산당의 일원이었던 디에고 리베라Diego Rivera가 자국 대통령인 라자로 카르데나스Lázaro Cárdenas를 설득한 끝에 이 악명 높은 러시아 망명자에게 도피처를 제공하게 되었다. 멕시코 당국은 트로츠키와 그의 아내 나탈리아Natalia가 노르웨이에서 출국할 수 있도록 1936년 12월 15일자로 여권을 발급했다. 서둘러 만든 이 서류에 기재된 그의 직업은 '저술가escritor'였으며, 이들 부부가 각자 찍은 사진을 여권용으로 바꿔 쓰려고 타원형의 적당한 크기로 가위질해 붙였다. 여권 사진 속 여행 희망자들은 격식을 차리지 않은 옆모습이고, 레온은 머리가 바람에 나부끼고 나탈리아는 작은 모자를 쓰고 있다. 일단 서류에 붙인 사진에는 그 신빙성을 표시하기 위해 공식 인장이 찍혔다. 하지만 이 여권에는 비자 날인이 없었으니, 멕시코 여권 소지자가 멕시코로 여행하는 데에는 굳이 비자가 필요 없었기 때문이다. 이 서류 덕분에 트로츠키 부부는 결국 멕시코시티의 코요아칸Coyoacán 지역에 도착했으며, 리베라와 그의 배우자 프리다 칼로Frida Kahlo는 '푸른 집'으로 알려진 유명한 자택에 이들을 손님으로 맞아들였다. 하지만 각자의 배우자를 지척에 두고 트로츠키와 프리다가 외도를 시작했다가 발각되자, 트로츠키 부부는 거기서 몇

도판 14. 트로츠키 부부의 1936년 여권.

블록 떨어진 아베니다 비에나Avenida Viena에 있는 집으로 이사했다. 이 집은 점차 바리케이드와 포탑까지 갖춘 일종의 도시 속 요새로 변모했는데, 스탈린주의자들의 위협이 점점 더 격렬해진 까닭이었다.

결과적으로는 이런 요새조차 저돌적인 청년 라몬 메르카데르Ramón Mercader 앞에서는 아무런 소용이 없었던 것으로 판명이 났다. 스페인의 공산주의자이자 소비에트의 비밀 요원이었던 그는 멕시코에 찾아와서 트로츠키의 이너 서클에 잠입했는데, 이 과정에서 캐나다 위조 여권의 도움을 얻어 벨기에 출신의 바람둥이이자 외교관인 "자크 모르나르Jacques Mornard"로 행세했다. 여기서 흥미로운 대목은 훔치거나, 꾸며내거나, 위조한 캐나다 여권이 첩보나 암살에 활용되었던 사례만으로도 길고도 다채로운 역사를 쓸 수 있다는 점인데, 예를 들어 마틴 루서 킹 주니어Martin Luther King Jr.를 암살한 제임스 얼 레이James Earl Ray가 유럽으로 도피할 때 이용한 서류도 딱 그런 식이었다. 메르카데르는 1940년 8월 20일에 얼음송곳으로 트로츠키의 뒤통수를 가격했다. 암살자는 곧바로 체포되어 20년 가까이 멕시코 교도소에 수감되어 있다가 1960년에 아바나를 거쳐 모스크바로 돌아가서 소비에트 국가의 가장 큰 수훈인 레닌 훈장과 '소비에트 연방 영웅' 칭호를 받았다.

냉전 시대 블랙리스트에 오른다는 것

냉전 시대에는 지정학적 이해관계 때문에 서방 시민, 특히 미국 시민의 이동과 관련해 여권 거부, 취소, 비갱신 등 제1차 세계대전 이후 윌슨 행정부의 전략을 상기시키는 새로운 규제가 생겨났다. 이동을 제한하려는 이러한 노력의 표적이 된 가장 저명한 인물이 전설적인 가수이자 배우이며 정치 활동가이자 세계적인 민권 지도자인 폴 로브슨이라는 데에는 의심의 여지가 없다. 럿거스 대학Rutgers University 시절에는 전미 대표로 선정된 풋볼 선수였고, 컬럼비아 대학에서는 법학을 전공한 로브슨은 1920년대 할렘 르네상스의 절정기에 연예인으로 활동을 시작했으며, 머지않아 〈존스 황제The Emperor Jones〉, 〈쇼보트Showboat〉, 〈오셀로Othello〉 같은 작품을 통해 연극과 영화에서 강력한 존재감을 드러냈다. 하지만 그의 아버지가 노예로 태어나 목사가 되었기 때문에 그는 미국의 인종분리와 차별에 점점 더 혐오감을 느낀 나머지 해외에서 오랜 시간을 보내게 되었다. 이 시기에 로브슨은 인종차별주의 철폐를 내세운 소련에 점점 더 매료되었다. 그는 이렇게 회고했다. "여기서 나는 검둥이가 아니라 인간이다. (……) 여기서 나는 난생처음 완전히 존엄한 인간으로 걸어 다녔다."[6]

해외에서의 경험 때문에 로브슨은 세상의 "평범한 사람들" 모두를 위해 싸우겠다는 결의가 점점 더 굳어졌고, 특유의 뛰어난 언변과 우렁찬 바리톤 목소리로 웨일스 남부의 탄광 광부를 위한 노동 개혁은 물론이고, 아프리카 여러 국가의 독립을 위한 정치적 지지까지 다양한 대의를 옹호했다. 그의 목소리는 세계 각지에서 투쟁에 참여한 수백만 명의 노력을 증폭시켰다. 1930년대에 로브슨은 음악 공연을 통해 소련의 사회주의 실험과 스페인 내전의 공화당 대의를 옹호했을 뿐만 아니라, 심지어 부상병을 위해 노래하고 전선을 방문해 사기를 북돋우기까지 했다. 제2차 세계대전이 발발하고 나치 정권에 대항하여 미국과 러시아가 동맹을 맺자, 로브슨은 세계 각지에 배치된 미군을 위해 공연을 하겠다고 자원하기도 했다.

이주자와 마르크스주의자

전쟁이 끝나자 그는 세계 평화운동의 핵심 인물이 되었으며, 미국과 소련의 무력 충돌을 막기 위해 지칠 줄 모르고 노력했다. 1949년 4월에 냉전이 계속해서 격화되자, 그는 파리에서 열린 세계평화당대회World Congress of Partisans for Peace(세계평화평의회WPC의 전신)에서 연설하면서, 곤경에 처한 미국 흑인들의 상황은 물론이고 또 다른 세계적인 충돌을 방지하기 위해서는 국제적인 이해가 절실하다고 호소했다. 이 연설은 파블로 피카소, 폴 엘뤼아르, 루이 아라공Louis Aragon 같은 사람들로부터 격찬을 받았지만, AP통신Associated Press의 보도는 엉뚱하게도 미국 흑인이 소련에 대항하는 적대 행위에 참여하는 것은 "생각할 수조차 없다"고 로브슨의 발언을 잘못 인용했다. 그는 곧바로 미국 언론에서 반역자로 낙인이 찍혔다.

잘못된 보도로 인해 로브슨은 블랙리스트에 올랐으며, 미국 내에 예정되어 있던 공연이 80건 넘게 취소되었다. 하지만 이 가수이자 활동가에게 가장 큰 타격을 준 일은 이듬해에 여권을 상실한 것이다. 파리에서 했던 연설의 결과에도 불구하고, 로브슨은 인터뷰와 기타 공개 토론회에서 민권, 식민지 독립, 국제 평화 같은 쟁점에 대해 계속해서 목소리를 높였다. 1950년 6월 말에는 매디슨 스퀘어 가든Madison Square Garden에서 개최된 민권 의회Civil Rights Congress, CRC의 집회에 참석해서 트루먼Harry S. Truman 대통령을 맹비난했다. 미국 내 흑인의 권리가 계속해서 부정되는 판국에, 공산주의의 확산을 막아야 한다며 한국전쟁에 개입하겠다고 결정한 점을 그 이유로 들었다. 미국 내에서 공연이 불가능해지자, 로브슨은 그해 여름에 해외에서 자신의 메시지를 전달하는 공연과 평화 집회를 진행하려고 계획했지만, 미국 정부는 생각이 전혀 달랐다. 7월에 국무부와 공조한 FBI 국장 J. 에드거 후버J. Edgar Hoover가 뉴욕시티에 있던 로브슨의 여권을 압수하기 위해 요원을 보냈다. 그가 서류를 내놓기 거부하자, 국무부는 세관 및 출입국 관리소에 그의 여권이 취소되었으므로, 어떤 이유로든 미국에서 "그가 떠날 수 없게 해야 한다"고 통보했다.

이동과 표현의 자유를 위한 소송

그의 담당 변호사 네이선 위트Nathan Witt가 국무장관 딘 애치슨Dean Acheson에게 해명을 요구하는 편지를 보냈지만, 로브슨은 국무부로부터 그저 모호하기 그지없는 답변만 받았다. 즉, 그에게 해외여행을 허락하면 "미국의 근본적인 이익에 반한다"는 설명이었다. 로브슨과 변호사는 곧바로 이것이 "충분한 대답"이 아니라고 항의했다. 타당한 이유라고는 없는 결론뿐이었기 때문이다. 결국 그해 8월에 만난 국무부 소속 여권 담당관들은 로브슨에게 "미국 흑인의 처우에 대한 그의 빈번한 비판이 해외 국가에서 방송되어서는 안 된다"고 말했다.

그 사안은 명백히 "내부 문제"이기 때문이라는 것이었다.[7] 비록 60여 년 전 지구 반대편에서 일어난 일이지만, 그와 아이웨이웨이의 이야기는 놀라울 만큼 유사하다. 그 어떤 법률도 위반하지 않았고, 구속되지도 않았으며, 유죄판결을 받지도 않았는데 정부는 세계에서 가장 유명한 흑인인 로브슨이 해외로 나가서 세계 평화와 민권에 대한 견해를 표현하지 못하도록 저지해야 한다고 간주한 셈이다. 최소한 한동안은 그의 이동의 자유가 사실상 철회되었고, 그의 울림 있는 목소리도 사실상 침묵 당했던 것이다.

로브슨 사건은 여러 해 동안 이어졌고, 이 가수이자 활동가를 위한 국제적인 지지도 상당히 이끌어냈지만, 미국 정부와 주류 언론이 합심해 "민중의 적"으로 몰아간 까닭에 정작 본인은 자국에서 대부분 고립된 상태로 남아 있었다. 1950년 8월의 여권 담당관과의 실망스러운 만남에서 로브슨과 변호사는 그가 공산당원이 아니라고 공언하는 선서 진술서에 서명하고 해외에서 그 어떤 연설도 하지 않겠다고 맹세하지 않는 한, 국무부에서는 새 여권 발급을 거부할 것이라는 이야기를 들었다. 로브슨은 이 이례적인 요구에 굴복하지 않았고, 이제 남은 방법은 이 문제를 법원으로 가져가는 것뿐이었다. 12월에 그의 변론단은 이 가수이자 활동가가 해외 활동을 재개할 수 있도록, 미국 국무부의 수장으로서 "대표 자격"을 지닌 애치슨 장관을 상대로 민사소송을 제기했다. 소장에는 로브슨을 "충성스러운 미국 태생의 시민"이라고 지칭하면서, 국무부가 그의 직업 활동을 저지했을 뿐만 아니라, 언론과 사상과 집회와 여행의 자유라는 헌법적 권리까지도 박탈했다는 주장이 담겼다. 한편, 로브슨은 세계 각지에서 수많은 공연 초청을 받았으며, 평화 회의와 정치 집회에서 연설해달라는 요청 역시 수없이 받았다. 그의 여권과 관련된 소송이 지연되자 우루과이, 남아프리카, 이라크의 평화단체 등 해외의 관계자들은 물론이고 찰리 채플린Charlie Chaplin, 아이버 몬터규Ivor Montagu, 실비아 타운센드 워너Sylvia Townsend Warner, 훗날 노벨문학상을 수상한 파블로 네루다Pablo Neruda 같은 저명한 지지자들로부터도 응원 메시지가 전해졌다.

빌린 여권으로 국경을 넘은 네루다

특히 유명한 칠레 시인 파블로 네루다는 예술가이자 활동가로 로브슨에 버금가는 위상을 지녔으며, 가브리엘 곤살레스 비델라Gabriel González Videla 대통령을 비판했다가 자국 정부로부터 유사한 대우를 받기도 했다. 급진당 대통령 후보였던 비델라는 1946년에 당선되자마자 자신이 소속된 공산당원들에게서 등을 돌렸는데, 그중에는 1945년에 상원의원에 당선된 네루다도 포함되어 있었다. 비델라가 먼저 공산당 동맹자들을 내각에서 내쫓고, 다음으로 민주주의 영구 수호법Ley de Defensa Permanente de la Democracia을 제정해서 자국에서 공산당을 영영 금지시키자, 이 시인은 점점 더 근심이 깊어졌다. 급기야 1947년 10월에 공산당 지도자들이 주도한 광부 파업을 비델라가 무력 진압하라는 명령을 내리자, 네루다는 칠레 상원의회에서 대통령의 행동을 통렬하게 비판했다. 피사과Pisagua 억류수용소에 구금된 광부들의 이름을 열거하기도 한 이 연설은 에밀 졸라Émile Zola를 연상시키는 「나는 고발한다Yo acuso」라는 제목으로 훗날 알려지게 되었다. 이 연설을 빌미로 네루다에게 더 많은 관심이 쏠리면서 보복적인 체포 위협으로 이어지자, 급기야 시인은 칠레 남부로 도피했다가 1949년 3월에 안데스산맥을 넘어 아르헨티나로 떠났다.

체포와 송환의 위협이 계속해서 이어지는 가운데, 네루다는 부에노스아이레스에서 오랜 친구이자 자신과 외모가 눈에 띄게 닮은 소설가이자 과테말라의 대사인 미겔 앙헬 아스투리아스Miguel Ángel Asturias의 여권을 재빨리 빌렸다. 이 서류 덕분에 네루다는 비행기를 타고 파리로 가서 다름 아닌 파블로 피카소로부터 뜻밖의 지원을 받았다. 이 화가는 네루다를 오래전부터 존경했기 때문에, 그가 프랑스 관료주의의 미궁을 헤쳐 나갈 수 있도록 직접 나섰다. 하지만 궁극적으로는 시인 본인의 명성이 더 유용했다. 파리 경찰청장은 칠레 대사의 요청으로 네루다에게 외교관 여권을 반납하라고 명령했는데, 이를 따를 경우에는 즉시 추방될 위험이 있었다. 시인이 자신에게 외교관 여권은 없으며, 대신 사유재산으로 간주되는 표준 여권만 있다고 주장하자, 경찰관은 (네루다를 향한 존경을 표시하며) 칠레 대사에게 전화를 걸어서 서류 압수를 거절해버렸다. 전화를 끊자마자 그는 시인에게 무척이나 친절하게 이렇게 말했다. "계시고 싶으신 만큼 프랑스에 머무르셔도 됩니다."[8]

운 좋게도 네루다는 파리에 도착한 후에 세계평화당대회에 참석해서 악명이 자자해진 로브슨의 세계 평화와 미국의 인종 문제에 관한 연설을 들었다. 시인은 나중에 회의의 최종 세션에 깜짝 등장했다. 피카소가 그를 소개하자 대표단은 깜짝 놀랐는데, 그들 대부분은 네루다가 비델라의 요원들에게 피살되었다고 믿었기 때문이었다. 아직 멀쩡히 살아 있지만 망명자 신세가 된 시인은 이후 3년 동안 개인 여권으로 유럽, 인도, 중국, 멕시코, 소련을 여행했다. 그는 1952년 8월에 칠레 사회당의 대통령 후보인 살바도르 아옌데Salvador Allende의 선거 유세를 지원하기 위해 마침내 고국으로 돌아갔다. 비델라의 제휴 세력이 권력을 잃어가자, 네루다는 이후 몇 해에 걸쳐 칠레의 문화와 정치 생활에서 두드러진 역할을 되찾았다. 1955년 여름에 이 시인이자 정치가는 로브슨에게 편지를 써서 이렇게 전했다. "저는 이곳 산티아고에서 개최되는 대중의 자유를 위한 대회에서 당신과 당신의 사건에 대해서 전하려고 합니다." 그는 "라틴아메리카 모든 국가의 대표단이 참석할 예정"이라면서 이렇게 덧붙였다. "오래전에 당신이 하신 약속을 여러 번 떠올렸습니다. 당신을 존경하고 사랑하는 칠레 국민들을 위해 노래하겠다는 약속 말입니다." 그러면서 다음과 같이 낙관적으로 편지를 끝맺었다. "당신의 왕복 항해 비용은 우리가 지불하겠습니다."9

"로브슨을 노래하게 하라"

안타깝게도 당시 로브슨은 친구들과 해외의 지지자들과 헌신적인 변론단의 갖은 노력에도 불구하고 여전히 미국에서 꼼짝달싹 못했다. 거의 10년 가까이 그의 변론단이 항소를 거듭하면서 여권에 대한 권리는 정치적 태도에 근거해서는 안 되며, 언론의 자유에 대한 권리로 보호되어야 마땅하다고 주장했지만 국무부는 꿈쩍도 하지 않았다. 여행 서류가 없는 까닭에 로브슨은 런던, 텔아비브Tel Aviv, 프라하, 모스크바 등 세계 각지에서 쏟아져 들어오는 강연과 공연 초청을 계속해서 거절할 수밖에 없었다. 네루다가 이 가수이자 활동가에게 편지를 쓸 즈음, 미국 공산당 당수인 (1949년에 국외로 추방당한) 존 윌리엄슨John Williamson은 "Let Robeson Sing(로브슨을 노래하게 하라)"는 구호를 앞세워 영국에서 정치적 압력을 가하는 운동을 시작했다. 이 노력은 1950년대가 저물어가면서 점차 가속도가 붙었다. 하지만 로브슨이 공산당과의 관계를 증언하는 선서 진술서 제출을 거절하는 한, 국무부는 그의 새 여권 신청서조차 살펴보기를 거부했다. 연방 검사 역시 그가 "외국 순회공연" 동안 빈번하게 드러냈던 해외 식민지의 독립 및 미국 흑인의 평등권을 지지하는 발언을 억압하려 한다는 점을 재확인했다. 그사이 후버와 FBI는 로브슨을 계속 뒤따라 다녔고, 주류 언론은 계속해서 그의 명예를 깎아내렸으며, 하원 비미활동위원회House Committee on Un-American Activities, HCUA는 그를 소환해 자신의 정치적 견해와 개인적 연관성에 대한 증언을 시켰다.

그러나 로브슨은 자신의 원칙을 결코 굽히지 않았다. 1956년 HCUA에서 그는 1954년에 "비공산주의자 선서 진술서" 제출을 거부한 내용과 관련된 질문을 받자, 그는 이렇게 주장했다. "그 어떤 상황에서도 저는 그런 진술서에는 서명할 생각이 없으며, 그것이야말로 미국 시민의 권리에 완전히 모순됩니다."10 그로부터 2년 뒤, 여전히 여권이 없었던 로브슨은 회고록이자 선언문인 『나는 여기 서 있다Here I Stand』를 출간했는데, 여기서는 이동의 자유와 관련된 미국 흑인의 공민권을 오랜 기간에 걸쳐 숙고한다. 그는 프레더릭 더글러스가 유럽의 노예제 반대 정서를 북돋우기 위해서 해외를 여행했을 때, 미국 정부와 신문업계의 유력 인사들로부터 "입심 좋은 악당"이라고 "통렬하게 비난받았던" 일을 회고한다.[11] 로브슨은 또한 "위대한 인도주의자이자 교사이며 지도자"인 듀보이스가 핵무기에 반대하는 스톡홀름 어필Stockholm Appeal을 홍보하려는 노력의 결과로 1951년에 "외국 스파이" 혐의로 기소되고 여권을 압수당했던 일도 독자들에게 상기시킨다. 로브슨은 이렇게 묻는다. 이 모범적인 미국인이 여행할 권리를 회복할 때까지 어떻게 우리가 그저 침묵할 수 있을까? 흑인이건 백인이건 간에, 민간 시민은 국무부의 종복이 아니며, 거꾸로 국무부가 미국인의 종복이다. "따라서 워싱턴의 공직자 가운데 누구든 어떤 미국인 여행자가 여권을 얻으려면 자신과 똑같은 관점을 옹호해야 한다고 요구할 법적 또는 도덕적 권리가 없다."[12] 하지만 자신의 신념을 고수하는 과정에서 로브슨은 경제적으로나 심리적으로 막대한 대가를 지불해야만 했으니, 그의 항소는 거듭해서 기각되었고 언젠가 다시 해외로 나갈 수 있으리라는 그의 희망은 점차 무너졌기 때문이다.

그러다가 1958년 6월에 이르러 켄트 대 덜레스Kent vs. Dulles라는 또 다른 소송사건 덕분에 마침내 정의가 실현되었다. 해당 사건과 관련하여 미국 대법원이 5대 4로 의견이 갈린 가운데 내놓은 판결문에 따르면, 스톡홀름 어필과 세계평화평의회에 참여했다는 이유로 화가 록웰 켄트Rockwell Kent의 여권을 취소한 조치는 미국 국무부의 민권 침해라는 것이었다. 마침내 법원은 미국 정부가 미국 시민의 정치적 신념을 근거로 여권을 거부할 (또는 어떤 정치집단과의 관계를 밝히는 진술서를 여권 신청자에게 요구할) 권리가 없음을 확인한 셈이다. 국무부는 이 판결이 로브슨의 사례에도 적용된다고 인정하며 그의 여권 신청 거부에서 "즉시 항복"을 선언했다. 이 가수이자 활동가는 머지않아 행사에 참석하기 위해 런던으로 떠남으로써 국제무대로 돌아가기는 했지만, 개인적으로나 직업적으로나 이미 피해를 입은 뒤였다. 그는 몇 년 더 공연을 했지만, 이 기간 내내 우울증과 건강 악화로 고생하다가 1963년에 결국 활동을 접고 은퇴하고 말았다.

노벨문학상 수상 작가 헤르타 뮐러의 소설 『여권』

결코 오지 않을 것 같은 서류가 도착하길 바라며 몇 날, 몇 달, 몇 년을 기다리는 것이야말로 근대 여권에 관한 보도와 소설 모두에서 보편적인 주제가 되었다. 독일계 루마니아인 작가 헤르타 뮐러Herta Müller가 2009년에 노벨문학상을 수상하면서 서둘러 재출간된 소설 『여권The Passport』(1986년에 출간된 중편 『인간은 이 세상의 거대한 꿩이다Der Mensch ist ein großer Fasan auf der Welt』의 영어 번역본 제목)을 예로 들어 보자. 이 책은 주인공을 묘사하며 시작되는데, 빈디슈Windisch라는 방앗간 주인은 매일 아침 자전거를 타고 서서히 시들어가는 장미덤불과 전쟁 기념비를 지나서 방앗간으로 출근한다. 자전거를 타고 가는 동안 빈디슈는 루마니아를 떠나 서독으로 이민을 가기로 처음 작정한 날로부터 얼마나 흘렀는지 헤아려본다. 니콜라에 차우셰스쿠Nicolae Ceaușescu의 루마니아 정권 치하에 독일계 소수민족의 일원으로 살아온 방앗간 주인은 자기네 작은 마을의 빈곤과 비관적인 분위기 속에서 전혀 편안하지 않았으니, 마을은 기쁨 없는 성행위, 만연하는 미신, 일상적인 폭력의 수렁으로 변했기 때문이다. 하지만 그는 여권이 없어서 그곳에 남아 있다. 방앗간 주인이 가족의 여행 서류 신청서를 더 빨리 처리해달라고 시장과 다른 공산당 간부들을 설득하느라 사소한 뇌물과 기타 유인책을 거듭해서 내놓는 과정에서, 뮐러의 간결한 문체로 묘사되는 이 미개한 세계는 카프카적인 성격을 띠게 된다. 결국에는 귀중한 여권을 얻는 대가로 주인공의 딸이 마을 사제와 지역 민병대원에게 순결을 희생하고 나서야 비로소 가족의 탈출이 확보된다.

 1989년 혁명은 유럽 중부와 동부에 걸친 공산주의 통치를 종식시켰을 뿐만 아니라, 특히 권위주의적이고 독재적인 통치의 맥락에서 국민국가와 그 주권에 관해 근본적으로 재고再考하게 되었다. "국가의 적"을 겨냥한 추방과 억류, 심지어 불법적인 살인까지 자행한 일련의 숙청을 기반으로 건설된 루마니아의 차우세스쿠 경찰국가는 1989년 12월, 격렬한 혁명으로 무너지고 말았다. 루마니아의 서쪽 국경 너머에 있는 유고슬라비아 사회주의연방공화국도 1980년 5월에 공산주의 지도자 요시프 브로즈 티토Josip Broz Tito가 사망한 이후로 줄곧 정치적 긴장이 고조되고 있었다. 그로부터 몇 년 지나지 않아서 슬로베니아의 지도자들은 독립을 위해 점진적인 계획을 세우면서 유고슬라비아 공산주의 연맹 내부에서 점점 더 큰 마찰을 빚었다. 독립의 또 다른 징조는 1984년에 형성된 정치예술집단인 "새로운 슬로베니아 예술Neue Slowenische Kunst, NSK"에서 볼 수 있다. (명칭 자체가 독일어라서 슬로베니아와 독일의 복잡한 관계를 상기시킨다.) 전체주의와 파시스트 운동의 상징을 재전유하고 다다와 키치 미학의 요소를 곁들임으로써, 이 예술집단은 개혁과 민주화, 독립에 대한 요구가 점점 더 커지던 1980년대 슬로베니아 문화와 사회의 "다원화"에 두드러진 역할을 하고자 했다.

영토 없는 NSK 국가의 여권

1991년에 (슬로베니아 독립 전쟁인) 10일 전쟁에 이어 슬로베니아 독립 선언이 이루어지자 NSK는 "물리적 영토도 없고, 기존의 어떤 국민국가와도 동일시되지 않는 유토피아적 구성체로 고안된" 예술 프로젝트인 '시간 속의 NSK 국가NSK Država v času'라는 주권국의 설립을 선언했다. 처음에 이 프로젝트는 국가 정체성의 기반을 배타적인 "슬로베니아적" 특성만을 전제한 신생 슬로베니아 공화국의 편협한 이념을 가상의 국가로 공공연하게 반박한 것이다. 그 "시간적 공간"을 확증하기 위해서 NSK 국가는 머지않아 자체 여권을 발급하기 시작했는데, 이 예술집단에 따르면 이를 통해 "서로 다른 종교, 인종, 국적, 성별, 신념을 가진 세계 각지의 수천 명"에게 "NSK 시민권의 권리"를 부여하는 셈이었다.[13] NSK 시민이 되고 싶은 사람은 NSK 웹사이트를 방문해 여권 신청서를 인쇄해서 내용을 기입하고 서명한 다음, 발급 수수료 32유로와 함께 류블랴나에 있는 NSK 정보센터로 발송하기만 하면 된다. "실제" 혹은 "공식" 여행 서류의 디자인을 패러디한 이 가상 여권은 신원을 국가 영토나 민족 공동체 대신, 예술집단과 NSK 시민이라는 상상의 공동체와 연결하려 한다. 국가권력의 친숙한 수단을 재전유함으로써, 국적과 소속과 이동성의 상징을 희화화함으로써 NSK 여권은 우리가 영토적 국가에 품는 애착, 나아가 더 중요하게는 이런 공동체적 연대감을 재인식하거나 심지어 재형성할 가능성을 일깨우는 역할을 한다.

그리하여 NSK 여권은 이 대량생산된 '예술 작품objets d'art'의 소지자가 되는 사람, 그리하여 이 선택된 예술집단의 "구성원"

이 되는 사람 모두를 새로운 형태의 행동주의예술에 (간접적으로라도) 참여할 수 있게 한다. NSK 국가의 시민 중에서 가장 널리 알려진 인물은 다작의 마르크스주의 철학자이자 라캉주의 비평가이며 분야를 막론한 논쟁가(한때 슬로베니아 대통령 선거 후보)인 슬라보예 지젝Slavoj Žižek이다. 그는 국가가 "공동체의 신체에 빌붙는 좀비로서 절대 악의 근원"이라는 주장에 맞서 "국가의 신화"를 옹호한다. 달리 말해서 지젝은 국가의 이데올로기적 장치와 국가가 "규율을 감시 및 유지하는 과정"을 파괴하는 첫 걸음으로서 국가의 폐지(또는 공동체로의 종속)를 추구하는 아감벤 같은 사상가들에게 도전한 것이다. 유고슬라비아의 해체와 그 이후에 벌어진 보스니아와 세르비아의 무법 상태를 목격하고, NSK 국가에 대해서 숙고하면서 지젝은 대안적인 (어쩌면 역설적인) 입장을 옹호했다.

> 오늘날 유토피아의 개념은 180도로 전환되었다. 즉, 유토피아적 에너지는 더 이상 무국적 공동체로 향하지 않고, 오히려 민족 없는 국가로, 민족적 공동체와 그 영토에 기반을 두지 않는 국가로 향한다. 따라서 이와 동시에 그 에너지는 영토 없는 국가로, 즉 민족적 기원과 토착성과 뿌리내림이라는 탯줄을 끊어낼 순수하게 인공적인 원칙과 권위의 구조로 향한다.[14]

NSK의 가상 여권에 몰려든 여권 신청서

"국경이 신체의 물리적·상징적 활동에 따라서 항상 유동적이고, 영토가 '구성원'의 의식 속에 있는 추상적인 유기체"라는 '시간 속의 NSK 국가'의 정의를 감안하면, NSK 국가는 단지 그런 프로젝트(또는 최소한 그런 프로젝트를 향한 예술적 몸짓)로 볼 수도 있다.[15] 이런 관점에서 유토피아의 개념은 우리가 국가를 비판하는 것을 저지해서는 안 되며, 오히려 국가의 미래를 변모시키기 위해서 실용적인 또는 정치적인 제약을 모두 배제해야 한다. NSK 국가는 추상적인 유기체에 물리적인 존재감을 부여하기 위해서 모스크바, 겐트Ghent, 베를린, 피렌체, 그라츠Graz, 사라예보, 뉴욕에 공사관을 설립했으며(일부는 한시적이었지만, 또 일부는 보다 장기적으로 운영했다), 해당 도시에서 개최된 전시회와 연계하기도 했다. 그사이 NSK 국가는 가상 여권을 1만 5000건 이상 발급했는데, 슬로베니아 공화국의 "공식" 여권을 만드는 바로 그 인쇄 업체에서 제작한 것이었다. 그러다 보니 NSK 여권 소지자가 이 서류로 "실제" 국경을 넘는 데 성공했다는 소문까지 돌았다.

불운하게도 이 프로젝트가 성공하는 바람에 유럽으로 가고 싶어 하는 잠재적인 이주자 집단 사이에서도 혼란이 초래되었다. 2004년부터 나이지리아에서 류블랴나의 NSK 본부로 날아들기 시작한 여권 신청서는 2007년까지 급격하게 늘어서 수천 통에 이르렀는데, NSK 국가가 새로운 시민을 받아들이려는 실제 영토국가라고 착각한 사람들이 보낸 것이었다. 이 유토피아적 프로젝트는 가난으로부터 벗어나고, 민족적 폭력으로부터 피하며, 더 나은 환경에서 새로운 삶을 추구할 수 있는 실질적인 기회로 여겨지게 되었던 것이다. 아프리카에서 신청서가 쏟아져 들어오자, 슬로베니아 정부도 이 상황을 주목하고 예술집단에 다음과 같은 공지를 자체 웹사이트에 게시하라고 명령했다. "NSK 시민권은 슬로베니아 시민권과 동일하지 않습니다." "NSK 여권으로는 솅겐Schengen 조약국에 들어갈 수 없습니다."[16] NSK 여권에 따라붙는 기대 때문에 NSK 국가의 대표들은 점점 더 불안해졌고, 이들 중 보루트 보겔닉Borut Vogelnik, 미란 모하르Miran Mohar, 잉케 아른스Inke Arns는 급기야 2010년에 나이지리아의 라고스Lagos에 있는 현대미술센터Centre of Contemporary Art, CCA에서 열린 행사에 참석해서 NSK 여권의 의도를 해명하고 헛된 희망을 일소하려 했다. 애초에 이 가상 여권의 주된 의도는 세계화 시대에 국민국가와 시민권의 지위를 성찰하도록 촉진하는 것이었지만, 이처럼 예상치 못한 상황에서는 아이러니한 기능을 더 이상 유지할 수 없었다. 어쩌면 더 이상은 아예 예술 작품으로 여겨질 수조차 없어 보였다.

여권으로 인한 국제적 위기를 환기시키는 여권

이후 10년 동안 유럽의 난민 위기가 격화되면서 NSK는 새로운 집단성과 새로운 형태의 집단 정체성을 수립해야 한다고 홍보하는 한편, 국민국가의 시민권이 무엇을 의미해야 마땅한지 계속해서 질문을 제기했다. 이 현재 진행형 프로젝트의 표현 가운데 하나는 2017년 베네치아 비엔날레에 다른 여러 "실제" 국가 전시관과 나란히 설치된 NSK 국가 전시관이다. NSK의 출품작 중에는 (글로벌 사우스global South와 구舊 동구권 출신 이주자 100명이 "유럽"의 약속을 돌이켜보고 작성한 내용을 포함한 "경험과 발상, 희망의 개방형 기록보관소"인) 라메슈 다하Ramesch Daha와 안나 예르몰라예바Anna Jermolaewa의 설치 작품도 있었고, NSK 국가의 임시 여권 발급처도 포함되어 있었다. 이 비엔날레에서 국민국가와 서류에 의존한 이동이라는 전통적인 개념에 의문을 나타내는 작품을 출품한 참가자는 이 슬로베니아 예술집단만이 아니었다. 튀니지는 비엔날레 부지 곳곳에 "흩어진" 설치 작품을 출품했는데, 이주자와 난민이 직원으로 일하는 키오스크 3대에서 "freesas(자유 비자)"를 발급해주었다. 이 가상 "만국 여행 서류"는 "독단적인 국가 기반의 제재가 필요 없는 이동의 자유"를 허가한다고 비꼬아서 주장했다. 이들 두 전시 작품 모두 여권이나 적절한 비자가 없다는 이유로 합법성을 부정당하는 이른바 "서류에 등록되지 않은"

사람과 "서류가 없는" 사람을 홀대하는 현재의 세계질서에 주목하게 만들고자 했다. 이제까지는 이것이 너무나도 친숙한 논리였다.

이탈리아의 여러 NGO에서 지원을 받은 NSK 국가 전시관에도 망명 신청자들과 무국적 이주자들이 직원으로 대기하다가 관람객이 오면, 전시관을 가로질러 커튼 너머에 있는 여권 발급처로 안내했다. 임시 여권 발급처는 이주자들이 유럽에 도착하면 마주하게 되는 관료주의적 장애를 모방했다. 이 설치 작품의 여권 검사대는 높은 단壇 위에 놓여 있어서, 관람객은 거대한 이동식 계단을 굴려서 걸어 올라가든지, 아니면 작은 트램펄린에서 적당한 높이까지 펄쩍 뛰어오르든지 양자택일을 해야 했다. 검사대에서 관람객을 처리하고, 이들의 여권 신청서를 관리하는 담당관은 4명으로, 인도와 가나, 나이지리아에서 새로 도착한 난민 이주자들을 NSK에서 고용했다. 이주자들의 참여는 이 설치 작품에 차마 부인할 수 없는 직접성, 심지어 긴급성을 더함과 더불어 전시회의 의도 때문에 난민을 이용하는 데 불편한 우려를 불러일으켰다. 하지만 이와 동시에, 이 가짜 여권 발급처의 절차 때문에 비엔날레 관람객들은 졸지에 새로운 여권을 얻으려는 사람들 대다수가 직면하게 되는 관료주의적 절차와 유사한 상황을 거칠 수밖에 없는 불편한 위치에 놓였다. 즉 성별, 혈액형, 눈 색깔, 머리 색깔,

신장, 직업을 비롯한 개인정보를 열거하고, 국가 등록부에 이 개인정보를 저장하는 데 동의하고, "최선을 다해 NSK 국가의 영토고권을 지지하겠다"고 서약하는 것이다. 여기서의 쟁점은 제6장의 도입부에서 묘사한 아이웨이웨이의 〈유랑하는 사람들〉에 나오는 여권 장면이 제기한 쟁점과 상당히 유사하다. 즉, 여권 의례의 패러디가 과연 정치적으로 유의미한 공감을 끌어내는 데에 효과적인가, (국가의 침해적인 절차에 따르라는 요구를 포함하여) 이주민 위기에 대해 새롭게 이해하거나 최소한 더 지속적인 관심을 끌어내는 데에 효과적인가, 아니면 단지 구경거리에 불과한가 하는 쟁점이다.

NSK 국가의 여권에 대한 지젝의 통찰

이 문제에 대한 통찰은 지젝이 NSK 국가를 옹호한 강연에서 어느 정도 얻을 수 있다. 그는 (모방이 불가능한 특유의 지엽적인 방식으로) 이 예술집단이 수행한 더 큰 프로젝트에 대한 기조 강연으로 베네치아 비엔날레 전시회(그로부터 몇 달 뒤에는 빈에서의 재개최)를 개막했다. 이 강연 직전에 지젝이 BBC의 벤저민 람Benjamin Ramm에게 다음과 같이 말했다. "NSK의 독특함은 '무영토 국가stateless state'라는 발상입니다. 이것은 일부 좌파의 생각처럼 단순한 패러디가 아닙니다. 그들은 국가를 조롱하는 것이 아니며, 이런 억측에서 자유주의자의 전형적인 두려움이 드러납니다. 만약 어떤 사람들이 그걸 진짜라고 여기고 유혹당하면 어떻게 될까요? 하지만 그들은 진지하게 여겨져야 합니다!"[17] 그로부터 1년 전에 지젝은 『난민, 테러, 이웃과의 말썽Refugees, Terror, and the Trouble with Neighbors』(2016)이라는 논고를 출간하여 논란을 촉발했다. 이 논고는 유럽 각지에서 대두하는 반反이민주의 포퓰리즘뿐만 아니라, 열린 국경과 다문화적 조화라는 자유주의적 이상까지도 '모두' 비판한다. 이 철학자의 관점에서 좌파 인도주의의 고질적인 문제는 단순히 문화적 차이뿐만 아니라, 고용과 자원을 놓고 벌어지는 경쟁에서 야기되는 표면상 불가피한 긴장까지도 인정하기를 거부하는 것이라고 밝힌다. 공감만으로는 충분하지 않다는 것이다. 하지만 지젝이 "마음을 열자"는 접근법을 거부한 것은 정치권과 결부된 (즉, 상대에 대한 두려움이나 증오에서 비롯된) 이유 때문이 아니라, 이 접근법이 애초에 이주민들이 고향을 등지는 문제들을 만들어낸 신新식민지적 관계와 지정학적 책략의 지배를 깨트리기 위해 필요한 정치적 행동을 방해하는 경우가 너무 흔하기 때문이라고 주장한다.

이후 2018년에 그의 저서 『환한 대낮에 도둑처럼Like a Thief in Broad Daylight』에도 수록된 빈 전시회의 개막 강연에서 지젝은 언어학자이자 철학자인 장클로드 밀네르Jean-Claude Milner의 연구를 (특히 과거에 해나 아렌트가 강조했던 인권과 시민의 권리 사이 구분의 "재활성화"를) 환기시킴으로써 "인권에 대한 부르주아적 개념"에 도전한다. 밀네르의 관점에서 "인간"은 어떤 불변의 본성 또는 보편적 본질과 아무 관련이 없으며, 대신 특정 폴리스나 공동체에서 '제외'되는 만큼만 자연적이라고 간주한다. 이런 지적과 밀네르의 주장을 예시하는 곳이 이른바 칼레 정글Calais jungle이라고 불리는 프랑스 북부에 있는 난민 수용소로, 이곳에서는 엄밀히 말해서 시민이 '아닌' 사람들의 권리가 철저하게 박탈되는 모습을 목격할 수 있다. "2000년부터 그곳에 모인 사람들은 그 어떤 유죄판결도 받지 않았고, 그 어떤 기소도 당하지 않았고, 그 어떤 법률도 위반하지 않았다. 그들은 단지 그곳에 있고, 살아갈 뿐이다. 그들이 때때로 죽는다는 것이 바로 그들이 살고 있다는 증거이다."[18] 이 수용소의 무국적 거주민들은 고향도 없고, 시민권의 권리를 부여할 서류도 없으며, 이들의 물리적 신체는 식수, 식량, 위생, 최소한의 사적 공간과 같은 물질적 욕구를 박탈당할 위협을 받는 벌거벗은 생명으로 전락한 상태이다. 그들은 이런 지위를 상기시키는 상징이 되어 "부정적인 방식으로 남성/여성 권리의 실제를 가시화"하여 보여주는 '호모 사케르'의 기능으로 축소되었다.[19] 지젝의 주장에 따르면, 이러한 견지에서 NSK 국가의 여권은 인권과 시민의 권리 사이의 불가피한 차이를 상기시키는 역할을 한다. 즉, NSK 여권은 현재 유럽연합European Union, EU

여권 소지자에게 자연히 주어지는 특권을 향한 비판적인 표현이며, 우리가 누리는 권리가 곧 우리가 소지한 여권에 달려 있다는 사실을 인정하라는 물질적인 촉진제이다. 또한 유토피아적 사고는 단순히 국가와 그 주권의 역할을 포기하는 것이 아니라 반드시 감안해야 한다는 신호인 것이다.

제7장

외지인과 원주민

지구에 떨어진 사나이, 데이비드 보위

앞서 살펴보았듯이 여권은 우리의 가장 탐욕스러운 환상 가운데 한자리를 차지하고 있다. 니콜라스 로그Nicholas Roeg의 1976년 영화 〈지구에 떨어진 사나이The Man Who Fell to Earth〉는 우주여행 광경을 몽타주 화면으로 보여주며 시작된다. 로켓 엔진이 가동되고, 층적운 아래로 광활한 지평선이 펼쳐지고, 로켓 동력 우주선이 대기권을 빠져나가고, 멀리 대지臺地가 군데군데 솟은 또 다른 지평선이 펼쳐지고, 우주선이 대기권으로 진입하고, 이어서 짧게나마 1인칭 시점으로 미국 남서부의 고지대 사막에 있는 호수 한복판으로 뛰어들고, 마지막으로 호수에서 거대한 물기둥이 솟구친다. (이 마지막 장면은 헤메즈산맥Jemez Mountains에 있는 펜턴호수Fenton Lake에서 촬영했는데, 이곳은 오늘날 뉴멕시코로 알려진 지역에 유럽인 정착민들이 도착하기 한참 전부터 여러 푸에블로인디언Pueblo Indian 부족의 고향이었다.) 곧이어 언덕 경사면을 배경으로 어떤 한 인물의 윤곽이 나타나더니, 후드 달린 긴 외투를 걸친 채 조심스레 발을 내디디며 폐광을 지나간다. 방금 목격한 은하계 간 여행은 우리가 비행기 여행 때 겪는 익숙한 번거로움(통관 및 입국 심사대, 국경 수비대나 여권 검사관) 가운데 어느 것도 없지만, 그가 폐광 아래 골짜기에 도달하자, 검은 정장에 굳은 표정의 웬 남자가 그를 유심히 지켜보는 모습을 볼 수 있다. 마침내 할리우드 서부영화에 나오는 평원의 방랑자와 다름없는 이 고독한 인물은 (표지판에 "해니빌Haneyville, 마을 경계, 고도 2850피트"라고 적힌) 작은 마을 외곽에 도달해서야 어딘가 쓸쓸하게 후드를 뒤로 젖히고 부자연스럽게 붉은 머리칼에 에워싸인 창백하고, 마르고, 거의 독수리 같은 얼굴을 드러낸다.

그렇다. 이제 우리는 은하계를 건너온 이 여행자가 데이비드 보위David Bowie임을 똑똑히 보게 되는데, 그는 외계에서 온 실제 외계인만큼이나 뉴멕시코의 해니빌에는 어울리지 않는 인물이다. 실제로 이 장소 자체가 어딘지 기묘하다. 곧이어 장면이 바뀌면서 한쪽에 묶인 어릿광대 얼굴 모양의 에어바운스가 밧줄이 끊어질 듯 바람에 날리는 예상치 못한 모습이 등장하고, 근처에 있던 유원지 직원이 요란하게 트림을 내뱉고는 우리의 주인공을 부른다. "어이, 형씨, 어서 와요, 어서 와!" 긴 여행에 지친 기색이 역력한 이 우주 여행자는 대신 길을 건너더니, "사고팝니다" 중고 만물상 앞의 나무 벤치에 드러누워 잠깐 동안이나마 휴식을 취한다. 이 장소와는 너무나도 어울리지 않는데도, 이 낯선 땅에 있는 이 낯선 인물은 새로운 환경을 다니는 방법을 상당히 잘 알고 있음이 분명해진다. 나이 많은 가게 여주인이 출근해서 가게 문을 열자, 여행자도 기운을 차리고 그녀를 뒤따라 들어간다. 그의 존재가 신경 쓰인 여주인은 의심스러운 목소리로 묻는다. "어떻게 도와드릴까요?" 그는 부드러운 런던 남부 억양으로 대답하며 ("예, 죄송합니다만, 이걸 팔고 싶어서요.") 작은 금반지 하나를 건네준다. 경험 많은 여주인은 더욱 의심스러워진 듯이 묻는다. "이 반지는 어디서 났죠?" 그는 살짝 머뭇거리고는 이렇게 대답한다. "제 겁니다……. 아내한테서 받은 거죠. 거기 보시면, 안쪽에 머리글자가 있을 겁니다." 여주인은 돋보기로 알파벳을 읽는다. "티T…… 제이J…… 엔N." 그러고는 곧장 또 다른 질문을 던진다. "신분증은 갖고 계신가요?" 낯선 인물은 검은 점프슈트의 가슴 주머니로 손을 넣으며 대답한다. "저는 영국인이거든요. 여권이 있습니다." 곧이어 그는 그 서류를 그녀에게 건네준다. 여권을 받아 들고 훑어본 그녀는 표지의 도려낸 부분

제7장

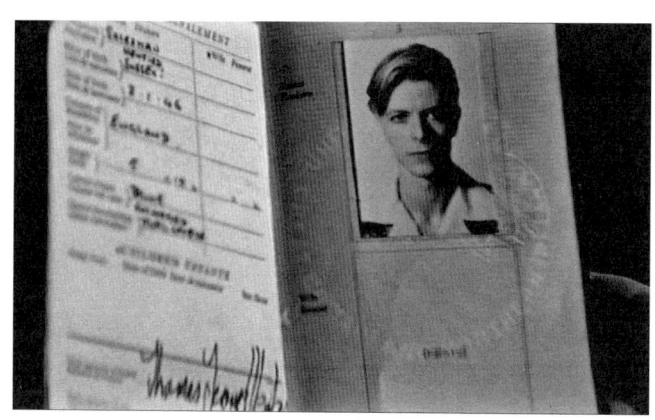

도판 15. 〈지구에 떨어진 사나이〉(1976)에서 토머스 제롬 뉴턴의 여권 사진 페이지.

에 적힌 서류 소지자의 이름을 큰 목소리로 읽는다. "토머스 제롬 뉴턴Thomas Jerome Newton." 그러자 그도 소리 없이 입속말로 이름을 따라 읽는데, 마치 자신의 지구 신원인 그 이름을 외우려고 다시 한 번 연습이라도 하는 듯하다.

장면이 바뀌어 그 서류가 클로즈업되는데, 여주인이 여권을 펼치자 카메라가 사진 부분을 확대하고, 단정하게 빗은 머리에 칼라가 넓은 셔츠 차림의 진지하지만 평온한 보위의 흑백 사진을 보여준다. 장면을 딱 맞춰 정지시키면, 소지자의 특징 묘사 페이지에 나온 세부 사항도 살펴볼 수 있지만 (직업: 판매사원, 출생지: 서식스주 헨필드Henfield, 생년월일: 1946년 8월 1일, 거주 국가: 영국, 신장: 5피트 10인치) 이 장면에 사용된 피사계 심도가 얕아서 가장 흥미로울 법한 세부 사항(눈 색깔, 머리 색깔, 특이 사항 항목)은 흐려지고 말았다. 의미심장하게도, 가족을 남겨 놓고 온 이 외로운 여행자의 아내와 아이에 대한 항목은 비어 있다. 장면이 뉴턴인 척하는 보위로 클로즈업되며 전환되자, 그는 더 길고 더 검어진 머리카락을 재빨리 얼굴 한쪽으로 넘겨서, 여권에 나온 사진과 좀 더 비슷해보이려고 한다. 이 서류가 진본임을 확신한 듯, 여주인은 형식적으로 이렇게 중얼거린다. "여기는 전당포가 아니라서……. 일단 이 반지를 파시고 나면, 나중에 도로 찾아가실 수는 없다는 점, 이해해주세요."[1]

"외(계)인(alien)"의 의미

뉴멕시코의 고지대 호수에 떨어지기 한참 전부터 보위에게는 뭔가 외계인 같은 면모가 있었다. 토머스 제롬 뉴턴은 장편영화에서 그가 맡은 첫 배역이었지만, 이 록 스타 출신 영화배우는 이미 10년 가까이 여러 페르소나를 창조하고 또 재창조해왔다. 처음에는 브릭스턴Brixton에서 태어난 평범한 데이비드 존스David Jones에서 (사냥용 외날 단도인 부이 나이프Bowie knife로 유명한 개척자의 이름에서 따온) 데이비드 보위라는 예명으로 옮겨 갔으며, 1970년대 초에는 극도로 SF적인 양성성의 가상인물인 '지기 스타더스트Ziggy Stardust'로 옮겨 갔다. 보위는 이 분신alter ego과 자신의 백밴드인 '스파이더스 프롬 마스Spiders from Mars'를 대동하고 1972년 가을에 미국 순회공연을 시작했고, 미국 전역뿐만 아니라 세계를 누비며 6개월 넘게 정교한 무대 공연을 펼치면서 〈우주의 괴짜Space Oddity〉, 〈화성에 생명?Life on Mars?〉, 〈우주인Starman〉 그리고 당연히 〈지기 스타더스트Ziggy Stardust〉처럼 우주여행에서 영감을 받은 노래들을 불렀다. 이 모두의 중심에는 그의 이세계적 외양을 강조하는 현란한 가부키 스타일 화장, 벗처럼 치켜세운 강렬한 붉은 머리카락, 갖가지 기이한 의상으로 장식한 깡마른 체구가 있었다. 〈지구에 떨어진 사나이〉에서 토머스 제롬 뉴턴 역으로 섭외를 받았을 당시, 보위는 이미 이전보다는 덜 엉뚱한 새로운 페르소나인 '신 화이트 듀크Thin White Duke'로 옮겨 가서 깔끔하게 다듬은 머리카락과 카바레 스타일 의상으로 영화에 나오는 여권 사진에 흡사한 모습이었다. 하지만 로그의 영화에서 보위의 배역은 이 록 스타의 초자연적인 무대 페르소나의 연장으로, 그의 깡마른 팔다리와 우유처럼 새하얀 피부, 약간 무기력한 행동거지, 초연하고도 멍해보이는 눈빛을 강조했다.

  이런 모습으로 보위는 토머스 제롬 뉴턴으로 행세하며 도착한 거친 뉴멕시코의 마을에 완전히 이질적인 뭔가를 구체화한다. 그의 여권은 (어떤 신원 증명서도 마찬가지겠지만) 그의 기묘함을 설명하는 데에 도움을 준다. 즉, 그는 희한한 억양과

도도한 태도를 지닌 영국인 가운데 하나라는 것이다. (이 대목에는 약간 영리한 유머가 들어 있는 셈이다.) 데이비드 보위 또는 지기 스타더스트 또는 신 화이트 듀크 그리고 이들이 전위 록 음악과 세계적인 대중문화와 맺는 연관성까지 이 모두는 마을에서는 거의 화성에서 온 사람만큼이나 미처 예상치 못한 것이다. (그리하여 미묘한 유머가 또 한층 생겨난다.) 하지만 그 여권은 기묘하기는 하지만, 그의 존재에 어느 정도 합법성을 부여한다. 즉, 그는 적절한 서류를 가지고 이곳에 있다. (물론 우리는 여주인이 미처 모르는 사실을 알고 있다. 그 서류는 진본일 리 없다는 점이다.)

뉴턴 역할을 하는 보위는 1960년대에 나타난 대중음악과 명성의 기묘하고도 새로운 문화운동에서 온 여권을 소지한 사절이다. 〈지구에 떨어진 사나이〉는 보위와 그의 여러 페르소나에 대한 우리의 인식을 다룬 영화로서 중요한 의미를 지닌다. 근본적으로 이 영화는 "외(계)인"에 대한 우리의 인식을 다룬다고 볼 수도 있는데, 어쩌면 당시 보위나 로그가 깨달았음직한 수준보다 훨씬 넓은 의미일지도 모른다. 토머스 제롬 뉴턴은 영화에서 딱 한 번 "외(계)인"으로 불리지만, 곧바로 다급한 질문이 뒤따른다. "당신의 비자가 이미 만료되었다는 사실을 그들이 알아내면 무슨 일이 벌어질지 알아요?" (당연히 또 다른 의미심장한 유머다.) 영어에서 'alien'("다른 행성에서 온 (지적) 존재(들)의, -에 속한, -과 관련된; 그런 존재를 지칭함; 지구 밖 존재"라는 의미)은 과학소설에서 비롯된 용어로, 1920년대 말에 처음 등장했다.[2] 이 영화에서 사용된 'alien'의 의미("외국에서 태어난 또는 외국에 충성의 의무를 지닌; 특히 그 또는 그녀가 살고 있는 나라의 귀화 시민이 아닌 외국인을 지칭함")는 그보다 일찍 14세기 프랑스로 거슬러 올라가며, 이 용어의 어원은 시민권에 대해서 고도로 섬세한 발상을 했던 고대 로마로까지 거슬러 올라갈 수 있다.[3] 하지만 현재의 "illegal alien(불법 외(계)인)"이라는 의미가 미국에서 통용된 시기는 1920년대 말이었는데, 당시 멕시코인과 멕시코계 미국인의 대규모 국외 추방이 시작되었기 때문이다. 이후 1970년대에 이르러 이민자 공동체가 성장하여 미국 인구에 훨씬 더 높은 비율을 차지하면서 이 용어를 더욱 빈번하게 사용하게 되었다. 새로 유입되는 사람들을 더는 향후 시민으로 간주하지 않은 것이다. 이 용어는 오히려 정치적 우파에서 인기를 끌게 되었는데, 이들은 이민법 위반이야말로 헌법의 규제에 종속되고 법치에 의해 통치되는 독립적인 국민국가로서 미국의 주권을 실질적으로 위협하는 것이라고 보았기 때문이다.

"행성 간" 슈퍼스타의 토성 출생 여권

하지만 당시 미국에는 태생적 "외계인"이 최소한 한 명은 이미 거주하고 있었다. 선 라Sun Ra는 (또는 '르 소니어 라Le Sony'r Ra'라고도 하는데, 본명은 '허먼 풀 블런트Herman Poole Blount'로 앨라배마주 버밍엄Birmingham에서 태어났다) 심지어 데이비드 보위보다도 더 대담한 우주인의 페르소나로 살았다. 대학생 시절이던 1930년대에 라는 자신의 이후 삶을 형성하는 선견을 경험했다. "나는 어떤 행성에 착륙했는데, 확인해보니 토성이었고 (……) 그들이 나를 순간이동을 시켜서, 나는 그들과 함께 내려가서 무대에 섰다. 그들은 나와 대화하고 싶어 했다. 그들의 양쪽 귀에는 작은 더듬이가 하나씩 달려 있었다. 그들이 내게 말하길 (……) 내가 [음악을 통해-원주] 말하면, 세상이 귀를 기울일 것이라고 했다."[4] 미국 남부의 인종차별법인 짐 크로 법Jim Crow law이 시행되던 시대에 앨라배마의 경제와 정치를 지배하던 남부 백인들보다 다른 행성에서 왔다는 이 존재들이 그에게 더 매력적인 운명을 제시했음에는 의심의 여지가 없다. 재능 있는 젊은 피아노 연주자로 경력을 시작한 라는 1990년대까지 실험적인 재즈 작품을 왕성하게 발표한 "행성 간" 밴드의 리더가 되었다. 오랜 활동 기간 내내 그는 젊은 시절의 선견을 우주여행이라는 개인적인 신화와 아프리카 미래주의Afrofuturism의 초기 버전으로 발전시키며 20세기 중반 미국 사회에서 흑인 문화의 위상을 급진적으로 재배치했다. 1952년에 그는 법적으로 '르 소니어 라'로 개명했고, 나중에는 이집트의 태양신을 (심지어 동어반복으로) 연상시키는 '선 라'로 바꾸었다. 머지않아 그는 창작음악 합주단인 '아케스트라Arkestra'를 (또는 '신화과학 아케스트라Myth Science Arkestra'라고도 했는데, 두 단어 모두 'ark of the covenant(언약궤)'와 'orchestra(오케스트라)'라는 단어를 이용한 말장난이다) 결성했다. 아케스트라의 공연에는 고대 이집트의 왕실 보물과 우주여행에서 영감을 받은 요소들을 조합해 장식이 화려한 의상을 선보였다. 1960년에 선 라 아케스트라는 불협화음 재즈 만가挽歌로 "interplanetary music(행성 간 음악)"이라는 후렴구가 들어가는 기념비적인 곡인 〈우리는 우주 항로를 여행하네We Travel the Spaceways〉를 녹음했으며, 머지않아 무대에 외계 배경을 놓고 공연하기 시작했다.

하지만 "선 라"는 오로지 무대 위의 페르소나가 아니었다. 1970년에 첫 유럽 공연을 준비하던 이 음악가는 처음으로 여행 서류를 신청하러 뉴욕의 여권 발급처로 가서, 자신이 차용한 정체성[신원]을 긍정하는 차원에서 '토성에서 온 선 라'로 여권을 신청했다. 존 F. 스웨드John F. Szwed가 라의 전기에서 서술했듯이, 이 이세계적 음악가는 아직까지도 "한참 앞서나가는" 느낌의 "길거리 패션" 차림으로 여권 발급처에 나타났고, 여권 신청서를 작성해서 담당관에게 건네주었지만 다음과 같은 답변만 들었다. "선생님, 이보다는 더 나은 정보를 제출해주셔야 합니다. 예를 들어 부모님 성함이라든지, 생년월일이라든지……." 라는 고집을 꺾지 않고 버티며 반박했다. "이것이 '정말' 정확한 정보란 말입니다." 이례적인 상황에 직면해 당황한 담당관은 본인의 상사를 불러왔고, 그 상사는 라와 잠시 대화를 나누고는 몇 시간 뒤에 다시 와서 신청 절차를 다시 시작하자고 했다. 그날 늦게 이 음악가가 돌아오자, 여권 발급처의 여타 동료들에 비해서 그다지 원칙에 구애받지 않는 또 다른 직원이 그를 상대했다. 직원은 순순히 대답했다. "여권을 금방 발급해드리겠습니다." 하기야 한낱 정부 공무원이 행성 간 슈퍼스타의 선견적 열의에 감히 저항할 엄두를 낼 수는 없었으리라. 이후 이 여권은 선 라 페르소나의 핵심 요소가 되었다. 미국의 인종차별 정치의 불쾌한 역사가 그에게 부과한 정체성[신원]이 아니라, 스스로 만들어낸 정체성[신원]을 공식적으로 인정받았기 때문이다. 우리가 알고 있듯이 여행 서류는 오래전부터 이런 일에 특히 유용했다.

스웨드의 전기에 따르면, 이후 이 여권은 라의 동료 음악가들에게 마치 "부적"과도 같은 의미를 가졌는데, 다른 무엇보다 미국의 주류 사회와 문화생활, 널리 퍼진 (그리고 압도적으로 백인이 다수인) 정부의 관료주의를 거스른 공식적인 문서 기록이었기 때문이다. 뿐만 아니라 이 여권은 우주적 정체성[신원]이라는 그의 황당무계한 환상에 일종의 명시적인 권위와 실체적인 근거를 제공했다. 런던에서 활동하는 제작자이자 작곡가, DJ이자 타악기인 타블라 연주자인 탈빈 싱Talvin Singh은 훗날 이렇게 말했다. "그의 철학은 우리가 사회의 일부가 되거나, 되지 않거나 둘 중 하나라는 것이었습니다. 그리고 그는 그 사회의 일부가 아니었습니다. 그는 독자적인 사회를 만들었습니다. 무슨 말인가 하면, 저는 그의 여권을 직접 본 적이 있는데, 그건 뭔가 기묘했습니다. 뭔가 다른 내용이 들어있었습니다."5 예를 들어, 그 서류에는 그의 출생지가 "토성"으로 나와 있었지만, 생년월일은 명시되지 않았다.

하지만 이 여권을 보고 누구나 감탄하지는 않았다. 1970년 12월, 코펜하겐에서 유럽 순회공연을 마무리한 라와 아케스트라는 즉흥적으로 비행기를 타고 이집트로 가기로 결정했는데, 당연히 교통수단이나 숙박 같은 사전 준비는 전혀 없었다. 이 즉흥 여행은 머지않아 난관에 부딪혔으니, 카이로 공항의 통관 및 입국 담당관이 이 음악가들을 붙잡았기 때문이다. 난데없이 재즈밴드 전원이 관광객이랍시고 이집트로 몰려온 것도 수상했을 뿐더러, 여권에 고대 이집트 신의 이름이 떡하니 적힌 밴드 리더는 더욱 수상했던 것이다. 하지만 라는 이 문제에 대한 답변을 미리 준비해놓고 있었다. 이집트 유물 박물관의 큐레이터에게 전화해서, 자신의 이름을 이집트학의 맥락에서 평가할 수 있는지를 알아보라는 것이었다. 라의 주장에 관계자들도 곧 수그러지기는 했지만, 그 대신 밴드의 악기 대부분을 압류해버렸으니, 이들이 제때 공항으로 돌아와서 출국하도록 보장하기 위해서였다. 다행히도 이집트에 살던 그의 팬이 빠르게 나서서 라와 아케스트라를 도와주었다. 바로 재즈 드러머이자 이집트 육군 여단장이며 군악대장이었던 살라 라가브Salah Ragab가 이 음악가들이 대신 연주할 악기를 구해주었던 것이다. 나중에 라가브는 이 개입 때문에 징계를 받기는 했지만, 덕분에 라와 아케스트라와 함께 몇 곡을 녹음했으며, 이 밴드는 이집트에서 순회공연을 마친 후에 악기를 되찾아서 미국으로 돌아갔다. 이 이집트 여행은 고대 이집트에서 영감을 받은 화려한 의상과 마찬가지로 이들의 아프리카미래주의 선견의 중요한 요소가 되었고, 영광스러운 아프리카의 과거와 숭고한 행성 간의 미래에 대한 약속 한가운데에 이들을 자리 잡게 했다.

여권이 필요 없는 여행에 대한 판타지

라의 장편영화 〈우주가 그 장소Space Is the Place〉(1974)에서 이 신화가 가장 완전하게 표현되었는데, 제목처럼 미국 흑인이 아프리카로 돌아가는 것이 아니라 심지어 행성을 벗어날, 다시 말해 여권이 필요 없는 여행을 떠날 새로운 가능성을 상상한다. 그 결과, 영화는 흑인 영웅이 주인공으로 등장하는 블랙스플로이테이션Blaxploitation SF 판타지 영화가 되었다. 예를 들어, 고든 파크스Gordon Parks 감독의 〈샤프트Shaft〉(1971)와 스탠리 큐브릭Stanley Kubrick 감독의 〈2001 스페이스 오디세이2001: A Space Odyssey〉(1968)가 혼합되었다고 생각해보라. 〈우주가 그 장소〉는 이집트에서 영감을 얻은 정교한 의상을 걸친 라의 모습으로 시작된다. 그는 어느 머나먼 행성의 밀림에서 두건을 쓰고 눈, 코, 입이 없는 거울 같은 얼굴의 주민들을 향해 어떤 곡조를 흥얼거리다가 다음과 같은 독백으로 접어든다.

> 여기는 음악이 다르다. 진동이 다르다. 지구와 같지 않다. 지구의 (……) 총소리와 분노와 좌절의 소리와는. 지구에 대해서 이야기한들 아무도 이해하지 못한다. 우리는 이곳에 흑인을 위한 이주지를 건설했다. 백인 없는 행성에서 흑인이 무엇을 할 수 있는지 보라. 그들은 이 행성의 아름다움 속에서 술을 마실 수 있다. 그것은 좋은 방향으로 그들을 전율시킬 것이며 (……) 우리가 그들을 데려오는 방법은 두 가지다. 하나는 동위원소 순간이동, 즉 이동분자화(transmolecularization)를 사용하는 것이고, 이보다 더 나은 방법은 음악을 통해 지구 전체를 여기로 순간이동 시키는 것이다.

그렇다면 이들은 아프리카인 디아스포라를 먼 은하까지 확장하는, 그리하여 우리 세계에 만연한 폭력과 물질주의와 인종차별주의의 손아귀를 넘어 조화롭고 반反식민지적 이주지를 설립하는 웅대한 계획으로 시작하는 셈이다. 라와 아케스트라가 둘 이상의 리듬을 동시에 사용하는 폴리리듬 프리재즈 연주를 하는 장면이 군데군데 들어가며 이어지는 줄거리는 때때로 일관성이 없어지기도 한다. 하지만 이야기 대부분은 이 행성 간 임무를 완수하려는 음악가를 따라가는데, 그는 미래에 대한 자신의 선견을 미국 흑인 공동체에 "납득"시키기 위해 감독관(레이먼드 존슨Raymond Johnson)으로 알려진 악독한 포주와 경쟁해야 하는 입장이 된다.

머지않아 이 항해자는 오클랜드에 도착하고, 여기서 "지구의 흑인 청년" 집단에게 자신을 "우주 위원회의 행성 간 지역에서 온 대사 선 라"라고 소개한다. 여러 해 동안 지구를 떠났다가 돌아온 그는 이제 외(계)인이자 외부자이지만, 동시에 잠재적인 구원자로서 청년들에게 멀리 떨어진 미래로 탈출하자고 제안한다. 그러려면 그들은 미국에서 자신들이 외(계)인으로 받는 처우부터 먼저 인식해야 한다.

그는 자신의 유토피아적 우주 공동체로 떠날 여행자를 모집하는 과정에서 불가피하게 불신에, 심지어 조롱에 직면한다. 자신의 메시지를 널리 알리기 위해서 라는 머지않아 자신이 "이 나라의 모든 TV, 라디오, 영화관, 신문, 잡지 등 통신 네트워크 전체를 좌우할 수 있는 사람"이라고 주장하는 감독관의 대리인과 협정을 맺는다. 그의 임무에 관한 이야기가 퍼지기 시작하면서, 악의적인 인종차별주의 과학자들로 이루어진 NASA 연구진도 관심을 갖게 된다. 라를 붙잡은 그들은 이동 분자화와 기타 기술의 비밀을 밝히지 않으면 신체적 위해를 가하겠다고 협박한다. 이 "외(계)인"은 다른 "불법" 방문자들과 마찬가지로 미국 사회에서 폭력과 권리 사이의 문턱 그 자체에 존재하는 셈이다. 라는 오클랜드에서 공연하기 위해 때맞춰 탈출한 다음, 정부 요원들과 감독관이 포위망을 좁혀오는 가운데 공중에서 양손을 흔들어서 도시 전역의 흑인 청년들을 우주선으로 순간이동 시킨다. 영화는 폭발한 행성의 잔해가 가득한 우주 공간을 빠르게 움직이는 우주선의 모습으로 끝난다. 이것은 미국 흑인 공동체를 "우주와 조화되지 못하게" 만든 인종차별에 대한 심판이다.[6]

여권이 있든 없든 위협적으로 인식되는 "외부인"

〈우주가 그 장소〉는 〈지구에 떨어진 사나이〉에서 제시되는 선견과는 정반대이다. 토머스 제롬 뉴턴은 지구의 거주민들이나 특정 공동체를 구하러 온 것이 아니라, 오히려 가뭄으로 고생하는 자기네 행성을 구할 수 있을 만큼 물을 얻으러 온 것이다. 타지에서 고생하는 이주자의 고향 생각에 해당하는 일련의 회상 장면을 통해서 우리는 뉴턴이 구출 임무를 위해서 떠나려고 준비하는 동안, 저 멀리 어딘가의 죽어가는 세계에서 광활한 사막을 배회하는 그와 가족을 엿보게 된다. 따라서 뉴턴은 SF 판타지는 물론이고, 불법 외국인/외계인에 대한 두려움과도 밀접히 결부된 어떤 위협을 구체화한다. 즉, 방문자가 그의 새로운 나라를 착취하리라는, 그 자원을 소모하고 고국으로 보내기까지 하면서 정작 그 대가는 고려조차 하지 않으리라는 두려움이다. 하지만 방문자의 입장에서도 마찬가지로 두려워할 만한 부분이 있다. 즉, 자신이 이 새로운 세계에 좌초되리라는, 나아가 (미국의 물질주의에, 무절제한 성性과 알코올에, 풍부한 매체에 점점 더 빠져들어) 그 문화에 의해 타락하리라는 두려움이다. 영화에서 충격적인 장면 가운데 하나는 뉴턴이 수많은 텔레비전 앞에 앉아서, 통일성 없는 이미지와 정보의 소용돌이에 폭격을 당하는 것이다.

아울러 로그의 영화는 특히 미국에 종종 나타나는 이민자 이야기를 또 하나 반복해서 활용한다. 즉, 뉴턴은 여러 신기술에 특허를 얻음으로써 기업 제국을 건설하고, 미국 태생 기업가와도 버금갈 만큼 개인적인 부를 축적한다. 그는 특유의 기묘한 방식으로 아메리칸드림을 구현한 셈이다. 뿐만 아니라 성공으로 인해 그는 매체의 각광을 받게 되는데, 록 스타 데이비드 보위와는 달리 이 새로 얻은 명성 때문에 머지않아 언론에 뒤쫓기게 된다. 뉴턴은 충분히 부를 축적해 새로운 우주선을 만든 다음, 자신의 행성을 구하는 데 필요한 물을 챙겨서 고향으로 돌아가려 한다. 하지만 이 과정에서 그는 〈우주가 그 장소〉에서 선 라가 겪은 것처럼 정부 요원으로부터 원치 않는 주목을 받고, 결국 체포되어서 가뜩이나 수척한 신체에 갖가지 실험을 당하게 된다. 여권이 있든 없든 그는 갑자기 벌거벗은 생명으로 전락해버린 것이다. 여권이 있든 없든 그는 결코 고향으로 돌아가지 못할 운명이다.

남아프리카에서 지구로 떨어진 이민자, 일론 머스크

만약 우리가 21세기로 접어들면서 〈지구에 떨어진 사나이〉를 (물론 좀 더 기묘하고 소외되기는 하지만) 이민자의 서사로 해석하는 것이 그 어느 시기보다 더 그럴싸하고, 심지어 불가피해보인다면, 이것은 그 이야기의 몇 가지 대목이 지난 반세기 동안 미국인의 상상 속에서 강화되었기 때문이다. 심지어 일론 머스크 같은 미국 이민자를 둘러싸고 발전해온 신화를 지적할 수도 있다. 그로 말하자면 겉보기에는 초자연적인 재능을 보유하고 이 나라로 건너온, 기술력으로 막대한 부를 축적한, 이제는 겉보기에 거주할 수 없을 것처럼 보이는 행성에 생명을 가져다 놓기 위해 직접 설계한 로켓 우주선을 타고 지구를 떠나길 열망하는 또 다른 외부인이다. 애니메이션 〈심슨 가족The Simpsons〉의 제작자들은 이 놀라운 유사성에 주목한 나머지, 2015년에 "지구에 착륙한 머스크The Musk Who Fell to

Earth"라는 에피소드를 만들었다. 이 에피소드의 도입부는 스프링필드Springfield에 있는 심슨 가족의 집 뒷마당에 로켓 한 대가 착륙하더니, 문이 열리며 "현존하는 최고의 발명가" 머스크가 (이 억만장자가 직접 목소리 출연을 해서 로봇 같은 단조로운 어조로 말하며) 등장한다. 이 방문자는 호머Homer의 신통찮은 인간적인 몽상을 눈부신 신형 발명품들로 바꿔놓고, 그걸 이용해서 도시를 개선하는 과정을 통해 "지구가 스스로를 구하는 방법"을 보여준다. (하지만 이 과정에서 머스크도 스프링필드를 파산시켜버리자 호머는 이렇게 탄식한다. "우주에 있는 그 모든 행성 중에서 그는 왜 하필 이곳으로 온 걸까!")[7]

실제 일론 머스크의 이야기는 여러 다른 이민자들의 서사와 마찬가지로 여권 하나에 좌우되었다. 1970년대와 1980년대에 남아프리카에서 성장하며 만화책과 기술 잡지를 꾸준히 탐독했던 그는 또 다른 신화를 믿게 되었다. "예전부터 뭔가 끝내주는 기술이나 사건이 일어났다 하면, 십중팔구 미국에서 일어나는 것처럼 보였다. 그래서 어린 시절 내 목표는 기본적으로 미국에 가는 것이었다."[8] 이 청년은 더글러스 애덤스Douglas Adams의 코미디 SF 소설 『은하수로 가는 히치하이커를 위한 안내서The Hitchhiker's Guide to the Galaxy』(1979)를 읽고 특별한 영감을 받았다. "한 가지 중요한 점은 답변보다 질문이 어려운 경우가 상당히 많다는 것이다. (……) 우리가 우주를 더 잘 이해하면, 어떤 질문을 할지도 더 잘 이해하게 된다."9 이런 유년기의 몽상 속에서 머스크는 화성 식민지화를 꿈꾸기 시작했다.

하지만 우선 그는 미국에 가야만 했다. 머스크는 여러 해 동안 부모님을 설득했지만 완전히 납득시킬 수는 없었다. 그렇다고 이 젊은 남아프리카인이 혼자서 무작정 미국으로 갈 수도 없었다. 그러다 17세에 그는 또 다른 길을 발견했다. 그의 어머니 메이Maye는 캐나다에서 태어났기 때문에, 거의 평생을 남아프리카에서 살았지만 캐나다 여권을 신청할 수 있었다. 어머니를 통해서 일론도 캐나다 여권을 발급받았다. 새 여권을 받은 지 불과 3주 만에 머스크는 북미행 비행기에 올라탔다. 이 청년은 캐나다 시민권 덕분에 온타리오주 킹스턴Kingston에 있는 퀸스 대학Queen's University에 입학했고, 이후 미국 학생 비자로 펜실베이니아 대학University of Pennsylvania의 와튼 스쿨Wharton School로 편입했다. 이후 머스크는 스탠퍼드 대학에 입학해서 에너지 물리학과 재료과학으로 박사 학위 과정을 밟으며, 전기 자동차에 응용할 수 있는 초대용량 에너지 저장 장치인 울트라커패시터Ultracapacitor를 연구했다. 하지만 첫 학기가 시작되고 불과 며칠 만에 학교를 그만두고, 웹 소프트웨어를 개발하는 집투Zip2라는 첫 스타트업을 시작했다. 그는 이미 학사 학위를 취득했기 때문에 "전문 직종"에 종사하는 외국인 근로자를 위한 H-1B 비자로 미국에 머물 수 있었다. 이 사업가는 이후 20년 동안 6개의 회사를 더 시작했다.

머스크의 이민 제한 정책 비판

머스크는 코로나19 팬데믹 와중인 2020년 6월 언론에 대서특필되었는데, 와튼 스쿨 동문인 도널드 트럼프가 H-1B를 비롯한 임시 취업비자 발급을 중단한다는 뉴스에 대한 반응을 트위터에 올렸기 때문이다. "이번 조치에 매우 반대한다. 경험상 이들의 기술은 일자리 창출에 순기능을 한다. 비자 개혁은 이해할 만하지만, 이번 조치는 너무 광범위하다."[10] 이보다 앞선 2016년 대통령 선거 유세 기간에 이 억만장자 사업가가 썼다고 추정되는 다음과 같은 밈이 소셜미디어에 널리 유포되기도 했다. "나는 일론 머스크입니다. 나는 '불법' 이민자였으므로, 만약 트럼프 씨와 여러분 가운데 누군가 그 뜻을 관철시켰다면, 나는 이미 미국에서 내쫓겼을 것이고, 따라서 집투, 페이팔PayPal, 테슬라 모터스Tesla Motors, 스페이스엑스Space X, 솔라시티Solar City를 설립하지 못했을 것입니다. 나는 세계를 바꾸지도 못했을 것이고, 수천 명의 미국인을 고용하여 여러분의 경제를 성장시키지도 못했을 것입니다."[11] 사실 머스크는 이런 글을 쓴 적도 없고, 불법 이민자였던 적도 없지만, 체류 외국인으로서의 경험 때문인지 트럼프 행정부 하에서 법제화한 이민 제한 정책을 반복적으로 비판했다. 대통령에 취임한 지 일주일 뒤인 2017년 1월, 트럼프는 무슬림이 대다수인 7개국으로부터의 이민을 제한하는 악명 높은 행정명령에 서명했는데, 이민 및 국적법Immigration and Nationality Act 제212조 f항에 의거했다. 이 법 덕분에 대통령이 "미국의 이익에 해가 된다"고 판단하는 경우 "이민자인지 비이민자인지에 관계없이 미국에 입국하고자 하는 모든 외국인 개인 또는 집단의 입국을 금지하거나 적절하다고 판단하는 제한을 가할" 수 있었다. 한마디로 표현하자면, 그야말로 노골적인 주권 행사인 셈이다. 머스크는 빠르게 이 금지 조치를 비판하면서, 이 조치가 아무 문제가 없고 "거부당할 이유가 없는" 사람들에게 영향을 줄 것이라고 강조했다. (더 거친 비판은 나중에 자신의 트위터 피드에서 삭제했다.) 미국 전역의 공항에서 시위를 벌인 사람들과 마찬가지로, 이 의외의 인권 옹호자는 모든 사람이 출신 국가와는 무관하게 이동의 자유라는 합법적인 권리를 주장할 수 있는 세상을 위해서 목소리를 높인 것이다.[12]

아울러 머스크는 규제로 인해 로켓 설계를 위한 외국인 근로자를 고용할 수 없고, 스페이스엑스에서 여러 유능한 공학자를 고용할 수 없게 된 상황에 대해서도 언급했다. 인류가 생태학적 재난이나 핵무기에 의한 대참사에도 생존할 수 있게 할 화성 식민지화라는 대담한 목적을 가지고 설립된 회사의 입장에서 보자면, 트럼프 행정부의 H-1B 비자 중단은 문제를 심화시켰을 뿐이다. 하지만 우주 여행자들도 언젠가 저 붉은 행성으로 떠나려면 여권과 특별 비자가 필요하게 될 것이라고 추정해야 한다.

미국 여권 대신 세계 여권을 사용한 야신 베이

화성 식민지라는 미래주의적 환상이야말로 어쩌면 국경 없는 세계(그리하여 "불법" 외국인도 없고, 행성 탈출 계획이 필요한 국제분쟁도 없는 세계)라는 세계주의적 꿈보다는 더 그럴싸할지도 모른다. 야신 베이의 여권 이야기를 생각해보라. 예전에는 모스 데프Mos Def라는 (또한 단테 베즈Dante Beze, 플라코Flaco, 엘베이 더 무어El-Bey the Moor, 블랙 단테Black Dante라는) 예명을 사용한 그의 본명은 단테 테럴 스미스Dante Terrell Smith이며 뉴욕 주 브루클린에서 태어났고, 래퍼이자 배우로, 사업가이자 활동가로 놀라울 만큼 다양한 경력을 이어나갔다. 그는 (탈립 콸리Talib Kweli와 함께) 영향력 있는 랩 듀오 블랙스타Black Star를 (마커스 가비Marcus Garvey가 미국 흑인의 라이베리아 이민 활성화를 위해 설립한 해운 회사의 이름을 따서) 결성하기도 했다. 2005년에 영화화한 〈은하수로 가는 히치하이커를 위한 안내서〉에도 출연해 "베텔게우스Betelgeuse 인근 어딘가에 있는 작은 행성 출신"으로 괴짜이지만 붙임성 있는 외계인 현장 조사원 포드 프리펙트Ford Prefect를 연기하기도 했다. 그는 43세에 (카니에 웨스트Kanye West의 웹사이트에서) 은퇴를 선언한 이후 사우스브롱크스South Bronx에서 순수 미술 전시와 힙합 음악을 결합한 미술관 컴파운드Compound를 개관했고, 탈립 콸리와 데이브 샤펠Dave Chappelle과 함께 팟캐스트 〈한밤의 기적The Midnight Miracle〉을 시작했다. 또한 베이는 인권 활동가로서 21세기의 폴 로브슨에 비견되기도 했다. 마치 머스크와 자리를 맞바꾸기라도 하듯, 이 예술가는 (모스 데프라는 이름으로부터 은퇴한 지 얼마 되지 않은) 2013년에 가족과 함께 남아프리카공화국의 케이프타운에서 거주하기 시작했다. 거처를 옮긴 까닭은 한편으로 그 도시의 활기찬 예술과 음악의 현장을 즐기기 위해서였지만, 또 한편으로는 앞서 선 라와 마찬가지로 미국의 조직적인 인종차별주의와 경찰의 폭력으로부터 떠나기 위해서이기도 했다. 베이는 당시 한 인터뷰에서 이렇게 말했다. "대여섯 세대를 미국에서, 그것도 미국의 한 도시에서 살아온 나 같은 사람이 미국을 떠난다는 것은 결국 미국의 상황이 썩 좋지는 않다는 뜻입니다."[13]

베이는 케이프타운으로 이사한 직후부터 고국의 현 상황에 항의하기 위해 미국 여권을 사용하지 않았다. 2016년 1월에 그는 에티오피아의 음악축제에 참석하러 남아프리카공화국에서 출발하는 비행기에 탑승하려고 세계 여권World Passport을 내밀었다. 세계 여권은 국민국가에서 발행한 서류가 아니라 워싱턴 D.C.에 있는 비영리 조직인 (다름 아닌 "국경 없는 세계"를 추구하는) 세계업무기구World Service Authority, WSA에서 발행한 서류였다. 하지만 남아프리카공화국은 세계 여권을 유효한 여행 서류로 인정하지 않기 때문에, 베이는 케이프타운 국제공항에서 체포되어 구금되었으며, 남아프리카공화국 여권 및 여행 서류법(1994) 제4조와 이민법(2002) 제13조를 위반한 혐의로 기소되었다. 세계 여권을 공식적으로 인정한 나라는 겨우 6개국에 불과했다. 물론 수십 개국이 이 서류를 최소한 한 차례 이상 받아 비자를 날인했고, 심지어 남아프리카공화국도 그 중 하나였지만 말이다. 체포 직후에 베이는 "남아프리카공화국에서는 세계 여권을 허구라고 부를지 모른다"고 인정하면서도 국민국가 자체도 다름 아닌 집단적 합의에 근거했을 뿐이라고 항변했다. "실제로는 남아프리카공화국이야말로 허구입니다."[14]

세계 여권을 발급받은 난민 무국적자 75만 명

이런 관점에서 베이는 세계 여권의 배후에 있는 헌신적인 평화 운동가인 게리 데이비스Garry Davis의 사상을 반영한 셈이다. 1948년에 데이비스는 미국 시민권을 포기하고 스스로를 "세계 시민"으로 선언했으며, 그럼으로써 곧바로 나라 없는 사람, 즉 공식적인 모든 국민국가의 외지인이 되었다. 한때 떠오르는 브로드웨이 스타였던 그는 제2차 세계대전 동안 미국 육군에서 복무하면서 수십 차례 폭격 임무를 맡아 독일 상공을 비행했는데, 그중에는 민간인 수천 명을 사망에 이르게 한 브란덴부르크Brandenburg 상공 비행도 포함되어 있었다. 전쟁 후에 데이비스는 전쟁의 공포를 불러일으킨 근본 원인은 민족주의라고 확신하게 되었으며, 세계가 임의적인 별개의 국가로 나뉘지만 않았더라도 훨씬 더 나은 곳이 되었을 것이라고 결론지었다. 이후 그는 자신의 개인적 환상을 현실로 공유하고자 노력했다. 파리의 콩코르드 광장Place de la Concorde에 있는 미국 대사관에서 시민권을 포기한 후에 데이비스는 인근의 샤요궁Palais de Chaillot을 도피처로 삼았으니, 마침 개최된 UN 총회 기간 동안 "국제 영토"로 지정된 장소였기 때문이다. 이후 몇 주 동안 그는 일종의 외교적 중간 지역에 해당하는 샤요궁에 머무르면서 마당에서 야영을 하고 UN의 공식 식당도 이용했으며, 이 과정에서 여러 언론인과 지식인, 기타 활동가와 친분을 쌓았다. 머지않아 데이비스의 이야기는 세계적으로 대서특필되었지만, 이 이상주의적인 청년은 믿을 수 없을 만큼 순진한 사람, 심지어 약간은 우스꽝스러운 사람으로 간주되어 무시당했다.

비록 비판하는 사람들도 많았지만, 데이비스는 알베르 카뮈Albert Camus, 앙드레 브르통, (오랫동안 여권을 비판해온) 앙드레 지드를 비롯한 저명한 프랑스 지식인들의 주목을 받았고, 이들은 "게리 데이비스 연대 위원회Garry Davis Council of Solidarity"를 창설해서 그의 대의를 지지했다. UN이 국가 주권을 종식시키기 위한 일은 전혀 하지 않는다고 확신한 이 신생 위원회 구성원들의 도움으로 데이비스는 1948년 11월 19일 UN 총회 때 시위하기로 계획했다. 총회가 진행되던 도중에 잠깐 짬을 틈타서 데이비스는 연단으로 달려 나가 이렇게 선언했다. "의장님 그리고 대표단 여러분, 저는 이곳에서 대표되지 못한 세계 인민의 이름으로 진행을 중단시키겠습니다. (……) 세계를 인민에게 넘기십시오! 하나의 세계에 하나의 정부를."[15] 그가 더 이야기하기 전에, 보안 요원들이 나타나서 그를 회의장 밖으로 데리고 나갔다.

머지않아 데이비스는 UN에 상응하는 특이한 (그리고 대부분 무력한) 조직인 세계 시민의 세계 정부World Government of World Citizens와 그 행정부인 WSA를 독자적으로 창설했으며, 이 기구에서는 여권은 물론이고 출생 확인서와 결혼 확인서를 포함한 각종 "세계 시민" 서류를 신속하게 발급하기 시작했다. 약간 아이러니하지만, 데이비스가 이 여행 서류를 발급하는 권한의 근거로 삼은 것은 1948년 12월 10일 UN 총회 결의안 217A(III)에서 채택한 세계인권선언Universal Declaration of Human

Rights 제13조 2항이었다. "모든 사람은 자국을 비롯한 모든 나라를 떠날 권리와, 자국으로 돌아올 권리를 가진다." 훗날 해나 아렌트는 이 내용의 역설을 지적한다. 이 선언은 국민국가가 인간의 "보편적universal" 권리를 보호해야 한다고 요구하는데, 정작 국민국가는 저마다의 법적·영토적 주권을 계속해서 지지하고 있다는 것이다. 데이비스는 세계 여권을 만들어냄으로써 이런 역설을 극복하려 했다. WSA는 2020년까지 전 세계에 세계 여권을 소지한 사람이 75만 명쯤에 달하며, 그중 다수는 공인된 국민국가로부터 공식적인 여행 서류를 얻지 못한 난민과 무국적자라고 주장했다. 세계 여권 소지자들 가운데 일부는 이 서류를 이용해서 국경을 지나거나 신원을 증명했지만, 세계 여권의 기능은 대부분 상징적이다. 즉, 국민국가가 지닌, 또한 그 기반인 국경이 지닌 허구적 지위를 상기시키는 것에 불과하다. 이 서류는 모든 인간이 인위적인 경계와 역사적 상황에 의해 나뉜 한 가족에 속한다고 주장한다. 뿐만 아니라 세계 여권은 국민국가의 시민의 권리와는 별개로 구분되는 인간의 신성하고 양도할 수 없는 권리를 (비록 보장하지는 못하더라도) 주장한다.

"내 조국은 지구"

이러한 상징적인 특성이야말로 세계 여권의 가장 의미 있는 유산이었다. 디지털 매체인 《오케이 아프리카Okay Africa》에서 야신 베이에게 남아프리카공화국에서 출국하는 데에 굳이 그런 서류를 이용한 이유를 묻자, 그의 공식 대변인은 이 예술가이자 활동가가 "스스로를 세계 시민으로 여기며, 자신의 세계 여권을 이용해서 세계인권선언을 지지하고 싶었기 때문"이라고 답변했다. 아울러 대변인은 미국의 "여러 주와 지역의 법집행기관은 가장 기본적인 인권, 바로 몇몇 젊고 무장하지 않은 흑인의 생명권을 침해해왔다"고 주장하기까지 했다.[16]

베이는 2013년에 케이프타운으로 이사하기 직전, 미국 정부의 인권침해에 반대하는 더 과격한 시위를 벌이기도 했다. 즉, 인권침해 피해자를 위한 비정부기구인 리프리브Reprieve에서 제작한 단편영화에서 이 예술가는 코에 집어넣은 고무 튜브로 음식물을 강제 투여 받는데, 이는 관타나모만Guantanamo의 억류수용소에 수감된 단식 투쟁자들에게 사용되었던 바로 그 잔혹한 절차였다. 〈지구에 떨어진 사나이〉와 〈우주가 그 장소〉에도 등장한 장면을 연상시키는 이 노골적인 영상은 벌거벗은 생명의 지위로 전락한, 즉 자신의 권리를 박탈당하고 주권 권력의 폭력에 노출된 육체적 존재가 되어버린 수감자의 경험을 모방한 것이다. 이런 방식으로 이 영화는 이전까지의 비밀스러운 관행에 대해 경각심을 심어주는 데에 기여했으니, 이후에 UN 인권위원회는 이 관행을 국가가 주도하는 고문에 해당한다고 확인했다. 물론 이 영화는 세계 여권에 이미 나타난 국민국가에 관한 윤리적·정치적 우려와 동일한 부분에 주목하게 만든다고도 볼 수 있다. 베이가 남아프리카공화국에서 체포되기 직전에 촬영해서 나중에 게리 데이비스의 생애에 관한 다큐멘터리에 삽입한 또 다른 단편 영상에서는 그가 세계 여권을 발급받은 동기가 다음과 같이 요약된다. "내 조국은 지구라고 불립니다. 이 모든 것은 그곳에 있는 모두에게 속합니다. 내 경력으로 할 수 있는 일이라면, 그건 내 주위와 내 다음 세대에게 이런 세계관을 가지라고 독려하는 겁니다."[17]

충분히 예상 가능한 결과이지만, 남아프리카공화국 당국은 이러한 통찰을 공유하지 않았다. 결국 법원에서는 "현지 이민법을 위반"했으므로 베이에게 14일 이내에 본국을 떠나라고 판결했다. 또한 그는 미국 여권 소지자의 특권인 남아프리카공화국 무비자 여행을 금지 당했다.

줄리언 어산지와 에드워드 스노든의 여권

"세계 시민"과 (세계주의적 열망이든 인권에 대한 헌신이든 간에) 그 밖에 다른 가상의 여행 서류 소지자라면 세계 각지의 국민국가로부터 베이와 비슷한 푸대접을 받을 것이다. 2013년에 사망하기 직전, 게리 데이비스는 반국가주의적 행동주의 때문에 사실상 무국적자가 되어버린 유명한 도망자 두 명에게 세계 여권을 보내주었다. 바로 오스트레일리아의 위키리크스Wikileaks 설립자인 줄리언 어산지Julian Assange와 미국의 NSA 내부 고발자인 에드워드 스노든Edward Snowden이었다. (이와는 뭔가 좀 어울리지 않는 사실이지만, 전 미국 대통령 버락 오바마Barack Obama 역시 세계 여권을 발급받았다고 알려진다.) 이 서류가 발급되던 당시에 어산지는 도피처를 찾아서 런던 중심부에 있는 에콰도르 대사관에 들어가 있었고, 스노든은 모스크바 셰레메티예보Sheremetyevo 국제공항의 F 터미널에 있는 자신만의 외교적 중간 지역에 좌초된 상태였다. 급기야 미국 국무장관 존 케리John Kerry와 미국 국무부가 그의 여권을 철회하자, 순진한 외모에 안경을 쓴 이 내부 고발자는 이후 한 달 넘게 공항의 창문도 없는 방에 갇혀 지냈다. 여권이 철회된 바로 그때 스노든은 홍콩에서 모스크바로 가는 비행기 안에 있었는데(다른 보도에 따르면, 홍콩 당국의 허가를 받고 비행기에 탑승했을 때 그의 여권은 이미 취소된 상태였다고 한다), 당시만 해도 쿠바의 아바나와 베네수엘라의 카라카스를 거쳐 에콰도르의 키토에서 정치적 도피처를 얻을 수 있으리라 기대하고 있었다. 데이비스는 마지막 공식 활동 중에 스노든 사건에 대한 성명을 발표했다. "이 유례없는 상황은 국민국가 체제에 맞서는 한 개인의 힘을 극적으로 보여주는 한편, 개인의 자주권[개인 주권]을 부각시킨다. 스노든이 모스크바 공항 환승 대기실에서 꿈짝 못 한다는 사실이야말로 국민국가 국경의 허구성까지 폭로하는 것이다."[18] 결국 내부 고발자를 사법 처리하려던 자국 정부가 자국민의 시민권에 대한 보호를 사실상 취소함으로써, 자국민을 도피 수단도 없이 외국에 수감시키는 결과로 이어졌다.

스노든은 2013년 7월 1일자 성명에서 이렇게 주장했다. 미국 정부는 "내가 유죄판결을 받지 않았음에도 불구하고 일방적으로 내 여권을 취소해서 나를 무국적자로 만들어버렸다. 어떠한 사법절차도 없이, 행정부는 이제 내가 기본권을 행사하는 것조차 저지하려 한다. 모든 사람에게 주어진 권리, 망명을 신청할 권리를 말이다."[19] 그가 국민국가의 법적 보호로부터 내버려진 이런 상황에서 세계 여권은 아무 도움이 되지 못했다. 사실은 어산지와 스노든 둘 다 이 서류를 이용하려 하지는 않았으며, 다만 어산지 쪽에서 스노든을 러시아에서 에콰도르로 탈출하도록 도우려고 시도했다가 성공하지 못했을 뿐이다. 나중에 WSA는 "세계 전역의 수용소에 거주하는 난민들에게 세계 여권을 1만 개 이상 무상으로" 발급했다고 보고했지만, 이 서류 대다수는 무용지물로 입증되었다.[20] 그 와중에 미국 국무부의 『해외 관계 업무 지침서 Foreign Affairs Manual』에는 이 서류를 콕 집어서 각별히 유의하라고 나왔다. "WSA 여권은 비자 발급 목적을 위한 '여권'으로 용인되지 '않는다.' WSA는 '관할 기관'이 아니라 민간 조직이며 (……) 이 서류는

40쪽짜리 여권 크기로 연한 파란색 표지에 금박 글자가 새겨져 있다."[21]

EU에서 가입국들로부터 얻은 정보에 의거해 간행한 "현재까지 확인된 가상 및 위장 여권 부분 목록Non-Exhaustive List of Known Fantasy and Camouflage Passports"에도 세계 여권이 등장했다. 일반적으로 이 목록에는 "비자를 날인해서는 안 되는" 서류들이 열거되어 있는데, 그 설명에 따르면 가상 여권이란 "소수자, 종파, 인구 집단에서 발급한 '여권' 및 민간 조직과 개인이 발급한 신원 증명 서류 등"을 가리킨다.[22] 이런 서류는 국민국가(아울러 국민국가들의 조직체)의 주권을 우회하려는 수많은 시도로 볼 수도 있지만, 이런 서류가 이 목록에 등재되었다는 사실(아울러 예외로서의 지위)은 바로 그 권한을 역이용할 근거를 제공한다. 이 서류들은 EU의 법률과 교집합 없는 명백한 차이 바로 그 자체로 EU의 사법 질서에 통합된 셈이기 때문이다. EU 목록에는 세계 여권과 NSK 국가 여권 말고도 이러한 기능을 공통으로 지닌 여행 서류가 100개 이상 열거되어 있다. 예를 들어 국제인도주의지원협회Association d'entraide humanitaire internationale, 비잔틴 제국Byzantine Empire, 미국 남부연방Confederate States of America, 하레 크리슈나Hare Krishna 종파, 하와이 왕국Hawaiian Kingdom, 시랜드 공국Principality of Sealand, 산크리스토발 공화국Republic of San Cristóbal의 여권은 물론이고, 캐나다의 이른바 행성 여권Planetary Passport도 있다.

오스트레일리아 애버리진 부족연합의 여권

EU의 "가상" 여권 목록에는 국제사회에서 강력한 합법성을 주장하는 서류도 다수 포함되어 있는데, 예를 들어 "애버리진 부족연합Aboriginal Nation(s) 여권"과 북아메리카 원주민 이로쿼이Iroquois 연맹의 "호디노소니Ha(u)denosaunee 여권"이 그렇다. 1987년에 태즈메이니아Tasmania의 변호사이자 활동가인 마이클 만셀Michael Mansell은 오스트레일리아 여권의 대안으로 애버리진 여권을 발급하기 시작했으며, 그 연장선에서 1990년에는 애버리진 임시정부Aboriginal Provisional Government, APG를 창설했다. 이 여권은 1988년 3월에 만셀과 애버리진 대표단이 리비아로 출국하면서 국제 여행에 처음 사용되었는데, 이전 해에 태평양평화혁명회의Conference on Peace and Revolution in the Pacific를 개최하면서 이 서류를 인정한 무아마르 카다피Muammar Gaddafi 대령의 초청을 받았기 때문이다. 하지만 대표단이 오스트레일리아로 귀국하려 하자, 이민 당국에서 애버리진 여권에 비자 날인을 거부하고 오스트레일리아 서류를 내놓기 전까지 재입국을 막아버렸다. 이 시험 사용 이후 수십 년 동안 APG는 오스트레일리아 세관을 통과할 때 "담당관으로부터 일종의 괴롭힘"을 당할 수 있다는 사실을 알면서도 계속해서 모든 애버리진

에게 "필수 서류 및 세부 정보를 제공하는" 이 여권을 발급해 왔다.[23]

그럼에도 불구하고 최근 들어 이 서류의 중요성이 높아졌다. 원주민사회정의협회Indigenous Social Justice Association, ISJA를 비롯한 애버리진 활동가 단체들이 "국가의 공인 없이 오스트레일리아에 도착하는" 망명 신청자들과 애버리진 외의 사람들에게 "환영하는 의미와 더불어, 국가를 배제하는 여러 다른 형태에 대해 결속을 다지는 행위로서" 상징적으로 애버리진 여권을 제공했기 때문이다. 예를 들어 2012년 9월에 ISJA는 에오라Eora 민족의 가디갈Gadigal 부족과 왕갈Wangal 부족의 땅(오늘날 뉴사우스웨일스주 시드니Sydney)에서 간략한 축하 행사를 열고 줄리언 어산지에게 애버리진 여권을 수여했는데, 당시 그는 정치적 도피처인 런던의 에콰도르 대사관에 간신히 머물던 상태였다. (결국 그의 아버지 존 시프턴John Shipton이 아들을 대신해 그 서류를 받았다.) ISJA는 위키리크스 제휴단과 어산지 후원회Support Assange와 공동 작성한 선언문에서 이러한 행위는 "모든 정부가 자국민에게 지속적으로 전하고 있는 절대적인 거짓말을 세계 사람들에게 알린 (……) 줄리언을 도우려는 우리 연방 정부의 지원이 전혀 없다는 것"에 대한 반응이라고 주장했다. ISJA는 여권 수여식에서 어산지가 도피처를 찾는 과정에서 오스트레일리아 여권이 "그에게는 가치가 전무

했음"을 인정하면서도, 오스트레일리아 공직자들에게 애버리진 여권을 인정할 것을 요구한다고 덧붙였다.[24]

원주민 집단의 완전한 주권 행사로서의 여권

애버리진 여권 같은 서류는 전 세계 원주민들이 자신들의 주권을 주장하는 한편, 정착민 식민지 국가의 영유권과 사법권 주장을 거부하는 수단이 되었다. 이와 동시에 오스트레일리아 법학자 세라 뎀Sarah Dehm의 지적처럼, 이 서류는 근대 세계에서 "합법적인 이동 수단"을 독점하려는 이런 국가들의 시도를 원주민 부족들이 우회할 기회를 제공했다.[25] 예를 들어 애버리진 활동가인 캘럼 클레이턴딕슨은 자기 부족이 "애버리진 주권의 행사"로서 (그가 "이질적이고 식민주의적인 여행 서류"라고 부른) 오스트레일리아 여권 대신 애버리진 부족연합 여권을 사용할 권리를 주장했다.[26] APG는 이후 이런 입장을 웹사이트에 공식화했다.

> 애버리진 여권은 APG에서 주권 행사 정책의 일환으로 발급하는 서류입니다. 다른 국가에 도착했을 때나 오스트레일리아로 재입국할 때에 애버리진 여권을 제시하는 행위는 애버리진 부족연합이 오스트레일리아 국가와는 별개라는 원칙에 헌신하고 있음을 보여줍니다. 애버리진 부족은 별도의 여권을 가질 권리를 포함하여, 고유의

독립적인 권리를 지닙니다.²⁷

여기서도 또다시 이 문제의 권위자로서 UN의 선언 내용이 인용된다. 즉, "모든 인간은 정치적 지위를 자유롭게 결정할 수 있고, 각자의 경제적·사회적·문화적 발전을 자유롭게 추구하는 자결권의 근본적 중요성"을 확인한 것이다.²⁸ 이런 지위는 (1924년까지) 미국과 (1971년까지) 오스트레일리아에서 원주민의 시민권을 오랫동안 부정해왔던, 나아가 시민권을 부여한 이후에도 계속해서 참정권을 부정해왔던 역사의 맥락에서 이해되어야 마땅하다.

미국과 오스트레일리아에서 식민지 정착민(최초의 이주민)들의 계획은 정착민과 정착민 국가가 "귀화"하는 한에서 정착민을 "토착민"으로, 원주민을 "외지인"으로 만드는 것이었다. 심지어 이 계획은 원주민들을 그 영유권과 사법권 주장 안으로 통합하려 애쓰면서도, 한편으로는 이들이 주권 정착민 국가의 경계 안에 이미 존재한다고 계속해서 주장한다. 미국에서 활동하는 학자이자 이론가인 마크 리프킨Mark Rifkin은 이 상황을 아감벤이 정의한 예외 상태에 비견했다. 즉, 이런 점에서 정착민 국가의 주권은 원주민의 존재에 의존하는 셈인데, 그 국가는 엄밀히 말해서 그 문턱에서 배제되었던 것을 기반으로 설립되었기 때문이다. 달리 표현하자면, 원주민은 "그들의 교집합 없는 명백한 차이를 통해 통합"되었으니, 다시 말해 어디까지나 정착민 국가의 정치 질서가 "정상적"으로 작동할 때 예외적인, 일탈적인, 이질적인 경우로 원주민에게 주권을 적용할 수 있는 한에서만 통합된 셈이다.[29] 이와 대조적으로, 원주민 주권 계획은 근대 국민국가의 국경 안에서 스스로를 통치할 수 있는 토착민 고유의 권위를 다시 주장했다. 그리하여 이들은 "완전히 해외도 아니고 완전히 국내도 아닌 모호한 공간을 개념화하는 대신, 정해진 영토와 그 영토에 수반되는 주민들을 절대적으로 통제하는 단일 주권국을 상상했던 베스트팔렌 영토 주권의 전통"을 와해시켰다.[30] 따라서 원주민 주권에는 스스로를 통치하고, 법률을 제정하고, 법 집행 체제를 수립할 원주민 집단의 완전한 권리와 권한이 함축되어 있다. 비록 여권을 발급하는 권한만큼은 확대되지 않도록 다른 국민국가들이 꾸준히 부정해왔지만 말이다.

북아메리카 원주민 이로쿼이 연맹의 호디노소니 여권

애버리진 여권과 마찬가지로 호디노소니 여권도 신원 확인 기능과 동시에 원주민의 주권을 강조하는 수단을 제공한다. 이 원주민은 오늘날 북아메리카 지역의 이로쿼이 연맹으로도 알려진 여섯 부족(모호크족Mohawk, 오네이다족Oneida, 오논다가족Onondaga, 카유가족Cayuga, 세네카족Seneca, 투스카로라족Tuscarora으로 구성된) 연합 호디노소니Six Nations Haudenosaunee를 가리킨다. 호디노소니 정부는 1923년(미국 내에서 원주민의 시민권이 인정되기 직전)부터 여권을 발급하기 시작했는데, 그래야만 자신들의 정치인인 데스카헤Deskaheh(영어 이름으로는 리바이 제너럴Levi General)가 제네바의 국제연맹 본부에 가서 원주민 주권을 대변하여 인정받을 수 있었기 때문이다. 2014년에는 클레이턴딕슨과 APG 소속 대표단이 이로쿼이 연맹의 대표단과 만나, 이들 원주민 동맹의 추장들로부터 여행 서류에 날인을 받기 위해 애버리진 부족연합의 여권을 이용해 캐나다로 갔다. 애버리진 대표단은 캐나다에 입국할 때 그리고 나중에 오스트레일리아로 돌아올 때 이민 담당관에게 잠시 억류되었고, 이들의 오스트레일리아 시민권을 별도로 확인한 뒤에야 수속을 진행할 수 있었다. 비록 APG의 구성원들은 자신들의 오스트레일리아 시민권을 거부하고 다른 형태의 신원 확인도 제공하지 않았지만, 오스트레일리아 정부에서는 이들이 애버리진 여권을 이용해서 본국에 재입국할 수 있게 틈새를 만들어주었다. 그럼에도 불구하고 이들 대표단은 이로쿼이 연맹에게 애버리진 부족연맹의 여권이 인정받았다는 사실을 "매우 자랑스럽게" 여겼다.

앞서 살펴보았듯이 호디노소니 여권은 EU로부터 "가상 여권"이라며 무시당했으며, 한때 여섯 부족 연합의 구성원들이

도판 16. 캐나다에서 한자리에 모인 호디노소니 여권과 애버리진 여권.
2014년.

거주했던 지역 대부분을 전유한 정착민 국가들로부터도 마찬가지 취급을 받았다. 이에 오논다가족 추장인 타도다호 시드 힐Tadodaho Sid Hill을 비롯한 부족 지도자들은 호디노소니 여권 소지자들 또한 "조지 워싱턴George Washington이 서명한 1794년의 캐넌다이과 조약Treaty of Canandaigua*에 의거하여 미국으로부터 인정받은 주권국가"의 시민으로서 "국제법과 외교의 규범에 의해 확장되는 온전한 권리"를 누려야 마땅하다고 주장해

* 미국 독립전쟁 이후 연방 정부와 호디노소니 사이의 조약. 호디노소니 영토를 확인하고 영토 보전을 약속했다.

왔다. 여섯 부족 연합의 시민들은 미국이나 캐나다 여권을 선택지로 받아들이지 않는데, 왜냐하면 이들은 유럽인 정착민들이 도착하기 전에 수천 년 동안 각자의 부족에 속해 있었기 때문이다.

이와 같이 상충되는 견해는 2010년 7월에 이로쿼이 연맹의 라크로스 선수단이 호디노소니 여권을 이용해서 영국 맨체스터Manchester에서 개최되는 세계 라크로스 선수권대회에 참석하려 시도하면서 위기 국면에 접어들었다. 호디노소니 여권으로 여행하는 것은 부족의 주권을 주장하는 의미에서 중요했을 뿐만 아니라, 이로쿼이 연맹의 유니폼을 입고서 그들이 "창조주의 경기"(라크로스가 멀게는 1100년경부터 아메리카 인디언 사회에서 유래했기 때문이다)라고 여기는 경기를 할 수 있는 선수들 23명의 자격을 확인하는 수단으로도 중요했다. 대회의 첫 경기 날짜가 다가오며, 선수들과 코치들 그리고 감독인 앤슬리 제미슨Ansley Jemison이 JFK 공항에서 비행기 탑승을 저지당함으로써 외교적 대치 상황이 벌어지고 말았다. 선수단은 인근의 힐튼 호텔Hilton hotel에 머물렀고, 부족 지도자들은 다급히 미국 국무부와 합의하고 영국으로부터 입국비자를 얻기 위해 서둘렀다. 국무장관인 힐러리 클린턴Hillary Clinton이 이들에게 미국 여권 없이 출국 및 재입국 자격을 보장하는 일회성 면제 조치까지 허락했음에도 불구하고, 대치 상태가 계속되면서 선수단은 첫 경기에서 부전패를 당했다. 안타깝게도 영국 측에서 필수 비자를 발급했을 무렵에는 시간이 너무 지체된 나머지 선수단은 대회 참가 자체가 불가능해졌다. 시드 힐은 훗날 이렇게 말했다. "우리가 발명했고, 우리 문화의 중심인 경기에 정작 우리가 참석하지 못하게끔 저지당했다." 아울러 그는 미국과 영국 모두 공식적인 조치가 부조리하다고 지적하며 이렇게 덧붙였다. "이 쟁점은 지금으로부터 5세기 전에 유럽인이 찾아와서 우리의 땅을 차지했을 때부터 시작되었기 때문이다."[31]

원주민 부족의 주권적 지위를 강조하기 위해, 2015년 9월에 세계 실내 라크로스 선수권대회가 이로쿼이 연맹의 영토(뉴욕주 시러큐스Syracuse 인근 오논다가족 인디언 보호구역)에서 개최되었을 때, 부족 대표단은 미국과 영국을 비롯한 참가국 선수들과 코치들의 여권에 호디노소니 입국비자를 날인해주었다.

에필로그

"좋은 여권 나쁜 여권"

동등한 자유를 보장하지 않는 여권

우리 서로를 알아봅시다	Lernen wir uns kennen.
"예"는 왼쪽에 서고,	"Ja" ist auf der linken Seite,
"아니오"는 오른쪽에 섭니다	"Nein" ist auf der rechten Seite.
나는 독일어를 합니다	Ich spreche Deutsch.
나는 이 나라의 거주자입니다	Ich bin Inländer.
나는 신용카드가 있습니다	Ich habe eine Kreditkarte.
나는 조국을 사랑합니다	Ich liebe miene Heimat.

이 대사는 "국경의 경험Eine Grenzerfahrung"이라는 부제가 달린

"좋은 여권 나쁜 여권"

헬레나 발트만의 2017년 무용 작품 〈좋은 여권 나쁜 여권Gute Pässe Schlechte Pässe〉이 시작되고 무대에서 보이지 않는 남자 목소리로 들려온다. 대사가 계속되는 가운데, 검은 의상을 걸친 남녀 30여 명이 흐릿하게 조명을 밝힌 무대에 모여들고, "'예'는 왼쪽에 서고, '아니오'는 오른쪽에 섭니다"라는 명령에 따라 서로 반대되는 두 진영으로 나뉘기 시작한다.[1] 가끔 이들 가운데 하나가 마음을 바꾸었는지 무대를 가로질러 가는데, 마치 그 대사 때문에 혼동했거나 아니면 거짓말이 발각될까 봐 걱정이라도 하는 듯하다. 이 분류 과정은 두 집단에서 남성이 하나씩 앞으로 나와서 (한 명은 무대 앞의 왼쪽에서, 다른 한 명은 무대 앞의 오른쪽에서) 일련의 동작을 수행할 때에만 잠시 중단되는데, 이들은 한 명씩 각자 모국어로 발표한다. 왼쪽 사람은 독일어로 말하며, 마치 현대적인 '누보 서커스nouveau cirque' 같은 방식으로 인상적인 곡예를 한다. 오른쪽 사람은 영어로 말하며 현대무용 같은 방식으로 우아한 동작을 선보이는데, 마치 상대방을 조롱하기 위해서 안무를 만든 것처럼 보인다. 머지않아 무대 양편의 집단에서 다른 공연자들도 앞으로 나와 합류해서 곡예사 3명과 무용수 4명의 두 경쟁 집단을 만든다. 공연이 계속되면서 두 집단의 움직임은 서로 다른 민족문화의 만남을 암시한다. 이 만남은 종종 적대적이기까지 해서, 곡예사들이 절대로 침범하지 못하게끔 무용수들이 무대 한가운

도판17. 〈좋은 여권 나쁜 여권〉(2017)에서 몸으로 만든 장벽 앞에 무용수 리산드르 쿠투소베(Lysandre Coutu-Sauvé)가 여권을 들고 서 있다.

데에 테이프를 붙여서 선을 만들고 공격적으로 지키는 장면들도 포함된다. 정작 곡예사들은 무용수들이 자신들의 경계선 쪽으로 오는 것을 환영하는데도 말이다. 작은 집단들은 계속해서 무대 곳곳으로 흩어졌다가 다시 모이는 일련의 극적 장면을 통해 국경 통과와 국경 순찰, 여권 검사 등 전 세계 이주 위기의 여러 국면을 거듭해서 환기시킨다. 결국에 가서는 한 무용수와 한 곡예사의 특별히 위험한 만남 이후, 나머지 공연자들(다양한 민족 공동체 출신의 지역 자원자들)이 무대 양옆에서 다시 등장해서, 서로 팔을 엮어서 몸으로 장벽을 만들어 적대적인 두 집단을 갈라놓는다. 하지만 양쪽 집단이 인간

"좋은 여권 나쁜 여권"

장벽을 밀기 시작하자, 장벽은 무대 한가운데를 축으로 삼아 천천히 돌기 시작하더니 점차 그 속도가 빨라지고, 공연자들은 불협화음의 비명을 높이다가, 급기야 원심력으로 인해 뿔뿔이 흩어지며 무대 곳곳에 쓰러져서 꼼짝도 하지 않는다.

발트만은 "나쁜" 여권의 소지자가 허락받지 못하는 이동의 자유를 "좋은" 여권의 소지자는 부여받는다는 단순한 인식으로부터 이 작품에 대한 영감을 얻었다고 설명한다. 무용수들과 제작진과 함께 세계 각지를 여행하는 과정에서 그녀는 "나쁜" 여권의 소지자가 지연을 겪고 강도 높은 질문의 대상이 되는 모습을 자주 목격했다. 반면 "좋은" 독일 여권을 소지한 발트만은 통관 및 입국 절차를 손쉽고 편리하게 통과할 수 있었다.

물론 이런 고찰을 한 사람은 그녀뿐만이 아니었다. 예를 들어 『이 선을 넘어서』에서 살만 루슈디는 히스로 공항의 이민 구역에서 하루를 보내며, 여권 통제 담당관들이 승객들을 어떻게 대하는지 지켜보았던 경험을 묘사한다. 가장 큰 차이를 만들어내는 한 가지 요인은 바로 미국 여권 소지였으니, 이 경우에 여행자는 민족적 용모나 추정되는 연고와는 무관하게 신속히 지나갈 수 있었다. 루슈디는 다음과 같이 결론짓는다. "세계가 닫혀버린 사람에게는 그런 개방성이야말로 크게 열망할 만하다. 그런 개방성이 태생적으로 자기 것이라고 생각하는 사람은 아마 그 가치를 오히려 낮게 평가할 것이다." 〈좋은 여권 나쁜 여권〉은 이런 기본적인 이중성이 지닌 팽팽한 긴장감을 드러낸다.

이 과정에서 이 무용 작품은 "소지자가 사전 비자 없이 갈 수 있는 목적지의 개수에 따라서" 여행 서류의 순위를 매긴 ("세계 시민의 회사"로 자처하는) 헨리 & 파트너스Henley & Partners의 여권 목록과 같이 여권 지수Passport Index의 중요도가 높아지고 있음을 환기시킨다.[2] 2017년 헨리 여권 지수에서 1위는 176개국을 무비자로 여행할 수 있는 독일이었고 (스웨덴, 덴마크, 핀란드, 이탈리아, 스페인, 미국이 근소한 차이로 그 뒤를 따랐으며) 최하위는 (소말리아, 시리아, 파키스탄, 이라크보다도 더 아래인) 아프가니스탄으로, 소지자에게 비자 없이도 국경을 개방하는 나라가 24개국에 불과했다. 아프가니스탄이나 소말리아 여권도 소지자의 개인적·국가적 신원을 주장할 수는 있지만, 그 소지자를 출신 국가 내에만 머물도록 사실상 가둬놓는 방식으로 가치가 급락한 것이다. 이 목록은 사실상 루슈디가 『이 선을 넘어서』의 도입부에서 표현한 바로 그 정서를 요약하는 셈이다. 즉, 그의 영국 여권은 "그 임무를 눈에 띄지 않게 효과적으로 수행했던" 반면, 소년 시절인 1950년대에 소지했던 (그의) 인도 여권은 "하찮은 물건"이었다. 그의 인도 여권은 "소지자에게 세계 어디로든 갈 수 있는 '열려라 참깨'를 제공해주는

"좋은 여권 나쁜 여권"

것이 아니라, 단지 명기된 (그나마도 비참할 정도로 적은) 국가들로 여행하는 데에만 유효하다며 퉁명스러운 관료주의적 언어로 적혀 있었다."³ "나쁜" 여권은 그 소지자가 세계 각지의 공항 검문소와 국경 통제소에서 붙들리거나 심문을 받거나 억류되거나 또는 돌려보내질 수도 있다고 공표한다. 현행 체제 하에서 "좋은" 여권이 국제 여행의 문을 열어주는 열쇠로 자유로운 이동과 규제 없는 기회를 제공한다면, "나쁜" 여권은 그 소지자를 가두고 잠가버려서, 더 넓은 세계 대부분에서 환영받지 못하는 "바람직하지 않은" 국가 공동체의 재소자로 만드는 셈이다.

제2의 여권 시장과 두 가지 여권을 소유한 자

〈좋은 여권 나쁜 여권〉은 제목에 나타나는 이분법을 넘어선 미래의 모습을 제시하며 끝난다. 무용 작품이 마무리될 때 유령 같은 목소리의 대사가 다시 들려오며 새로운 선택지가 제시된다. "나는 믿노라. 언젠가는 국경이 존재하지 않으리라고Ich glaube, dass es irgendwann keine Landesgrenzen mehr geben wird." 이 신호에 맞춰서 공연자들이 모두 무대 전면으로 걸어 나와, 서로 팔짱을 끼고 관객을 바라봄으로써 처음으로 동작이 만장일치가 된다. 이야말로 가장 눈길을 끄는 극적인 장면이다. 하지만 이와 동시에, 이 무용 작품은 슈투트가르트Stuttgart, 볼차

노Bolzano, 베이루트, 텔아비브 그리고 다른 모든 지역의 관객에게 다음과 같은 사실을 상기시킨다. 우월한 여행 서류를 받을 자격을 충분히 지녔음에도 불구하고, 실제로는 "좋은" 여권이 신체에 제공하는 안정성, 이동성, 기회를 부여받지 못하는 신체도 있다는 것이다. 이는 여권의 차등적인 가치를 깨닫게 한다. 즉, 경제적·정치적으로 상당한 가치를 지닌 서류를 향유하는 사람들은 정작 그 가치를 무시해버리기 일쑤인 반면, 다른 이유도 아니고 단지 시민권이나 출신 국가를 근거로 여행과 이주에 압도적인 장애를 직면하는 사람들은 그 가치를 뼈저리게 실감할 수밖에 없다. 그럼에도 불구하고, 여러 민족과 여러 세대를 아우르는 대열이 무대 전면에 마치 단일한 지구 공동체와 유사한 모습으로 한데 모이면, 분리와 폐색과 억류라는 현행의 국제 체제가 더 이상 유지되지 않는 국경 없는 세계의 가능성을 엿보게 된다. 비록 일시적이나마 우리는 루슈디가 말한 "탈국경post-frontier"의 신호를 볼 수 있으며, 이는 규제 없이 이동하는 새로운 시대를 상상하도록 도와줄 수도 있다.

하지만 국경 없는 세계에 관한 통찰은 지정학적 현실에서는 지나치게 유토피아적이기 때문에 금세 다가오기를 기대할 수 없을지도 모른다. 당분간은 여권이 막대한 정치적·개인적·경제적 중요성을 지닌 (아울러 계속해서 더욱 중요해질) 물건일 것이다. 여권이야말로 가진 자와 못 가진 자로 세계적 서열을 창조한 물건이니, 이 모두가 국경 초소와 공항 검색대에서 제시하는 이 작은 책자에 종속되는 셈이다. 과거의 어느 때보다도 오늘날 우리가 누리는 권리는 시민권이나 여권 소지 여부가 아니라, 오히려 여권의 색깔이나 표지의 인장이나 발급 국가가 국제사회에서 차지하는 지위에 더욱 의존하고 있다. 우리의 여권은 지정학적 질서에서 우리가 누구인지를, 우리가 여행하고 거주하며 일하는 등등의 행위를 어디에서 계속할 수 있는지 정의한다. 현재로서는 주권 국민국가 체제 전반적으로 수용력을 높이거나 국제 여권 제도의 불평등을 무너트리는 실용적인 수단을 찾으려는 국제적인 노력이 거의 없다. UN이 "모든 사람은 자국을 비롯한 모든 나라를 떠날 권리와, 자국으로 돌아올 권리를 가진다"고 선언했지만, 사실 문제는 모든 여권이 동등하게 창조되지도, 동등하게 존중을 받지도 않는다는 점이다.[4]

이런 상황이다 보니, 21세기에 들어 국제 체제 속에서 지위를 향상시키려는 여권 소지자들을 겨냥한 제2의 여권 시장이 대두하여 기하급수적으로 성장하는 현상도 놀랄 일이 아니다. 예를 들어 헨리 & 파트너스를 비롯해 소버린맨Sovereign Man과 노마드캐피탈리스트Nomad Capitalist 같은 회사들은 새로운 가능성과 세금 감면을 원하는 고소득 사업가와 투자자가 대부분인 고객들에게 새로운 시민권과 제2의 여권을 입수하는 다양한 방법을 조언한다. 여기에는 당연히 혈통 또는 귀화를 통해 시민권을 획득하는 방법도 포함되지만, 투자를 통해서도 가능하며, 때로는 심지어 발급 국가에 발 한 번 들여놓지 않고도 가능하다. 얼마나 "좋은" 서류인지에 따라서 (최소 25만 달러부터 시작하는) 부동산 구입 비용과 (최소 2만 5000달러부터 시작하는) 정부 수수료를 부담할 수만 있다면 세인트키츠네비스, 도미니카, 키프로스, 바누아투, 코모로 같은 작은 나라의 여권을 획득할 수 있다. 이쯤 되면 "세계 시민권"을 획득하는 데에는 상당한 경제적 장벽이 있는 셈이니, 이는 "나는 두 가지 여권을 소지하고 있다 Ich besitze zwei verschiedene Pässe"라는 발언에 뚜렷한 영향력이 있는 것과 마찬가지이다. 이 귀중한 책자는 투자자들에게 더 높은 정치적 안정성을, 또는 어쩌면 더 나은 기회를 약속하지만, 충분히 예상할 수 있듯이 이런 프로그램은 부패 혐의를 받곤 했다.

'올바른 여권' 소지자의 '수상한' 피부와 이름

앞서 살펴본 것처럼, 국경 검문소와 공항 검색대에서는 심지어 "좋은" 여권조차도 신체와 이름이 맺은 관계에 의존하게 마련이며, 이때 그 신체와 이름은 여권과 동일한 판단과 범주화의 대상으로 노출된다. 페미니즘, 퀴어, 인종학의 상호 교차성을 연구하는 사라 아메드는 자신이 일컫는 "이동성의 정치학"에 관해서 예리하게 서술한다. 즉, 누가 국경을 어렵지 않게 이동할 능력이 있는지, "누가 자연스럽게 머물게 되고, 누가 자신의 신체로 거주 가능한 공간을 확장시킬 수 있는지"의 "정치학"이라는 뜻이다.[5] 그녀는 일부 신체가 다른 신체보다 더 자주 "정지"되고, 경찰관과 국경 수비대와 세관원을 비롯한 국가 대리인의 심문에 더 자주 노출된다는 고찰로 시작한다. "당신은 누구입니까? 당신은 왜 여기 왔습니까? 당신은 무슨 일을 합니까?"[6] 조건부 환대와 국가 주권과 관련이 있는 친숙한 심문 유형인 이런 질문들은 피부색이나 성姓 때문에 "수상하다" 또는 "이상하다"고 간주되는 신체를 가장 집중적으로 겨냥하며, 이는 곧 "잘못된"(또는 "나쁜") 민족적 혈통, "잘못된"(또는 "나쁜") 국가의 공동체적 연대를 암시하는 셈이다. 즉, 이런 심문은 그 지위를 인정하고 향유하는 시민들이 속한 국민국가의 이데올로기적 좌표 내에 끼워 넣을 수 없는 신체를 향한다. 대신 이런 심문은 신체를 정체 상태로 만들어 그들이 가진 이동의 자유를 부정하며, 동시에 그들이 해당 국민국가의 공간에 속하지 않음을 드러낸다. 나아가 이런 질문은 그들의 신체에 흔적을 남기고, 비록 일시적일지라도 "정지"되는 과정에서 그들의 신체를 극심한 사회적 스트레스와 공식적 수색의 장소로 바꾼다.

에필로그

아메드는 이런 현상의 예시로 9·11 테러 사건이 일어나고 얼마 지나지 않았을 때에 미국 통관 및 입국 검색대에서 겪은 경험담을 풀어놓는다.

나는 뉴욕에 도착해서 영국 여권을 꺼냈다. 나는 여권을 건네주었다. 공항 담당관은 나를 바라보더니, 내 여권을 내려다보았다. 나는 어떤 질문이 나올지 알고 있었다. "어디 출신이십니까?" 여권에는 내 출생지가 기재되어 있었다. 내가 대답했다. "영국이요." 이런 말을 덧붙이고 싶었다. "글을 읽을 줄 모르시나. 샐퍼드(Salford)에서 태어났어요." 하지만 나는 참았다. 그는 나를 바라보는 것이 아니라 내 여권을 내려다보고 있었다. "아버지께서는 어디 출신이십니까?" 지난번 뉴욕에 왔을 때와 똑같았다. 요즘 내가 받는 이런 질문은 마치 나 자신이 아니라, 나쁜 유전형질이라도 있다는 듯 내 혈통에서 수상한 점을 찾아내려는 것 같았다. 나는 천천히 대답했다. "파키스탄이요." 그가 물었다. "그러면 댁도 파키스탄 여권을 갖고 계십니까?" 내가 대답했다. "아니요." 결국 그는 나를 통과시켰다. 무슬림 이름인 "아메드"가 나를 지체시킨 셈이다. 일시적이나마 그 이름이 내 통과 허가를 막았다. 나는 붙들렸다가 잠시 후에야 움직일 수 있었다.[7]

아메드가 강조하듯이, 이것은 본인이 유일하게 경험한 사건

"좋은 여권 나쁜 여권"

도 아니었다. 그녀가 ("좋은" 여권을 가지고 있음에도 불구하고) 아버지로부터 물려받은 두 가지 유산인 이름과 피부색이 아메드를 파키스탄인 혈통(아울러 그 혈통과 "나쁜" 여권 사이의 연관성)과 연결시켰기 때문에 반복해서 이런 종류의 심문으로 이끌었다. 요컨대, 이런 개인적 생득권이 정치화된 셈이다. 일주일 뒤에 그녀가 비행기로 뉴욕을 떠나려 했을 때에는 아예 자신의 이름이 "탑승 금지" 명단에 추가되었다는 사실을 알게 되었으며, 교통안전국Transportation Security Administration, TSA의 감독관이 상황을 바로잡을 때까지 다시 한 번 정지당할 수밖에 없었다. 아메드는 다음과 같이 서술했다. "서방에서 무슬림 이름을 물려받았다는 것은 결국 '뒤처질' 수 있는 신체의 불가능성을 물려받았다는, 심지어 신체가 다다를 수 있는 범위 확장의 불가능성을 물려받았다는 뜻이다." 자신의 이름과 신체 때문에 무슬림, 심지어 잠재적인 무슬림으로 인식된다는 것은 결국 이런 공간에서 어느 정도 불편에 노출된다는 뜻이니, 반드시 자신의 "통행권"에 대한 새로운 침해를 항상 경계해야 하기 때문이다.

발트만과 마찬가지로 아메드 또한 단순한 현실을 인식하고 있다. 즉, 여권이 "일부 신체"는 국경을 손쉽게 넘어 이동하도록 허락하지만, 모든 사람에게 똑같은 방식으로 작용하지는 않는다는 것이다. 하지만 아메드가 보기에 이는 단지 "좋은"

에필로그

여권과 "나쁜" 여권의 문제가 아니었다. "신체나 이름이 잘못된 경우, '올바른' 여권을 가진다고 해서 상황이 달라지지는 않는다. 게다가 실제로 '올바른' 여권을 가진 이들 이방인은 위험을 무릅쓰고 거쳐 가거나 지나가는 사람으로서 특정한 말썽을 야기할 수도 있다." 루슈디의 고찰과는 정반대로, 아메드는 "좋은" 여권과 "수상한" 신체의 분열이 새로운 형태의 긴장과 스트레스를 초래할 수 있다고 암시하는 셈이다. "역사적으로 규범적인 사고를 발휘해 판단할 때, 만약 여권의 국적이 이름과 어울리지 않아 보이면 그 신체는 수상해진다." 수상한 신체는 질문을 만들어낸다. "당신은 어디 출신이십니까? 당신의 부모님께서는 어디 출신이십니까?"[8] 이런 식으로 계속된다. 이런 식으로 "정지"된 그녀의 경험은 단순히 붙들리거나 불편해지는 문제만이 아니다. 대신 정지됨으로 인해 여권 소지자는 관심을 자기 자신으로 되돌리게 되는데, 자신의 신체가 자신과 "어울리지" 않을 뿐만 아니라, 나아가 국가 관리로부터 잘못된 종류의 관심을 끌기 때문이기도 하다. "어떤 신체"는 이방인이나 외지인으로 인식되는 반면, "어떤 신체"는 "자연스러운" 것으로 인식되어 이들의 여권은 이동성을 향상시키거나 확장시킨다. 이와 동시에 그들의 사회적 이동성이라든지, 기회나 안전한 도피처에 대한 접근성을 향상시킨다.

"좋은 여권 나쁜 여권"

브렉시트와 EU 없는 영국 여권

국민국가들은 주권에 대한 주장을 뒷받침하는 신원 확인과 이동 통제의 수단인 여권을 포기할 기미가 전혀 없다. 대신 새로운 기술과 디자인 특성을 적용하여 실행함으로써, 여권은 브렉시트와 트럼프주의와 기타 포퓰리즘의 시대에 "자연스러운" 신체와 "부자연스러운" 신체를 정의하는 역할만 더 두드러지게 되었다. 2015년에 런던의 글로브 극장Globe Theatre에서 공개된 새로운 영국 여권 디자인에는 윌리엄 셰익스피어, 존 컨스터블John Constable, 에이다 러브레이스Ada Lovelace 같은 문화 아이콘의 이미지가 포함되어 있었다. 또한 런던 지하철과 페니 블랙Penny Black 우표 같은 기술적 업적의 이미지, 영국 의회와 런던아이London Eye와 에든버러성Edinburgh Castle과 같은 문화적 기념비의 이미지도 들어 있었다. 어쩌면 부조리할 수도 있지만, 다문화주의적인 영국의 발상을 명백하게 인정하면서 이 서류에는 또한 봄베이 태생의 저명한 영국 조각가인 애니시 커푸어Anish Kapoor의 대표적인 이미지도 몇 점 포함되었다. (하지만 셰익스피어의 얼굴은 여권 전체에 걸쳐서 발견되는 반면, 커푸어는 그의 구체적인 형상이 아니라 추상적 조각품만 있다는 점은 주목할 만하다.) 지난 5세기에 걸친 영국과 북아일랜드의 "창의적인 연합왕국Creative United Kingdom"을 기념하기 위해 디자인된 이 새로운 여권은 위조를 방지하기 위한 최신 기술 또한 자랑

에필로그

하기 때문에, 영국 이민부 장관 제임스 브로큰셔James Brokenshire는 세계에서 가장 안전한 서류라고 밝혔다.

머지않아 이 영국 여권 디자인은 브렉시트 국민투표를 둘러싼 정치적 소동에서 화제로 떠올랐다. 2016년 8월, 이후 브렉시트당의 대표가 되는 나이절 패라지Nigel Farage는 소셜미디어를 통해 "우리의 여권을 돌려달라"고 요구했다.[9] 패라지가 보기에 이것은 영국 여권의 표지에서 'European Union(유럽연합)'이라는 글자를 삭제한다는 뜻이었다. 즉 그의 나라, 그의 국적, 영국에 대한 그의 선견을 "탈환"하는 상징이면서, 동시에 EU의 다른 지역에서 오는 바람직하지 못하다고 여기는 이민을 차단하는 상징이었다. 그렇다면 여기에는 브렉시트 지지자와 그 추종자들을 위한 국가 주권의 중요한 표상이 들어 있는 셈이다. 2019년 8월에 패라지는 다시 소셜미디어를 통해서 "EU 없는" 새 여권을 치켜들고 의기양양한 미소를 짓고 있는 본인의 사진을 올렸는데, 그 여권 표지에는 간단하게 "United Kingdom of Great Britain and Northern Ireland(영국과 북아일랜드 연합왕국)"라고만 적혀 있었다. 그는 이 사진에 "우리의 여권을 되찾았다!"는 설명을 붙였다.[10] 2020년 3월, 영국은 지속적으로 자국 여권에서 EU의 상징을 없애면서 1988년부터 유럽 버전에 사용했던 밤색 표지 사용을 점차 중단하고, 1921년에 처음 사용했던 "원래" 색상인 남색 표지로 돌아가기 시작

"좋은 여권 나쁜 여권"

했다. (다만 새로운 영국 여권이 네덜란드 회사인 제말토Gemalto가 소유한 폴란드 트체프Tczew 소재 인쇄소에서 제작된다는 점은 아이러니하다.) 마치 상징적인 의미를 배가하려는 듯 새로운 영국 여권은 앞표지뿐만 아니라 뒤표지에도 국장國章을 삽입했는데, 뒤표지에는 잉글랜드와 스코틀랜드, 웨일스, 북아일랜드의 국화(장미와 엉겅퀴, 수선화 그리고 토끼풀)를 돋을새김으로 새겨 넣었다. 이와 동시에 새로운 디자인의 비자 날인 페이지에는 커푸어의 작품 이미지가 빠졌다.

이렇게 변경된 디자인은 패러지처럼 "영국을 다시 위대하게 만들자!"와 "우리는 우리나라를 돌려받길 원한다!"라는 구호를 외치는 사람들을 기쁘게 했을지는 몰라도, EU 없는 남색 여권 소지자는 자신의 여행 서류가 더 이상 다른 여러 EU 이웃 국가들만큼 "좋은" 것이 아니라는 사실을 깨닫고 나면 분통을 터트릴 가능성이 더 크다. 무비자 및 도착비자 가능 지역을 합산한 "총 이동성 점수"를 기반으로 2020년 세계 여권 위력 순위Global Passport Power Ranking를 보면 영국 여권은 "EU"가 표지에 새겨진 독일, 스웨덴, 핀란드, 룩셈부르크, 스페인, 덴마크, 포르투갈, 오스트리아, 이탈리아, 노르웨이, 스위스, 심지어 (영국인으로는 가장 개탄할 만하게도) 아일랜드의 여권보다 더 하위에 있었다.[11] 이런 상황이 개선될 가능성은 없어 보이는데, 영국 여권 소지자가 국경을 지나서 여행할 때 비자 발급을 의무화하는 국가가 점점 더 늘어나고 있기 때문이다. 그리하여 영국인이 솅겐 지역에서 공부하고, 일하고, 은퇴할 기회는 계속해서 줄어들고 있다. 물론 영국의 상대적인 경제력을 감안하면, 영국 여권이 갑자기 "나쁜" 상태로 변하게 된다는 뜻은 아니다. 다만 민족주의의 오만이 종종 더 깊은 불안정성을 불러온다는, 아울러 때로는 전 세계 시스템에서 시민의 이동성과 안정성에 직접적인 위협으로 작용한다는 점을 상기시킨다. 또한 여권의 역사가 반드시 완벽한 승자와 패자의 명단을 산출하는 직선적이고 목적론적인 방식은 아니지만 지금도 여전히 전개되고 있음을 상기시킨다.

영구불변한 "좋은" 여권은 없다―미국 여권의 거부

이러한 사실은 미국의 무슬림 여행 금지령과 미국 여권의 이야기에서 가장 두드러지게 드러난다. 바로 앞장에서 언급했듯이, 2017년 1월에 트럼프 대통령은 행정명령 13769호 "해외 테러리스트의 미국 입국으로부터 국가 보호"에 서명했다. 이로써 그는 무슬림이 지배적인 6개국(리비아, 시리아, 이란, 소말리아, 예멘, 수단)의 시민들 가운데 미국에 사는 개인과 "확실한" 연고나 "가까운 가족 관계"가 없는 사람은 자국 영토에 들어오도록 허가받지 못할 것이라고 주장했다. 이는 노골적인 주권 행사인데, 이 법을 어떻게, 또 누구에게 적용할지 결정할 권한을 대통령이 가졌다고 선포한 것이기 때문이다. 그는 자신의 펜을 휘두름으로써 결국 특정 여권을 "나쁜" 상태로 만들었다. 이러한 주권 행사는 독단에 불과해서, 그의 행정 명령에 거론된 국가 출신자 가운데 어느 누구도 2001년 이후 미국에서 활동한 테러리스트와 연관되지 않았다. 반면 테러리스트들의 출신 국가는 정작 이 명령에 거론되지도 않았다. 이 금지령이 변덕스럽게 시행되면서 가족들이 뿔뿔이 흩어지고, 오랜 미국 거주자들이 외국에서 버림받고, 여행자들이 세계 각지의 공항에서 오도 가도 못하게 되었다. 여권에 찍힌 국장國章이 갑자기 그들을 내버려진, 제거된, 정지된 상태로 만든 것이다. 다른 어딘가에서 온 이 시민들의 권리는 갑자기 유예되었다. 마치 그들의 삶에서 법적, 정치적, 심지어 인간적 가치까지 사라지기라도 한 것처럼.

   이런 금지 조치를 고안하는 사람들은 서사가 항상 변할 가능성이 있음을 기억해야 한다. 즉, 우리의 지정학적 배열의 역사를 보면, 한 번 일어났던 일은 또 한 번 일어날 가능성이 늘 열려 있다는 뜻이다. 2020년 1월 말일에 미국은 코로나19 바이러스의 확산에 대응하여 공중 비상사태를 선포했으며, 이와 동시에 14일 이내에 중국을 방문한 모든 외국 국적자의 입국을 금지하면서, 직계가족이 미국 시민인 경우만 예외로 두었다. 비록 대부분의 연구에서 여행 규제가 바이러스 확산을 늦출 수는 있어도 억제하는 데에는 거의 효과가 없다고 입을 모았음에도 불구하고, 머지않아 여행 금지 조치가 추가로 실시되었다. 3월 2일에 정부는 금지령을 이란 방문자에게도 확대 적용했고, 3월 13일에는 14일 이내 셴겐 지역의 모든 국가 방문자에게도 적용했다. 유럽에 대한 금지 조치가 워낙 어설프다 보니 (미국 시민이라든지, 영국과 아일랜드에서 온 여행자를 제외한다는 내용을 명시하지 않았기 때문에) 미국과 유럽 각지의 공항 터미널에 여행자 수천 명이 북적이는 혼란스러운 광경이 펼쳐졌다. 하지만 머지않아 바이러스 확산에 대한 트럼프 행정부의 비효율적 대응을 이유로 EU는 자기네가 환대하는 관광객의 출신 국가 목록에서 미국을 탈락시켜버렸다. 2020년 7월에 갱신된 헨리 여권 지수를 통해서 미국 여권의 위신이 극적으로 실추된 상황이 포착되었다. 이에 따르면 미국 여권 소지자는 1월보다 27개국이 줄어들어 겨우 158개국만 무비자로 갈 수 있었다. 실제로 미국 여권은 이 지수에서 25위까지 떨어졌는데, 순위표에서 1위를 차지했던 2012년 이후 가장 가파른 하락이었다. 세계 언론 매체들은 미국 여권이 그 소지자에게 제공되는 이동의 자유라는 측면에서 이제 (비록 일시적이지만) 사실상 멕시코 여권과 동등해졌다고 빠르게 보도했다. 헨리 & 파트너스의 회장인 크리스티안 켈린Christian Kaelin은 다음과 같이 말했다. "우리는 이동성이라는 측면에서 새로운 세계

"좋은 여권 나쁜 여권"

적 위계질서가 대두되는 광경을 보고 있다. 팬데믹을 효과적으로 관리한 국가들이 선두를 차지하고, 어설프게 다룬 국가들은 뒤로 밀려난다."[12] 팬데믹은 미국 여권 소지자들과 그 정부에 다음과 같은 사실을 생생하게 보여주었다. 즉 자국을 떠날, 자유롭게 여행할, 제지를 당하지 않고 돌아올 권리란 인간으로서의 우리에게 저절로 생기는 것이 아니라, 오히려 특정 국민국가의 시민으로서 생기며, 그런 권리는 언제든지 철회될 수 있다는 사실이다.

몰타의 시인이 만든 유토피아적 반(反)여권

국경 통과의 차별적 관행과 "정지" 당한 사람들의 결과에 대한 반응으로서, 몰타의 시인 앙투안 카사르는 저항시와 삽화와 공연 프로젝트가 조합된 작품 『여권Passaport』(2009)을 만들었다. 작은 판형에 몰타 여권을 모방한 붉은색 두꺼운 표지로 장정된 이 책자는 원래 몰타어로 출간되었다. 이후 여러 언어(영어, 스페인어, 슬로베니아어, 크로아티아어를 비롯해서 모두 12개 언어)로 번역되었는데 각각의 책자는 (세계 각지의 여권들과 마찬가지로 "바다처럼 파란색, 마른 핏자국처럼 붉은색, 석탄처럼 검은색") 세 가지 색깔 가운데 하나로 장정되었으며, 지구를 맴도는 철새인 백조의 그림이 돋을새김으로 들어갔다. 사진과 인적사항과 국민국가의 난해한 법률 용어 대신, 『여권』에는 국제 여권 제도의 상처를 입히는 힘과 잔혹한 형태를 취하기도 하는 배제와 추방에 반대하는 대략 250행의 시가 실려 있다. 작은 책자의 소유자에게 직접 말을 건네는 이 시는 여권과 여권 소지자 모두의 물리적 존재를 인정하며 시작된다.

> 당신의 것이다. 심장과 피부를 지닌 오랜 또는 새로운 친구여.
> 양손으로 나를 붙잡고 강하게 어루만지며 따뜻하고 환한 얼굴로 나를 환영하는……[13]

이 서류는 일종의 유토피아적 몽상 속에서 국적이나 피부색과 무관하게 모든 신체의 이동 가능성을 약속하며, 국경을 넘을 때 스트레스나 "정지" 당하는 두려움이 없는 세계를 상상한다. 즉, 『여권』은 심문을 야기하는 대신, 다음과 같이 안심을 시킨다.

> 당신은 두려움 없이 들어가고 나갈 수 있으며, 어느 누구도 당신을 정지시키지 않는다.
> 어느 누구도 줄을 서지 않고, 당신을 뒤로 보내지 않고, 기다릴 필요도 없다.
> 어느 누구도 "서류 좀 봅시다!"라며 창백한 손가락으로 당신의 심장을 고동치게 만들지 않는다.

"좋은 여권 나쁜 여권"

어느 누구도 당신이 떠나온 나라의 1인당 국내총생산에 따라 당신을 흘겨보거나 노려보지 않는다.

어느 누구도 당신을 이방인, 외지인, 범죄자, 불법 이민자 또는 '외래인(extra-communautaire)'으로 낙인찍지 않으며, 어느 누구도 외래가 아니며……[14]

여기 있는 이 서류는 부정될 수 없고, 그 소지자에게 불리하게 사용될 수 없고, 그 소지자를 "수상하다"거나 "부자연스럽다"고 분류하는 데 사용될 수 없다.

당신의 것이다

이 여권은

모든 사람을 위한, 모든 풍경을 위한 것으로,

어디를 가든지 휴대하며, 날인이나 비자는 전혀 필요 없으며,

당신은 원하는 대로 떠나거나 머물 수 있으며, 유효기간도 없으니,

당신은 이것을 포기할 수도 있고, 이것은 정부나 대공이나 여왕의 소유가 아니며, 당신은 심지어 여러 개를 가질 수도 있고……[15]

그렇다면 『여권』은 일종의 "반反여권"으로 이해해야 더 적절하다. 즉, 여권에 더 이상 "좋은"이나 "나쁜"이란 딱지가 붙지 않는, 그리하여 어떤 신체는 지나가게 하는 반면 다른 신체는

도판 18. 싱가포르에서 『여권』을 낭독하는 앙투안 카사르. 2016년.

붙들리는 일이 없는 세계를 상상하는 서류로서 말이다. 이는 철저히 유토피아적인 대상으로서, 여행 서류로 가장하고 우리의 여권에 달라붙었던 (국가에 대한, 국경에 대한, 외지인과 이민자와 기타 등등에 대한) 모든 가정을 배제한다. 이것이야말로 카사르의 말처럼 "세관과 검색대 없는, 새벽을 앗아가기 위해 나선 국경 경찰 없는, 서식과 서류와 생체 정보 데이터가 필요 없는 세계 (……) 사막을 맨발로 횡단할 필요가 없는, 희망의 여행길에서 협박과 착취의 현실에 의해 너무 빨리 무너져 뗏목을 타고 표류할 필요가 없는 세계"를 상상하는 서류이다.[16] 달리 표현하자면, 이는 우리가 "탈국경"을 상상하게 도와주는 귀중한 대상이다.

이 시인은 영국과 몰타, 스페인을 오가며 성장했고, 나중에는 유럽의 각국에서 공부하고 일했으며, 이후에도 자신의 선견을 널리 전하기 위해 『여권』을 공연하며 세계를 여행했다. 그는 4대륙에 걸친 여러 축제와 대회에서 공연할 때 청중에게 "진짜" 여권을 지참하게 하고, 낭독하는 동안에는 여권을 모두 걷어서 무대 위의 빨랫줄에 걸어 놓음으로써 국가 정체성을 상징적으로 "포기"하게 했다. 또한 카사르는 이동의 자유를 지지하고 난민을 지원하는 14개국의 비정부기구에 『여권』의 판매 수익금을 기부하기도 했다.

여권의 미래, 미래의 여권

그렇다면 『여권』은 여권의 미래 가능성에 관해서 무엇을 주장하는가? 그런 유토피아적 서류가 실제 서류의 기능을 다시 착상하도록 어떻게 도울 수 있는가? 카사르가 전제한 제한 없는 환대는 향후 지정학의 이해관계와 잠재력에 관해서 무엇을 주장하는가? 우리가 앞서 살펴보았듯이 여권은 이런저런 형태로 무려 3000년 이상 우리와 함께해왔으며, 다만 가장 최근에 나타난 (국경, 금지, 국민국가의 주권을 강화하는 역할을 하는) 유형은 근대에 부각된 현상일 뿐이다. 그렇다면 이동성과 도피, 자유를 모두 약속함에도 불구하고, 여권은 인간의 모든 취약성 때문에 인간성의 기본 사실보다 서류 처리라는 현 상태에 훨씬 더 많이 종속되어 있음을 상기시키는 역할을 해온 셈이다.

최근의 개발도 이런 역사적 추세가 머지않아 누그러질 것이라는 조짐은 전혀 드러나지 않고 있다. 영국의 새로운 여권은 푸른 표지와 국장國章에 더해 서류의 보안을 강화하기 위해 발전된 일련의 기술을 도입했다. 그중에서도 가장 두드러진 기술은 위조를 방지하기 위해 폴리카보네이트 재질의 개인정보 페이지에 레이저로 새긴 무선 주파수 신원 확인용 칩을 심어놓은 것이다. 따라서 이 여권은 우리의 신원을 확인하는 서류 중에서도 가장 침해적이고, 결정적이며, 결코 파괴할 수 없는 서류가 되었다. 그 와중에 여권 의례도 지문, 홍채, 심지어 안면 스캔까지 이용하며 "향상"되었다. 캐나다부터 일본에 이르는, 또 네덜란드부터 오스트레일리아에 이르는 여러 국민국가는 자국 시민들뿐만 아니라 자국의 공항을 거쳐 가는 국제 여행자들로부터도 더 많은 자료를 수집하기 시작했다. 물론 국민국가가 신원 확인 서류를 보안에 이용하는 이유는 수없이 많지만, 이런 향상된 절차는 또한 무수히 많은 우려를 야기한다. 예를 들어 우리 정부가 수집하는 정보를 우리는 얼마나 편안하게 여길지, 우리는 그런 감시에 얼마나 스스로를 개방하고 싶어 할지에 대한 걱정이 그렇다. 코로나 팬데

"좋은 여권 나쁜 여권"

믹 와중에, 백신 접종과 음성 판정 증명서를 포함한 보건 여권에 관한 논의는 이런 우려를 악화시키기만 했다. 이런 새로운 발전은 이제 (그 어느 때보다도 더) 우리의 서류가 우리 '자체'라고 보장한다. 즉, 그 서류는 우리가 누구인지, 우리가 어디에서 왔는지, 우리가 어디로 갈 수 있는지를 세계에 말해주는 셈이다. 비록 우리의 신원을 보증하고 우리의 이동성과 보호를 보장받기 위해서는 반드시 (서류가 우리의 신체에 맞아떨어지는 것이 아니라) 우리의 신체가 그 서류에 맞아떨어져야 하지만 말이다. 이 모두는 오히려 디스토피아적이다.

향후를 전망하면서 일부 논평가들은 최근 우리의 여행증명서가 디지털로 변환되는 현상이야말로 우리가 알고 있는 형태의 여권이 종말에 가까워졌다는 징조로 인식했다. 그들은 스마트폰이 여권 책자를 대체할 날을 예견했다. 우리가 비행기 탑승구를 통과하게 해주는 탑승권부터 우리가 비행 중에 읽는 책과 잡지, 우리가 한때 음료수와 면세품을 구입하는 데 사용했던 현금 같은 다른 형태의 인쇄 매체까지 스마트폰이 점차적으로 대체해왔듯이 말이다. 이런 발전을 촉진하는 사람들은 디지털화가 신원 확인 문서의 보안과 신뢰성을 향상시키며, 국경 통제 과정의 효율성을 높임으로써 공항과 기타 검문소에서의 "승객 경험"을 개선하겠다고 약속한다. 하지만 이런 멋진 신세계의 버전 대부분은 또한 "승객 관련 정보"의 저장 및 공유를 더 많이 요구한다. 예를 들어 두바이 국제공항을 떠나는 승객은 스마트폰에서 "스마트 UAE 지갑"이라는 앱을 (아울러 지문 스캔을) 사용해 "스마트 탑승구"를 통과할 수 있다. 이 지갑을 실행하면 첫 단계에서 승객의 아이디ID, 여권 세부 사항, 스마트 탑승구 카드 데이터는 물론이고, "아랍에미리트인과 거주민의 모든 정보"를 연결하겠다는 추가 방침도 담겨 있다.[17] 이와 유사한 프로그램은 최근 몇 년 사이에 세계 각지의 개별 국가와 국제 발의를 통해 등장했다.

그 와중에 ("더 나은 세계를 만들기 위해 헌신한다"가 모토인) 세계경제포럼World Economic Forum과 ("기술과 인간 독창성의 가능성을 실현시킨다"가 모토인) 액센추어 주식회사Accenture PLC는 최근 생체 인증, 블록체인 기술, 개체 식별 데이터베이스를 이용함으로써 "세계여행의 보안 강화"를 위해 협업하게 되었다. "등록필 여행자 디지털 신원Known Traveller Digital Identity, KTDI"이라고 불리는 야심만만한 시도는 "필요한 경우에 필요한 정보를 얻어내는 당국의 능력을 향상시켜서 국경 너머로 사람들을 신속하게 이동할 수 있게 함으로써 여행 경험 전체를 능률화하는 최초의 단대단 개입"으로 자처하며 홍보했다.[18] 대량 데이터 보관 또는 중앙 집중식 데이터 등록에 관한 걱정을 완화시키기 위해 KTDI 프로그램은 그런 기록보관소가 필요 없는 블록체인 기반 데이터 공유 시스템을 이용한다고 강조했다. 이 시스템을 운영하는 한 가지 가능한 모델은 이른바 "자기 주권 신원self-sovereign identity" 개념을 근거로 한다. 이는 여행자가 개인 데이터를 휴대전화에 저장하게 허락하는 한편, 시스템은 오로지 이 데이터의 유효성 검증과 인증서만을 가진다. 어쩌면 여기에서 약간 위안을 삼을 수도 있다. 비록 KTDI 프로그램이 그 모든 혁신에도 불구하고, 개인의 신원과 국가의 공동체적 유대를 입증함으로써 이동의 자유를 제한하는 서류로서 여권의 기본 모델을 여전히 유지하고 있지만 말이다.

분명히 짚고 넘어가자. 개선된 "승객 경험"은 제한 없는 환대와 동일하지 않다. 반反여권으로서의 『여권』은 국민과 국가와 영토라는 삼위일체를 포함해 근대 여권의 기반이 되는 신조에 의문을 제기할 용기를 가지라고 호소한다. 반反여권은 타인을 더 개방적이고 더 수용적으로 대할 방법을 항상 찾으라고 우리를 자극한다. 이것은 데리다가 말한 "순수한 환대"를 떠오르게 한다. "일단 새로 온 사람을 환영하는 것이다. 상대방에게 조건을 부과하기도 전에, 상대방에게 예를 들어 이름이나 신원 '서류' 같은 뭔가를 알아내거나 물어보기도 전에 말이다."[19] 이런 환대는 공식적인 심문, 정보 등록, 직접적인 국경 통제 같은 조건을 피하면서 동시에 타자를 상대하기 위해, 타자에게 적절한 이름을 부여하기 위해 가능한 모든 일을 할 것을 요구한다. 하지만 이 철학자는 만약 순수한 환대가 유토피아적 이상을 넘어서기 위해서는 환대에 관한 법률(필요조건이자 조건부인 주권의 권리와 보호)과 관련한 우리의 열망이 항상 존재해야 한다고 인정한다. 우리가 알고 있는 형태의 여권은 어디까지나 국민국가가 순수한 환대의 원칙(타국의 무제한적인 접근에 대항하여 조국을 지키기 위해서, 또한 국경까지 쫓아온 위험으로부터 손님을 보호하기 위해서)을 드러내는 한에서만 기능했다. 이런 환대의 양상들 사이의 긴장을 해소하는 손쉬운 길은 없다. 이런 면에서 여권은 (종이 형태든 디지털 형태든) 지정학의 중요한 연결고리로 남을 것이며, 조건부 환대와 제한 없는 환대, 시민의 권리와 인간의 권리, 국가 주권의 지속적 힘이나 최종적 쇠퇴 그리고 이런 관계들 사이에서 우리 자신의 자리를 교섭(어쩌면 재구성)하게 될 것이다.

"좋은 여권 나쁜 여권"

미주

프롤로그

1 Salman Rushdie, *Step across This Line* (New York: Modern Library), 2003, 381.
2 Rushdie, *Step across This Line*, 368.
3 Salman Rushdie, *Joseph Anton: A Memoir* (New York: Random House, 2012), 484.
4 Paul Fussell, *Abroad: British Literary Traveling between the Wars* (New York: Oxford University Press, 1980), 24.
5 Fussell, *Abroad*, 30.
6 Fussell, *Abroad*, 30.
7 Ernest Hemingway, *A Farewell to Arms* (London: Penguin, 1929), 210.
8 Hemingway, *Farewell to Arms*, 217.
9 Hemingway, *Farewell to Arms*, 243-44.
10 Graham Greene, *The Confidential Agent* (London: Heinemann), 1939, 13.
11 Greene, *Confidential Agent*, 14.
12 Leo Mellor, "Early Graham Greene," in *The Oxford Handbooks Online* (Oxford: Oxford University Press, 2018), n.p.
13 Rushdie, *Joseph Anton*, 122.
14 *The Terminal*, dir. Steven Spielberg (Amblin Entertainment, 2004).
15 Giorgio Agamben, "No to Biopolitical Tattooing," *Communication and Critical/Cultural Studies* 5, no. 2 (June 2008): 201.
16 *The Terminal*.
17 Salman Rushdie, *The Satanic Verses* (New York: Viking, 1989), 4.

제1장

1 "La momie de Ramsès II ne sera pas exposée à Paris," *Le Monde*, May 10, 1976, www.lemonde.fr/archives/article/1976/05/10/la-momie-de-ramses-ii-nesera-pas-exposee-a-paris_2942690_1819218.html; translation by au-

thor.

2 Boyce Rensberger, "Ramses' Illness Was Fabricated, Scientists Allege," *New York Times*, November 8, 1976, 7, www.nytimes.com/1976/11/08/archives/ramses-illness-was-fabricated-scientists-allege.html.

3 Yvonne Rebeyrol, "La cure de 'rajeunissement' de Ramsès II pour une nouvelle éternité," *Le Monde*, November 22, 1976, www.lemonde.fr/archives/article/1976/11/22/la-cure-de-rajeunissement-de-ramses-ii-pour-une-nouvelle-eternite_3121881_1819218.html; translation by author.

4 "Ramesses II: The First (and Probably the Last) Mummy to Receive a Passport!" *Random Times*, February 5, 2020, https://random-times.com/2020/02/05/ramesses-ii-the-first-and-probably-the-last-mummy-to-receive-a-passport.

5 A. Leo Oppenheim, *Letters from Mesopotamia* (Chicago: University of Chicago Press, 1967), 134.

6 Quoted in Mario Liverani, *International Relations in the Ancient Near East* (London: Palgrave, 2001), 73.

7 See, for instance, Judith Butler, "Performativity's Social Magic," in *Bourdieu: A Critical Reader*, ed. Richard Shusterman (Oxford: Blackwell, 1999), 113-28.

8 Raymond Westbrook, "International Law in the Amarna Age," in Amarna Diplomacy: The Beginning of International Relations, ed. Raymond Cohen and Raymond Westbrook (Baltimore: John Hopkins University Press, 2000), 30-31.

9 Pierre Briant, *From Cyrus to Alexander: A History of the Persian Empire*, trans. Peter T. Daniels (Winona Lake, IN: Eisenbrauns, 2002), 1197.

10 Quoted in Briant, *From Cyrus to Alexander*, 364-65.

11 "Read the Sermon Donald Trump Heard before Becoming President," *Time*, January 7, 2017, https://time.com/4641208/donald-trump-robert-jeffress-st-john-episcopal-inauguration/.

12 John H. Kroll and Fordyce W. Mitchel, "Clay Tokens Stamped with the Names of Athenian Military Commanders," *Hesperia: The Journal of the American School of Classical Studies at Athens* 49, no. 1 (1980): 86-96.

13 Roy Harris, "Speech and Writing," in *The Cambridge Handbook of Literacy*,

ed. David R. Olson and Nancy Torrance (Cambridge: Cambridge University Press, 2009), 50.
14 T. Corey Brennan and Hsing I-tien, "The Eternal City and the City of Eternal Peace," in *China's Early Empires: A Re-appraisal*, ed. Michael Nylan and Michael Loewe (Cambridge: Cambridge University Press, 2010), 202.
15 John Torpey, *The Invention of the Passport* (Cambridge: Cambridge University Press, 2018), 21.

제2장

1 Marco Polo, *The Travels of Marco Polo*, trans. Ronald Latham (New York: Penguin, 1974), 35.
2 Polo, *Travels of Marco Polo*, 44.
3 Polo, *Travels of Marco Polo*, 44-45.
4 Quoted in Hans Ulrich Vogel, *Marco Polo Was in China: New Evidence from Currencies, Salts, and Revenues* (Leiden: Brill, 2013), 85.
5 Mark B. Salter, *Rights of Passage: The Passport in International Relations* (Boulder, CO: Lynne Rienner, 2003), 11.
6 "Conduct," *OED Online*, www.oed.com/viewdictionaryentry/Entry/38617.
7 Thomas Edlyne Tomlins and John Raithby, *The Safe Conducts Acts 1414: The Statutes at Large, of England and of Great Britain—From Magna Carta to the Union of the Kingdoms of Great Britain and Ireland* (London: George Eyre and Andrew Strahan, 1811), 2:320-26.
8 "Passport," *OED Online*, www.oed.com/viewdictionaryentry/Entry/138557.
9 See Ernst Hartwig Kantorowicz's landmark study *The King's Two Bodies: A Study in Mediaeval Political Theology* (Princeton: Princeton University Press, 1957), 7-23.
10 John Buxton and Bent Juel-Jensen, "Sir Philip Sidney's First Passport Rediscovered," *The Library*, 5th ser., 25, no. 1 (March 1970): 42.
11 Quoted in Buxton and Juel-Jensen, "Sidney's First Passport," 44.
12 John Buxton, *Sir Philip Sidney and the English Renaissance* (New York: Palgrave, 1988), 73.
13 "Passport," *OED Online*.

14 Laurence Sterne, *A Sentimental Journey* (New York: Penguin, 2002), 67.
15 Jesper Gulddal, "Porous Borders: The Passport as an Access Metaphor in Laurence Sterne's *A Sentimental Journey,*" *Symplokê* 25, nos. 1-2 (2017): 47.
16 Sterne, *Sentimental Journey*, 82.
17 Sterne, *Sentimental Journey*, 85.
18 Quoted in Craig Robertson, *The Passport in America* (Oxford: Oxford University Press, 2012), 27.
19 Quoted in John Torpey, *The Invention of the Passport: Surveillance, Citizenship, and the State*, 2nd ed. (Cambridge: Cambridge University Press, 2018), 36.
20 Giorgio Agamben, "We Refugees," *Symposium: A Quarterly Journal of Modern Literature* 49, no. 2 (1995): 117.
21 Torpey, *Invention of the Passport*, 68.

제3장

1 George Gordon Byron, *The Letters of Lord Byron*, ed. Mathilde Blind (London: W. Scott, 1887), 104.
2 George Gordon Byron, *Don Juan*, in *The Works of Lord Byron: Complete in One Volume* (London: J. Murray, 1837), 715 and 730.
3 Jesper Gulddal, "Paper Trails: The Austrian Passport System in Stendhal's *La Chartreuse de Parme*," *Arcadia* 49, no. 1 (2019): 58-73.
4 Stendhal, *The Charterhouse of Parma*, trans. C. K. Scott Moncrieff (New York: Boni, 1925), 260.
5 Byron, *Letters*, 157.
6 Stendhal, *Charterhouse*, 231.
7 Stendhal, *Charterhouse*, 247.
8 Stendhal, *Charterhouse*, 233.
9 Stendhal, *Charterhouse*, 235.
10 Stendhal, *Charterhouse*, 247.
11 Quoted in Betty T. Bennett, *Mary Diana Dods: A Gentleman and a Scholar* (New York: Morrow, 1991), 80.
12 Bennett, *Mary Diana Dods*, 81.
13 Bennett, *Mary Diana Dods*, 229.
14 Geraldine Friedman, "Pseudonymity, Passing, and Queer Biography: The

Case of Mary Diana Dods," *Romanticism on the Net* 23 (August 2001): 5.
15 Bennett, *Mary Diana Dods*, 226.
16 Gulddal, "Paper Trails," 68.
17 Bennett, *Mary Diana Dods*, 273.
18 See Steven Olsen-Smith and Hershel Parker, "Three New Melville Letters: Procrastination and Passports," *Melville Society Extracts* 102 (September 1995): 8-12.
19 Frederick Douglass, "My Escape from Slavery," *Century Illustrated Magazine* 23, no. 1 (1881): 126.
20 Douglass, "My Escape from Slavery," 126-27.
21 David W. Blight, "Frederick Douglass, Refugee," *Atlantic*, February 7, 2017, www.theatlantic.com/politics/archive/2017/02/frederick-douglass-refugee/515853.
22 Quoted in David W. Blight, *Frederick Douglass: Prophet of Freedom* (New York: Simon & Schuster, 2020), 318.
23 Frederick Douglass, *Life and Times of Frederick Douglass* (Boston: De Wolfe, 1892), 393-94.
24 Yael A. Sternhell, "Papers, Please!," *New York Times*, August 8, 2014, https://opinionator.blogs.nytimes.com/2014/08/08/papers-please.
25 Sternhell, "Papers, Please!"
26 Mark Twain, *Innocents Abroad, or The New Pilgrims' Progress* (Hartford, CN: American Publishing Co., 1869), 382-83.
27 Douglass, *Life and Times*, 713.
28 Douglass, *Life and Times*, 712.
29 Douglass, *Life and Times*, 713.

제4장

1 Tom Stoppard, *Travesties* (New York: Grove, 1994), 45.
2 US Congress, *Statutes at Large of the United States of America from April 1917 to March 1919*, vol. 40, pt. 1 (Washington, DC: Government Printing Office, 1919), 559.
3 Mark Ellis, *Race, War, and Surveillance: African Americans and the United States Government during World War I* (Bloomington: Indiana University Press,

2001), 186.
4　Ellis, *Race, War, and Surveillance*, 188.
5　Rainer Maria Rilke and André Gide, *Correspondence, 1909-1926*, ed. Renée Lang (Ann Arbor: University of Michigan Press, 1952), 224.
6　Ezra Pound, *The Selected Letters of Ezra Pound to John Quinn, 1915-1924*, ed. Timothy Materer (Durham, NC: Duke University Press, 1999), 180-81.
7　Bridgette Chalk, *Modernism and Mobility: The Passport and Cosmopolitan Experience* (New York: Palgrave, 2014), 19.
8　Stefan Zweig, *The World Yesterday* (London: Cassell, 1953), 410.
9　Friedrich A. Kittler, *Literature, Media, Information Systems*, ed. John Johnston (New York: Routledge, 2012), 42.
10　Gertrude Stein, *The Autobiography of Alice B. Toklas* (New York: Harcourt, 1933), 145.
11　Stein, *The Autobiography*, 222.
12　Stein, *The Autobiography*, 206.
13　Stein, *The Autobiography*, 3.
14　Jace Gatzemeyer tells this story in detail in "How Hemingway's Joint Passport Ruined His Marriage," *The Writing Cooperative*, March 6, 2020, https://writingcooperative.com/how-hemingways-joint-passport-ruined-his-marriage-7fd023e44d6e.
15　Daniel Robinson, "My True Occupation Is That of a Writer," *Hemingway Review* 24, no. 2 (Spring 2005): 87-93; Hemingway's emphasis.
16　F. Scott Fitzgerald and Zelda Fitzgerald, *Dear Scott, Dearest Zelda*, ed. Jackson R. Bryer and Cathy W. Barks (New York: Scribner, 2019), 88.

제5장

1　Marc Chagall, *My Life*, trans. Elisabeth Abbott (New York: Orion, 1960), 83.
2　Giorgio Agamben, "We Refugees," *Symposium: A Quarterly Journal of Modern Literature* 49, no. 2 (1995): 114.
3　Hannah Arendt, *The Origins of Totalitarianism* (New York: Meridian, 1958), 291-92.
4　Quoted in Richard Taruskin, *Stravinsky and the Russian Traditions*, vol. 1

(Berkeley: University of California Press, 1996), 3.
5 Vladimir Nabokov, *Speak, Memory: An Autobiography Revisited* (New York: Knopf, 1999), 215.
6 Nabokov, *Speak, Memory*, 216.
7 Andrew Field, *VN: The Life and Art of Vladimir Nabokov* (New York: Crown, 1986), 196.
8 Quoted in Field, *VN*, 197.
9 Stefan Zweig, *The World of Yesterday* (London: Cassell, 1953), 4.
10 Zweig, *World of Yesterday*, 366.
11 Zweig, *World of Yesterday*, 315.
12 Zweig, *World of Yesterday*, 408.
13 Zweig, *World of Yesterday*, 409.
14 Zweig, *World of Yesterday*, 411.
15 *The Grand Budapest Hotel*, dir. Wes Anderson (Fox Searchlight Pictures, 2014).
16 Richard Ellmann, *James Joyce* (Oxford: Oxford University Press, 1982), 738.
17 Quoted in Benjamin Harshav, *Marc Chagall and His Times: A Documentary Narrative* (Palo Alto, CA: Stanford University Press, 2004), 467.
18 Hannah Arendt, "We Refugees," in *The Jewish Writings*, ed. Jerome Kohn and Ron H. Feldman (New York: Schocken, 2007), 265.
19 Quoted in Andy Marino, *A Quiet American: The Secret War of Varian Fry* (New York: St. Martin's, 1999), 143.
20 Arendt, *Origins of Totalitarianism*, 287.
21 Arendt, *Origins of Totalitarianism*, 298.

제6장

1 *Human Flow*, dir. Ai Weiwei (Participant Media, 2017).
2 Weiwei, *Human Flow*.
3 Quoted in Tom Phillips, "Ai Weiwei Free to Travel Overseas Again after China Returns His Passport," *Guardian*, July 12, 2015, www.theguardian.com/artanddesign/2015/jul/22/ai-weiwei-free-to-travel-overseas-again-after-china-returns-his-passport.

4 Quoted in Farah Nayeri, "A Departure for Ai Weiwei at the Royal Academy in London," *New York Times*, September 14, 2015, https://www.nytimes.com/2015/09/15/arts/international/a-departure-for-ai-weiwei-at-the-royal-academy-in-london.html.

5 *Ai Weiwei Drifting: Art, Awareness, and the Refugee Crisis*, dir. Eva Mehl and Bettina Kolb (DW Documentary, 2017), available at https://youtube/9MkcTIoo_uw.

6 Quoted in Marie Seton, *Paul Robeson* (New York: Dobson, 1958), 95.

7 Quoted in Martin Duberman, *Paul Robeson: A Biography* (New York: Ballantine, 1990), 389.

8 Quoted in Adam Feinstein, *Pablo Neruda: A Passion for Life* (London: Bloomsbury, 2004), 239.

9 Quoted in Gerald Horne, *Robeson: The Artist as Revolutionary* (London: Pluto, 2016), 146.

10 Paul Robeson, *Paul Robeson Speaks*, ed. Philip Foner (New York: Citadel, 1978), 415.

11 Quoted in Paul Robeson, *Here I Stand* (London: Dennis Dobson, 1958), 77.

12 Robeson, *Here I Stand*, 74.

13 "The NSK State," https://passport.nsk.si/en/about_us.

14 Slavoj Žižek, "Es gibt keinen Staat in Europa," in *Irwin: Retroprincep, 1983–2003*, ed. Inke Arns (Frankfurt: Revolver, 2003), 51.

15 Inke Arns, "The Nigerian Connection: On NSK Passports as Escape and Entry Vehicles," in *State in Time*, ed. IRWIN (London: Minor Compositions, 2014), 94.

16 Quoted in Arns, "Nigerian Connection," 91.

17 Benjamin Ramm, "A Passport from a Country That Doesn't Exist," BBC, May 16, 2017, www.bbc.com/culture/article/20170515-a-passport-from-a-country-that-doesnt-exist.

18 Quoted in Slavoj Žižek, *Like a Thief in Broad Daylight* (New York: Seven Stories, 2018), n.p.

19 Žižek, *Like a Thief*.

여행 면허

제 7 장

1. *The Man Who Fell to Earth*, dir. Nicolas Roeg (British Lion Films, 1976).
2. "Alien," *OED Online*, www.oed.com/viewdictionaryentry/Entry/4988.
3. "Alien," *OED Online*.
4. Quoted in John Szwed, *Space Is the Place: The Lives and Times of Sun Ra* (New York: Pantheon, 1997), 29.
5. Szwed, *Space Is the Place*, 278.
6. *Space Is the Place*, dir. John Coney (North American Star System, 1974).
7. *The Simpsons*, season 26, episode 12, "The Musk Who Fell to Earth," dir. Matthew Nastuk, written by Neil Campbell, aired January 25, 2015 (Fox, 2015).
8. Quoted in Catherine Clifford, "Multi-Billionaire Elon Musk: 'I Arrived in North America at 17 with $2,000,'" *CNBC*, June 12, 2018, www.cnbc.com/2018/06/12/telsas-elon-musk-tweets-he-arrived-in-north-america-at-17-with-2000.html.
9. Quoted in Catherine Clifford, "Why a Science Fiction Writer Is Elon Musk's 'Favorite Philosopher,'" *CNBC*, July 23, 2019, www.cnbc.com/2019/07/23/why-hitchhikers-guide-author-is-elon-musks-favorite-philosopher.html.
10. Elon Musk, June 22, 2020, https://twitter.com/elonmusk/status/1275264504725528576.
11. Quoted in Dan Evon, "Was Elon Musk an Undocumented Immigrant?" *Snopes*, February 11, 2016, www.snopes.com/fact-check/elon-musk-illegal-immigrant.
12. Elon Musk, January 28, 2017, https://twitter.com/elonmusk/status/825502618680045568.
13. Quoted in PowlowNiber, "From Brooklyn to Bo-Kaap," *Rolling Stone*, December 6, 2018, www.rollingstone.co.za/musicrev/item/3171-from-brooklyn-to-bo-kaap.
14. Quoted in Siobhán O'Grady, "Mos Def Was Arrested in South Africa for Using a 'World Passport.' Yes, That's a Real Thing," *Foreign Policy*, January 15, 2016, https://foreignpolicy.com/2016/01/15/mos-def-was-arrested-in-south-africa-for-using-a-world-passport-yes-thats-a-real-thing.
15. Quoted in Garry Davis, *My Country Is the World* (New York: Juniper Ledge,

1984), 54-55.
16 Quoted in "Yasiin Bey's (Mos Def) Official Representative Maintains South African Arrest Allegations Are False," *Okay Africa*, January 15, 2016, www.okayafrica.com/yasiin-bey-mos-def-representative-maintains-southafrican-arrest-allegations-false.
17 *The World Is My Country*, dir. Arthur Kanegis (Future Wave, 2014).
18 Garry Davis, "World Passport Issued to Snowden," World Service Authority, July 7, 2013, https://worldservice.org/roundup.html?s=4#11.
19 Edward Snowden, "Statement from Edward Snowden in Moscow," *Wikileaks*, July 1, 2013, https://wikileaks.org/Statement-from-Edward-Snowden-in.html.
20 "World Service Authority," https://worldcitnews.org/articles/wsaofs.html.
21 US Department of State, *Foreign Affairs Manual*, 9 FAM 403.9-3[A][1], https://fam.state.gov/fam/09FAM/09FAM040309.html.
22 *Information Concerning the Non-Exhaustive List of Known Fantasy and Camouflage Passports, as Stipulated by Article 6 Of Decision No 1105/2011/EU*, https://ec.europa.eu/home-affairs/system/files/2021-21/list_of_known_fantasy_and_camouflage_passports_en.pdf.
23 "Apply for an Aboriginal Passport," Aboriginal Provisional Government, July 13, 2017, http://apg.org.au/passports.php.
24 Jennifer Scherer, "Julian Assange Has Been Given an Aboriginal Passport," *Special Broadcasting Service*, June 13, 2019, www.sbs.com.au/nitv/article/2019/06/13/julian-assange-has-been-given-aboriginal-passport1.
25 Sara Dehm, "Passport," in *International Law's Objects*, ed. Jessie Hohmann and Daniel Joyce (Oxford: Oxford University Press, 2018), 354.
26 Joshua Robertson, "Tolerance of Travellers with Aboriginal Passports Amounts to Recognition, Says Activist," *Guardian*, April 20, 2015. www.theguardian.com/australia-news/2015/apr/20/tolerance-of-travellers-with-aboriginal-passports-amounts-to-recognition-says-activist.
27 "Apply for an Aboriginal Passport."
28 *United Nations Declaration on the Rights of Indigenous Peoples* (A/RES/61/295) (United Nations, 2008), 3.
29 Mark Rifkin, "Indigenizing Agamben: Rethinking Sovereignty in Light

of the 'Peculiar' State of Native Peoples," *Cultural Critique* 73 (Fall 2009): 89.
30 Leti Volpp, "The Indigenous as Alien," *UC Irvine Law Review* 289 (2015): abstract.
31 Sid Hill, "My Six Nation Haudenosaunee Passport Is Not a 'Fantasy Document,'" *Guardian*, October 30, 2015, https://www.theguardian.com/commentisfree/2015/oct/30/my-six-nation-haudenosaunee-passport-not-fantasy-document-indigenous-nations.

에필로그

1 Helena Waldmann, "*Good Passports Bad Passports*—Official full length video," March 2, 2022, https://www.helenawaldmann.com/works/goodpassports-badpassports/.
2 "The Henley Passport Index," Henley & Partners, www.henleyglobal.com/passport-index.
3 Salman Rushdie, *Step across This Line* (New York: Modern Library, 2003), 367.
4 United Nations, *The Universal Declaration of Human Rights, 1948-1998* (New York: UNDPI, 1998), article 13(1); available at www.un.org/en/about-us/universal-declaration-of-human-rights.
5 Sara Ahmed, *Queer Phenomenology: Orientations, Objects, Others* (Durham, NC: Duke University Press, 2006), 142.
6 Ahmed, *Queer Phenomenology*, 139.
7 Ahmed, *Queer Phenomenology*, 140.
8 Ahmed, *Queer Phenomenology*, 142.
9 Nigel Farage, September 13, 2016, https://twitter.com/nigel_farage/status/775735864743829505.
10 Nigel Farage, August 19, 2019, https://twitter.com/nigel_farage/status/1163423674780856320.
11 "Passport Index by Rank," Passport Index, www.passportindex.org/byRank.php.
12 Quoted in Ollie Williams, "US Passports Are Now on Par with Mexico as Freedoms Are Cut," *Forbes*, July 7, 2020, www.forbes.com/sites/oliverwil-

liamsI/2020/07/07/us-passports-are-now-on-par-with-mexico-as-free-doms-are-cut.

13 Antoine Cassar, *Passport*, trans. Albert Gatt and Antoine Cassar (n.p.: Passport Project, 2010), 5.
14 Cassar, *Passport*, 8.
15 Cassar, *Passport*, 16.
16 Antoine Cassar, "Passaport (2009)," https://antoinecassar.net/passport-2009.
17 Quoted in Ali Al Shouk, "Now, Smartphone Is Your Passport in Dubai" *Gulf News*, June 7, 2017, https://gulfnews.com/uae/now-smartphone-is-your-passport-in-dubai-1.2040149.
18 "Accenture World Economic Forum Known Traveller," YouTube, August 9, 2018, www.youtube.com/watch?v=tThqjC2KWnM&t.
19 Jacques Derrida, *The Paper Machine*, trans. Rachel Bowlby (Palo Alto, CA: Stanford University Press, 2005), 67.

도판 출처

프롤로그
도판 1   Stuart A. Rose Library, Emory University. By permission of Her Majesty's Passport Office. 24
도판 2   Amblin Entertainment 49

제1장
도판 3   HeritageDaily 63
도판 4   Metropolitan Museum of Art 66

제2장
도판 5   Archive.org 99
도판 6   By permission of the Warden and Scholars of New College, Oxford. 113

제3장
도판 7   Published by D. W. Kellogg and Co. 129
도판 8   National Archives and Records Administration 163

제4장
도판 9   Sotheby's 173
도판 10   National Archives and Records Administration 211

제5장
도판 11   Wikiart.org 220
도판 12   Library of Congress 255

제6장

도판 13   Participant Media 267
도판 14   Bonhams 279

제7장

도판 15   British Lion Films 307
도판 16   Callum Clayton-Dixon 343

에필로그

도판 17   Wonge Bergmann 촬영. 출처: Helena Waldmann 349
도판 18   John Gresham 촬영. 출처: Antoine Cassar 369

여행 면허

찾아보기

ㄱ

가이하투 100-102

고골, 니콜라이 220-221
『죽은 혼』 220-222

공항 44-45, 49, 316, 325, 334, 352, 357, 364-365, 371-372
    JFK— 35, 45, 158, 344
    검색대 43, 45, 354-355, 357, 369
    나폴리— 46
    두바이— 35, 373
    르부르제— 57
    베니테스— 30
    베이징 수도— 272
    샤를 드골— 35, 45
    셰레메티예보— 334
    이스탄불— 42
    카이로— 315
    케이프타운— 328
    히스로— 50, 51, 350

구겐하임, 페기 249-250

국경 13-14, 22-23, 25-28, 30, 32, 36, 39, 41, 44-46, 48, 50, 52-53, 67, 91, 93, 115, 118, 124, 132-133, 137, 139, 145-146, 175, 177, 181-182, 187, 189, 193, 196, 209, 213, 223, 240, 244, 258-259, 263, 270, 285, 293, 396, 301, 305, 331, 341, 349, 352, 354-356, 358, 362, 367, 369-370, 373, 375
    —개방 351
    그리스와 마케도니아의— 264, 269
    러시아와 핀란드의— 182
    시리아와 요르단의— 263
    —없는 세계 326, 328, 353
    —의 허구성 268, 331, 335
    인도와 파키스탄의— 22
    탈— 353, 369
    —통과 26, 28, 36, 42, 50-51, 145, 259, 349, 366
    —통제 21, 25, 29, 33, 35, 47, 91, 139, 146, 158, 352, 372, 374
    프랑스와 스페인의— 249, 252, 256, 259

국제연맹 186-188, 227, 231, 342

국제연합(UN) 26, 264, 329, 330, 332, 354
    세계인권선언 330-332, 340, 354

굴달, 예스페르 120, 132, 144

그랜드투어 27, 111, 115-116, 118-119, 130, 148-149, 165, 213

그리스 80, 82, 84-88, 90, 98, 117, 130, 138, 225
    아테네 81, 83-85

그린, 그레이엄 39, 41

『비밀 요원』 39, 41
『글로스터의 로버트 운문 연대기』 105
기록보관소 17, 23, 47, 61-63, 65, 92, 142, 146, 200, 202-203, 208, 298, 373
　미국 국립— 146, 200
　존 F. 케네디 도서관 201, 203
　페르세폴리스 행정— 74
　프랑스 국립— 143
긴급구조위원회(ERC) 247

ㄴ

나보코프, 블라디미르 229-232, 234-236, 238, 243
　『롤리타』 229
　『말하라, 기억이여』 231
　『메리』 230
나보코프, 세르게이 229, 236
나폴레옹 3세 159
난민 14, 45, 50, 171-172, 178, 224-227, 238, 247-248, 253, 255-264, 267-269, 275, 298-299, 328, 331, 335, 370
난센, 프리드쇼프 227
남부연방, 미국 336
남아프리카공화국 285, 321-323, 327-328, 332-333
　케이프타운 327, 332
네루다, 파블로 285-288

노예제 151, 153, 158-159, 162, 290

ㄷ

다 피사, 루스티켈로 95, 101, 104
댈러스, 조지 M. 159-160, 164, 209
더글러스, 프레더릭 152-167, 209, 289
　「나의 노예제 탈출기」 153
　『미국 노예 프레더릭 더글러스의 생애 수기』 158
　『프레더릭 더글러스의 생애와 시대』 164, 166
데리다, 자크 29, 67, 374
　아카이브 열병 67
데스카헤(리바이 제너럴) 342
데스탱, 발레리 지스카르 58-59
데이나, 프랜시스 122
데이비스, 게리 328-331, 333-334
뎀, 세라 339
도즈, 메리 다이애나 27-28, 141-144, 151
독일 86, 143, 157, 181, 183, 185, 192-193, 195-196, 225, 228-229, 231-237, 240, 243, 245-249, 251, 253-257, 259, 261, 269, 277, 291-293, 329, 347-348, 350-351, 362
　베를린 183, 212, 224, 229-230, 232, 234, 237, 247, 266, 269, 274-275, 296

여행 면허

듀보이스, W. E. B. 186, 290

ㄹ

라가브, 살라 316
라, 선 312-319, 321, 327
　〈우주가 그 장소〉 316-317, 319, 321, 332
람세스 2세 57-63, 65, 166
러시아 164, 178-180, 196, 219-225, 227-231, 234-235, 238, 276, 278, 281, 335
　모스크바 223, 277, 280, 288, 296, 334
　상트페테르부르크 181, 222-223, 228-229, 276

레닌, 블라디미르 178-184, 190, 276, 280
　『제국주의, 자본주의의 최고 단계』 180
로그, 니콜라스 304, 309-310, 320
　〈지구에 떨어진 사나이〉 304, 307, 309-310, 319, 321, 332
로디, 카를 한스 183
로런스, D. H. 32, 36
로마 87-92, 98, 117, 166, 311
로버트슨, 크레이그 122
로브슨, 폴 28, 194, 280-285, 287-291, 327
　『나는 여기 서 있다』 289

로크, 앨런 212-214
　『새로운 흑인: 해석』 212
루슈디, 살만 20-24, 27-28, 30-31, 41, 50, 350-351, 353, 359
　『악마의 시』 24, 50
　『이 선을 넘어서』 20, 350, 351
　『조지프 앤턴』 30
루스벨트, 엘리너 247
루이스, 이디스 207-208
리베라, 디에고 278
리처드 2세, 잉글랜드 왕 105
리프킨, 마크 340
릴케, 라이너 마리아 186-188

ㅁ

마오쩌둥 270
막스 형제 33-36, 41
　〈몽키 비즈니스〉 33, 35, 41, 47
만셀, 마이클 337
망명 23, 50, 90, 133, 171-172, 176, 178-179, 181, 191, 225, 229-230, 234-235, 238-239, 256-258, 278, 287, 299, 335, 338
매그너스, 모리스 32, 36
머스크, 일론 28, 321-325, 327
메르카데르, 라몬 279-280
멕시코 209-210, 278-280, 287, 311

멜러, 리오 40
멜빌, 허먼 146-152
『모비 딕』 148-150
『하얀 재킷』 148

밀러, 헤르타 291-292
『여권』 291

미국 17, 31-34, 37, 42-48, 59, 79, 83, 120, 122-123, 142, 146, 151-152, 155, 157-162, 164-165, 167, 183, 185-189, 194-197, 199, 201, 204, 207, 209-210, 212, 214-215, 221, 228, 235, 247-249, 251-252, 254, 257-258, 260, 276, 280-285, 287-291, 304, 309, 311-312, 314, 316, 318-327, 329, 332, 334-336, 340, 342-345, 351, 357, 363-365
— 국무부 123, 146, 150-152, 185, 197-198, 248, 254, 283-285, 288-291, 334-335, 344
— 뉴욕 34, 46, 48, 147, 151, 157, 204, 207, 210, 236, 247, 249-251, 253, 255, 257, 276, 283, 296, 313, 326, 345, 357, 358
— 법 집행기관 46, 332
— 연방 대법원 159, 290
전시 조치법 185, 187

미국인원조센터(ARC) 248-249, 253-254

〈미드나이트 익스프레스〉 42, 44

밀네르, 장클로드 301-302

ㅂ

바이런, 조지 고든 127, 129-132, 134-136, 140-141
『돈 후안』 130

발트만, 헬레나 17, 348, 350, 358
〈좋은 여권 나쁜 여권: 국경의 경험〉 347-349, 351-352

벅스턴, 존 112, 114, 116

『벌집: 영어, 라틴어, 프랑스어 3중 사전』 109

베넷, 베티 T. 142-144
『메리 다이애나 도즈: 신사이자 학자』 142

베이, 야신 28, 326-328, 332-333

벤야민, 발터 256-259

보나파르트, 나폴레옹 132

보위, 데이비드 304-305, 307-310, 312, 320

〈본 슈프리머시〉 46, 48

볼셰비키 180-183, 225, 228, 276

브래나, 케네스 109
〈헨리 5세〉 109

브레넌, T. 코리 90-91, 93

브레히트, 베르톨트 256

브론슈, 제임스 361

브르통, 앙드레 193, 330

브리앙, 피에르 74

블라이트, 데이비드 W. 157-158

블뤼허, 하인리히 254-256
비델라, 가브리엘 곤살레스 285-287
비자 20, 39, 48, 50, 136, 189, 224, 230, 233, 235, 238, 240, 244, 247-249, 251-252, 254, 257, 259, 261-262, 278, 298, 310, 323-324, 326, 344, 351, 362, 368
　—날인 34-35, 173, 188, 190-191, 224, 278, 328, 336-337, 345, 362
　무— 22, 333, 351, 362, 365
　—발급 192, 224, 324, 335, 345, 362

ㅅ

사다트, 안와르 58
새로운 슬로베니아 예술(NSK) 293-294, 296, 298-300
　NSK 국가 293-300, 302
샤갈, 마르크 28, 219-220, 222-224, 228, 232, 238, 250-252
샤갈, 벨라 223-224, 252
『성경』 64, 66, 73, 77-79
　『구약성경』 64, 66, 73-74
　「느헤미야」 64, 75, 77-79, 81
　「에스라」 77
세가티, 마리아나 127, 129
세계시민주의 88, 91, 171, 178, 191-192, 212, 214, 237, 240, 275
세계업무기구(WSA) 328, 330-331, 335
셰익스피어, 윌리엄 107-110, 121, 360
　『햄릿』 121
　『헨리 5세』 107-109
셸리, 메리 139-142
손택, 수전 184
솔터, 마크 B. 105
수용소 246, 253-254, 256, 264-265, 267-270, 275, 302, 335
　강제— 232-233, 236, 252, 254
　난민— 157, 263-264, 267, 269, 302
　노동— 270
　억류— 246, 254, 258, 286, 332
슈발리에, 모리스 34-35
스몰렛, 토비아스 119
　『프랑스와 이탈리아 여행』 119
스웨드, 존 F. 313-314
스위스 38-39, 140, 180-181, 202, 205, 228, 243-244, 362
　취리히 171-172, 176, 178-179, 182, 243-244
『스코틀랜드 국새 대장』 109, 111
스콧, 에밋 186
스타로뱅스키, 장 144
　「스탕달의 가명」 144
스타인, 거트루드 28, 194-200, 202, 208
　『앨리스 B. 토클라스 자서전』(『자서

전』 194-199
스탈린, 이오시프 276-277
스탕달(벨, 마리앙리) 132-133, 136
　『로마, 나폴리, 피렌체』 133, 136
　『파르마 수도원』 132-133, 135-136, 156
스턴, 로런스 118-119
　『프랑스와 이탈리아로의 감상적인 여행』(『감상적인 여행』) 118-120
스턴헬, 야엘 A. 161
스토파드, 톰 178
　『희화화』 178-179
스트라빈스키, 이고르 226, 228, 238
스페인 31, 130, 248, 257, 259, 276, 279, 351, 362, 366, 370
　포르트보우 257-258
스필버그, 스티븐 44
　〈터미널〉 44-45, 48-49
슬로베니아 293-298, 366
시드니, 필립 27, 113-117
　『시의 변호』 117
　『아스트로펠과 스텔라』 117
시민권 23, 28, 52, 79-80, 151-152, 156, 161-162, 165, 231, 251, 267, 297-298, 302, 311, 323, 335, 340, 342, 353-355
　NSK— 294, 297
　고대 그리스— 80-83
　고대 로마— 87-88
　독일— 233
　미국— 152, 162, 328
　『성경』의— 78-79
　세계— 355
　오스트레일리아— 342, 340
　—의 상실(박탈) 225, 233, 239, 252-253, 255-256, 260, 329
　프랑스— 124-126, 251-252
〈심슨 가족〉 321
싱이티엔 90-91, 93
싱, 탈빈 315

ㅇ

아감벤, 조르조 48, 80-81, 88, 125, 225, 267, 295, 340
　벌거벗은 생명(조에) 80-81, 88, 125, 156, 233, 267, 270, 302, 321, 332
　삶정치적 문신 48
　예외 상태 234, 267, 269, 340
　호모 사케르 87-88, 277, 302
아도르노, 테오도어 256-257
아렌트, 해나 28, 225-226, 232-233, 238, 253-257, 260, 301, 331
　『전체주의의 기원』 254, 260
아르타크세르크세스 1세 65, 75-77
아르헨티나 286
아리스토파네스 83

여행 면허

『새』 83

아마르나 문서 65, 66-68, 72-74

아메드, 사라 28, 356-359

아스투리아스, 미겔 앙헬 286

아옌데, 살바도르 287

아이웨이웨이 28, 263-276, 284, 300
　〈곤게〉 272
　〈기억하기〉 271
　〈꽃과 함께〉 273
　〈유랑하는 사람들〉 263, 267, 269, 271, 300
　〈차오니마당종양〉 272

아이칭 270

아일랜드 113, 158, 171, 177-180, 213, 243, 360-362, 365
　더블린 171-172, 174, 177

아크나톤 왕 65, 73

애덤스, 더글러스 322
　『은하수로 가는 히치하이커를 위한 안내서』 322

애치슨, 딘 283-284

애플렉, 벤 43
　〈아르고〉 43-44

앤더슨, 웨스 239, 243
　〈그랜드 부다페스트 호텔〉 239

어산지, 줄리언 333, 335, 338

에른스트, 막스 191-194, 245-247, 249-250
　〈비 내린 후의 유럽〉 246

〈전시회 포스터를 위한 디자인〉 192

에머슨, 랠프 월도 148

에콰도르 334-335, 338

엘뤼아르, 폴 191-194, 246, 282
　『불멸자들의 불운』 93-194

엘리자베스 1세, 잉글랜드 여왕 110-113

여권 14, 17-25, 28, 30-47, 49-53, 60-65, 67, 70, 72, 77-78, 83, 85-86, 92-93, 103-104, 106, 108-110, 114, 117-152, 156-165, 167, 171-181, 183-194, 196-198, 200-215, 219-225, 227-228, 230-231, 235-240, 245-246, 250, 253-254, 258-259, 262, 265-269, 271-276, 278-280, 282-292, 294, 296, 298-300, 303-311, 313-316, 319, 321-323, 326, 328, 330, 333-339, 341-342, 345, 347, 349-355, 357-364, 366-375
　NSK— 294, 296-297, 302, 336
　가짜(위조)— 43, 46, 63, 144, 181-182, 248, 276, 279-280, 299
　난센— 226-231, 234-235
　멕시코— 278, 365
　몰타— 366
　미국— 71, 122-123, 146, 158, 160, 183, 326-327, 333, 344, 350, 363, 365-366
　—불안 30, 32-33, 36, 41, 43, 48, 63, 70, 138, 231
　세계— 326-328, 331-336
　—순위 14, 351, 362, 365

찾아보기

시리아— 269
신원 확인 서류 93, 131, 139, 149, 151, 154, 184, 188, 190, 341, 360, 371-372
심볼론 82-85
아고라 표식 83
아일랜드— 245, 362
아프가니스탄— 351
애버리진— 337-339, 341-343
영국— 21-22, 24, 179, 243, 351, 357, 360-363
오스트레일리아— 337-339
오스트리아— 238
—의 번거로움 30-32, 36, 47, 52, 305
이집트— 58, 62
인도— 21-22, 351
전(傳) 90-94
제2의— 352, 354-355
중국— 265
캐나다— 323, 344
토텐페세 86
—통제 30, 41-43, 45-46, 119-121, 124-125, 172, 225, 263, 266, 350
패자 95, 97-104
할미(미야투카) 73-75, 77
호디노소니— 337, 341-344
여행문학 30
영국 22, 31-32, 39-40, 50-51, 65, 71, 85, 114, 116, 118, 130, 135, 140-141, 143-144, 148, 158-160, 166, 172, 174, 177-179, 182-183, 185-186, 195, 229, 237-238, 289, 306-307, 310, 344-345, 357, 360, 361-363, 365, 370-371
→잉글랜드

오바마, 버락 334
오스트레일리아 334, 337-340, 342, 371
오스트리아 133-137, 178, 187, 236-238, 248, 362
오스틴, J. L. 71
와일드, 오스카 179
『진지함의 중요성』 179

웨스트브룩, 레이먼드 73
윌리엄슨, 존 288
윌슨, 우드로 186-187, 280
유고슬라비아 293, 295
유럽연합(EU) 302, 336-337, 342, 360-362, 365
유엘엔센, 벤트 112, 114
유토피아 293, 295-297, 303, 318, 353, 366-367, 369-370, 374-375
이란 24, 43, 45, 74, 363, 365
→페르시아
이민 20, 26, 51, 84, 146, 233, 238, 240, 261, 263, 268-269, 275, 292, 311, 320-322, 324-326, 328-329, 337, 342, 350, 361, 369
불법— 157, 221, 324, 368
이주 13-15, 23, 25, 35, 50, 52, 86, 185, 209, 222-225, 229-230, 234, 264-265, 268-270, 275, 296, 298-

여행 면허

301, 317, 319, 340, 349, 353
이집트 57-59, 61-63, 65, 67-68, 71, 73-75, 86, 165-167, 313, 315-317
   카이로 57, 59, 61, 166
이탈리아 32, 36, 38, 48, 89, 95, 102, 116-118, 127, 132-133, 135-136, 143, 159, 166, 172, 207, 213-214, 228, 299, 351, 362
   베네치아 95-100, 102, 116, 127, 130, 132, 213, 298, 300
   제노바 95, 116, 166, 214
   트리에스테 171-172, 174-175
   파도바 116
인간과 시민의 권리선언(「인권선언」) 123-126
인권 123, 158, 224, 226, 259, 264, 274-275, 301-302, 325, 327, 332-333
잉글랜드 105-107, 109-115, 119, 121, 158, 362
   런던 21, 50-51, 119, 140, 147-148, 191, 237, 276, 288, 291, 306, 314, 334, 338, 360
   맨체스터 344
   →영국

ㅈ

전쟁 37-39, 47, 110, 118-119, 132, 145, 161, 176, 179, 181, 183-189, 191, 194-199, 212, 223-224, 226-228, 234, 239, 241, 243, 245-246, 253, 258, 261, 264, 275, 282, 292-293, 329, 343
   2월 혁명 180, 223, 228, 276
   10일― 293
   그리스-터키― 202
   냉전 280, 282
   러시아 내전 223, 225, 276
   미국 남북― 146, 152, 157, 160, 162, 164
   스페인 내전 39-40, 281
   영국-아일랜드― 177
   제1차 세계대전 32, 37, 172, 180, 184, 192, 207, 223, 225, 233, 243, 280
   제2차 세계대전 26, 39, 243, 260, 262, 269, 281, 329
   한국― 283

제거스, 아나 260-261
   〈트랜짓〉 260
제국 22, 40, 98, 103, 133, 181, 223, 225, 232, 246, 253, 320, 336
   한(漢)― 90-93
   대영― 40
   로마― 74
   몽골― 96-97, 100, 103
   아케메네스― 74-75, 78
   오스트리아-헝가리― 172, 196, 225
   합스부르크― 132
제미슨, 앤슬리 344
제프리스, 로버트 79, 80
조이스, 노라 175-176, 244
조이스, 루치아 175, 244

조이스, 제임스 28, 171-180, 190-191, 194, 198, 202, 213, 243-245
『율리시스』 171-172, 178, 191, 244
『피네간의 경야』 243

조이스, 조르조 175, 243-244
주권 22, 36, 69, 71-72, 109-110, 118, 120, 124-125, 136, 174, 225-226, 233, 260, 292, 303, 311, 325, 330-332, 336, 339-342, 344-345, 354, 356, 360-361, 363-364, 370, 374-375
　개인의— 37, 334
　—국가 36, 69, 71, 104-105, 125-126, 277, 294, 341, 343
중국 90, 92, 95-97, 103, 248, 264-265, 268, 270-275, 287, 364
　실크로드 27, 90-92, 96-98, 103
지드, 앙드레 186-188, 330
지젝, 슬라보예 295, 300-302
『난민, 테러, 이웃과의 말썽』 301
『환한 대낮에 도둑처럼』 301
「직업에 대한 풍자」 68

ㅊ

차라, 트리스탕 178, 193
차우셰스쿠, 니콜라에 292-293
초크, 브리짓 188
츠바이크, 슈테판 178, 188-191, 232, 236-239, 243
『어제의 세계』 188

『예레미야』 178
칠레 30, 248, 285-288
칭기즈 칸 97-98, 100

ㅋ

카다피, 무아마르 337
카사르, 앙투안 17, 366, 369-370
『여권』 366-370, 374
칼라일, 토머스 148
칼로, 프리다 278
캐더, 윌라 28, 207-209
『나의 안토니아』 207
『우리 중 하나』 207
케리, 존 334
켄트, 록웰 290-291
켈린, 크리스티안 365
쿠빌라이 칸 98-100, 102, 104
크롤, 존 H. 83
클레이턴딕슨, 캘럼 17, 339, 342
클린턴, 힐러리 344
키틀러, 프리드리히 184, 190

ㅌ

탁티쿠스, 아이네아스 84
『공성에서 살아남는 방법』 84
터키 42, 44, 130, 277

여행 면허

테러 46-47, 363, 364
 9·11— 25, 45, 48, 357
토클라스, 앨리스 B. 194-197, 200
토피, 존 123-126
 『여권의 발명』 124

투슈라타, 미탄니 왕 67, 69, 72
튀니지 298
트럼프, 도널드 J. 79, 324-326, 360, 363, 365
트로츠키, 나탈리아 278
트로츠키, 레온 276-280
 『나의 생애』 277
 『러시아 혁명사』 277

트루먼, 해리 S. 282
트웨인, 마크 64
 『순진한 사람들의 해외 여행기』 164

티토, 요시프 브로즈 293

ㅍ

파운드, 에즈라 186-188, 191, 194, 202
패러지, 나이절 361-362
팬데믹 13, 14, 16, 26, 366
 코로나— 324, 371-372
퍼셀, 폴 31-33, 36-37, 47, 188
 『해외에서: 양차 세계대전 사이 영국의 문학 여행』 32
페르시아 27, 65, 74, 99-100
 →이란
페촐트, 크리스티안 260
포르투갈 130, 248, 252, 257, 259, 362
 리스본 249, 252, 255
폴로, 마르코 27, 95-104
 『동방견문록』 96, 99, 101, 104-105
푸코, 미셸 130, 132
프라이, 배리언 247-254, 256
프랑스 32, 34, 57-61, 74, 105-110, 113-114, 116, 118-119, 120-125, 140, 142-143, 159-160, 165-166, 172, 187-188, 191-193, 196-197, 199, 202, 204-207, 214, 223-224, 228, 232, 234-236, 243-254, 256-259, 261-262, 277, 286-287, 302, 311, 330
 마르세유 166, 247-249, 252, 254, 257-258, 261
 비시— 234, 244, 250-252, 254-255
 칼레 정글 302
 파리 35, 57, 59, 61-62, 116, 119-122, 148, 165-166, 171, 191-194, 196-198, 200-202, 209, 212-213, 223-224, 228, 230, 234, 243, 246, 253, 256, 259, 261, 276, 282, 286-287, 329
 —혁명 123-124
프랭클린, 벤저민 122-123
프로이트, 지크문트 73
 『모세와 일신론』 73

플라톤 81, 88
『국가』 81

피츠제럴드, F. 스콧 194, 204-205, 208
『낙원의 이편』 204
『밤은 부드러워』 206
『아름답고도 저주받은 사람들』 204

피츠제럴드, 젤다 204-206

피카소, 파블로 194, 198, 282, 286-287

피트리, 플린더스 65

피트코, 리사 258

필드, 앤드류 234
『VN: 블라디미르 나보코프의 생애와 예술』 234

환대 29, 38, 45-46, 49-50, 72, 231, 236, 239, 245-246, 267, 274, 356, 365, 370, 374-375

후버, J. 에드거 283, 289

휴스, 랭스턴 28, 209-215
「강을 이야기하는 흑인」 210
「나 역시」 215
『커다란 바다』 214

히틀러, 아돌프 231-232, 236

힐, 타도다호 시드 343, 345

ㅎ

해리스, 로이 85

행크스, 톰 45, 49

헤밍웨이, 어니스트 37, 39, 194, 200-203, 208
『무기여 잘 있거라』 37, 39, 203
『태양은 다시 떠오른다』 203

헤밍웨이, 해들리 201-203

헨리 4세, 잉글랜드 왕 106

헨리 5세, 잉글랜드 왕 106-110

호르크하이머, 막스 256-257

『홀린셰드의 잉글랜드, 스코틀랜드, 아일랜드 연대기』 108

여행 면허

초판 1쇄 발행일	2025년 7월 1일
지은이	패트릭 빅스비
옮긴이	박중서
펴낸이	박진숙
펴낸곳	작가정신
편집	윤소라
디자인	이현희
마케팅	김영란
재무	이하은
인쇄 및 제본	한영문화사
주소	(10881) 경기도 파주시 광인사길 143 2층
대표전화	031-955-6230
팩스	031-955-6294
이메일	mint@jakka.co.kr
블로그	blog.naver.com/jakkapub
페이스북	facebook.com/jakkajungsin
인스타그램	instagram.com/jakkajungsin
출판 등록	제406-2012-000021호
ISBN	979-11-6026-365-7 03300

이 책의 판권은 저작권자와 작가정신에 있습니다.
이 책 내용의 전부 또는 일부를 재사용하려면 양측의 서면 동의를 받아야 합니다.